Simulation und Optimierung in Produktion und Logistik

Lothar März • Wilfried Krug
Oliver Rose • Gerald Weigert
Herausgeber

Simulation und Optimierung in Produktion und Logistik

Praxisorientierter Leitfaden mit Fallbeispielen

Herausgeber
Dr.-Ing. Lothar März
LOM Innovation GmbH & Co KG
Kemptener Straße 99
88131 Lindau (Bodensee)
Deutschland
lothar.maerz@lom-innovation.de

Prof. Dr.-Ing. habil. Wilfried Krug
DUALIS GmbH IT Solution
Tiergartenstraße 32
01219 Dresden
Deutschland
wkrug@dualis-it.de

Prof. Dr. rer. nat. Oliver Rose
Fakultät Informatik
Institut für Angewandte, Informatik
Technische Universität Dresden
01062 Dresden
Deutschland
oliver.rose@inf.tu-dresden.de

PD Dr.-Ing. Gerald Weigert
Fakultät Elektrotechnik
& Informationstechnik
Institut für Aufbau- und Verbindungstechnik
der Elektronik
Technische Universität Dresden
01062 Dresden
Deutschland
gerald.weigert@tu-dresden.de

ISBN 978-3-642-14535-3   e-ISBN 978-3-642-14536-0
DOI 10.1007/978-3-642-14536-0
Springer Heidelberg Dordrecht London New York

Die Deutsche Nationalbibliothek verzeichnet diese Publikation in der Deutschen Nationalbibliografie; detaillierte bibliografische Daten sind im Internet über http://dnb.d-nb.de abrufbar.

© Springer-Verlag Berlin Heidelberg 2011
Dieses Werk ist urheberrechtlich geschützt. Die dadurch begründeten Rechte, insbesondere die der Übersetzung, des Nachdrucks, des Vortrags, der Entnahme von Abbildungen und Tabellen, der Funksendung, der Mikroverfilmung oder der Vervielfältigung auf anderen Wegen und der Speicherung in Datenverarbeitungsanlagen, bleiben, auch bei nur auszugsweiser Verwertung, vorbehalten. Eine Vervielfältigung dieses Werkes oder von Teilen dieses Werkes ist auch im Einzelfall nur in den Grenzen der gesetzlichen Bestimmungen des Urheberrechtsgesetzes der Bundesrepublik Deutschland vom 9. September 1965 in der jeweils geltenden Fassung zulässig. Sie ist grundsätzlich vergütungspflichtig. Zuwiderhandlungen unterliegen den Strafbestimmungen des Urheberrechtsgesetzes.
Die Wiedergabe von Gebrauchsnamen, Handelsnamen, Warenbezeichnungen usw. in diesem Werk berechtigt auch ohne besondere Kennzeichnung nicht zu der Annahme, dass solche Namen im Sinne der Warenzeichen- und Markenschutz-Gesetzgebung als frei zu betrachten wären und daher von jedermann benutzt werden dürften.

Einbandentwurf: WMXDesign GmbH, Heidelberg

Gedruckt auf säurefreiem Papier

Springer ist Teil der Fachverlagsgruppe Springer Science+Business Media (www.springer.com)

Dieses Buch entstand im Auftrag der Fachgruppe 4.5.6 „Simulation in Produktion und Logistik" der Arbeitsgemeinschaft Simulation (ASIM). Die ASIM ist zugleich der Fachausschuss 4.5 der Gesellschaft für Informatik.

Die Erstellung des Buches erfolgte durch die ASIM-Arbeitsgruppe „Simulationsbasierte Optimierung von Produktions- und Logistikprozessen" und wird innerhalb der ASIM als ASIM-Mitteilung Nr. 130 geführt.

Die Mitglieder der Arbeitsgruppe sind:

Nico M. van Dijk, Amsterdam
Wilfried Krug, Dresden
Lothar März, Lindau (Sprecher)
Markus Rabe, Berlin
Oliver Rose, Dresden
Peter-Michael Schmidt, Stuttgart
Dirk Steinhauer, Flensburg
Gerald Weigert, Dresden

Vorwort

Seit inzwischen mehr als 30 Jahren werden im deutschsprachigen Raum Simulationsverfahren zur Planung von Produktions- und Logistiksystemen eingesetzt. Zu Beginn dieser Entwicklung waren es Simulations- und größtenteils auch Programmierexperten, die derartige Systeme mittels Rechnerverfahren modellierten. Basierend auf ihrem Expertenwissen und vielfach unterstützt durch ein Planungsteam aus dem Produktions- und Logistikbereich versuchten sie dann, die anfänglichen Planungslösungen durch Modifizieren der Modelle zu verändern, wobei Irrwege und Sackgassen die Regel und systematisches Vorgehen eher die Ausnahme waren. Diese Vorgehensweise gemäß Versuch und Irrtum wurde dann oftmals als „Optimierung" bezeichnet. In bemerkenswerter Weise hat sich diese Bezeichnung im Zusammenhang mit der Nutzung von Simulationsverfahren bei den Planungsingenieuren über die Jahrzehnte hinweg erhalten und findet sich heute noch nicht nur im Sprachgebrauch, sondern auch in Hochglanzbroschüren und auf Internetseiten von Softwarehäusern und Beratungsunternehmen wieder.

Hier ist jedoch Vorsicht geboten: Verwendet man den Begriff „Optimierung" im Sinne des Operations Research, so stellt sich zunächst die Frage, welches Ziel oder sogar welches Zielsystem aus mehreren Einzelzielen bestmöglich erreicht werden soll. Diesbezüglich wird im Anwendungsfall von Produktions- und Logistiksystemen sehr schnell deutlich, dass vielfach mehrere konkurrierende Ziele möglichst gut erreicht werden sollen; Beispiele hierfür wie „Auslastung der Betriebsmittel" und „Durchlaufzeit der Aufträge" lassen sich sehr leicht finden. Gerade die Überprüfung der Zielerreichung im Hinblick auf derartige produktionsorganisatorische und logistische Ziele ist es, die im Zentrum der Simulationsanwendung steht. Dabei ergibt sich dann aber das Problem, wie die Erreichung verschiedenartiger Ziele in einem formalen Ausdruck zusammengefasst werden kann, erst recht dann, wenn das verwendete Simulationsverfahren auch noch Auskunft über die Erreichung kostenbezogener oder sogar personalorientierter Ziele liefern kann. Die vielfach dazu verwendete additive Präferenzfunktion ist nur eine von mehreren Möglichkeiten und weist dazu noch den Nachteil auf, dass sich unterschiedliche Zielerreichungsgrade bei den verwendeten Kriterien mehr oder weniger gewollt aggregieren oder auch kompensieren können. Demgegenüber erscheint es dann oftmals besser, die für die Auswahl einer Planungslösung wichtigsten Ziele nicht miteinander zu verrechnen, sondern sie mit ihren simulativ ermittelten Werten einem Diskussionsprozess in einem Entscheidungsgremium zu unterwerfen. Alternative Bewertungsansätze nach dem Prinzip der Vektoroptimierung, z. B. nach einer lexikographischen Präferenzfunktion, finden – abgesehen von Anwendungen aus dem Wissenschaftsbereich – bei Planungsprojekten kaum eine Anwendung.

Als nächstes stellt sich die Frage, welche Parameter eines Produktions- oder Logistiksystems überhaupt im Sinne einer Optimierung verändert werden können. Hier kommt zunächst wieder das Erfahrungswissen der Planer zum Tragen, wobei die Art und Anzahl der eingesetzten Betriebsmittel traditionell an zentraler Stelle stehen. Der Personaleinsatz wird – abgesehen von manuellen Montagesystemen – in der Regel als nachrangig betrachtet, obwohl allseits vom Stellenwert des Menschen für die Produktivität in Betrieben gesprochen wird und es durchaus Möglichkeiten gibt, die Anzahl und Qualifikation der im geplanten System eingesetzten Personen zu modellieren und die Effekte bei variierendem Personaleinsatz simulativ zu ermitteln. Der Einfluss weiterer Gestaltungsparameter, z. B. hinsichtlich der Pufferkapazitäten oder der Schichtbesetzung, lässt sich zumindest in einer Reihe simulierter Szenarien ermitteln. Bei systematischer Vorgehensweise bedient man sich der Methoden der statistischen Versuchsplanung, die nicht nur die Effekte einzelner Parameter, sondern auch die Wechselwirkungen mehrerer davon ausweisen können.

Schließlich lehren die Methoden des Operations Research, dass es einer algorithmischen Vorgehensweise bedarf, die quasi automatisiert zu einem im Sinne des Zielsystems optimalen oder zumindest zu einer nahezu optimalen Gestaltungslösung führt, und zwar (möglichst) ohne einen Eingriff des Planers in das Optimierungsverfahren. Eine traditionelle Möglichkeit hierzu bietet die mehr oder weniger vollständige Enumeration von Lösungen, oftmals auch als Brute-Force-Methode tituliert. Die dabei untersuchten Modelle lassen sich zwar relativ einfach informationstechnisch generieren, jedoch verbietet sich dieser Ansatz aufgrund nicht akzeptabler Rechenzeiten. Ein nächster Schritt besteht darin, bekannte Gestaltungsregeln durch Modifikation einer anfänglichen Planungslösung anzuwenden, um auf ihrer Basis schrittweise verbesserte Modelle zu erzeugen. Eine weitere Möglichkeit bieten Gradientenverfahren, die nach dem Prinzip der Breiten- und Tiefensuche mehrere Lösungspfade modellieren, aber dann schrittweise nur die besten davon weiter verfolgen. Derartige Heuristiken führen zwar nicht zwangsläufig zu einer optimalen Lösung, da eine vorzeitige Vernachlässigung eines Pfades deren Auffindung verhindern kann. Dafür bieten sie aber im Prinzip die Möglichkeit, den Lösungsweg zurückzuverfolgen und somit zunächst ungünstige Lösungspfade wieder aufzugreifen. Diese Rückverfolgung eines Lösungspfades bieten Genetische Algorithmen, die in jüngerer Zeit in zunehmendem Maße für die Lösung komplexer Optimierungsprobleme angesetzt werden, grundsätzlich nicht. Sie basieren auf dem Prinzip der Evolution, in dem sie eine begrenzte Menge von Lösungen erzeugen, diese schrittweise durch Mutation und Selektion als Generationen verfolgen und nach einer vorgegebenen Anzahl von Generationen oder bei Erreichen eines Grenzwertes für nur noch marginale Verbesserungen zu einer quasi-optimalen Planungslösung gelangen. Über die Weiterverfolgung einer Planungslösung in der nächsten Generation entscheidet ein Fitnesswert, der ggf. auch mehrkriteriell aus den Ergebnissen der Simulation berechnet werden kann.

Diese dargestellten Möglichkeiten der Kombination von Simulations- und Optimierungsverfahren verdeutlichen, dass es mit einer „Optimierung" nach dem Prinzip von Versuch und Irrtum selbst unter Einsatz von Expertenwissen nicht getan ist. Vielmehr eröffnen sich durch die Fortschritte in der Informationsverarbeitung, aber auch durch neue Lösungsmethoden (beispielsweise durch einen Ameisenalgorithmus als eine Form der so genannten naturanalogen Optimierung) neue Lösungsansätze, die systematisch und zielgerichtet zumindest zu einer nahezu optimalen Lösung führen.

Der vorliegende Band zeigt die derzeitige Bandbreite der simulationsunterstützten Optimierung auf. Dabei werden nicht nur deren Chancen benannt, sondern auch die möglichen Schwierigkeiten bei ihrer Anwendung. Besonders hervorzuheben ist, dass neben einer Darstellung der Methoden auch Anwendungsbeispiele aufgezeigt werden, die exemplarisch den Nutzen einer simulationsunterstützten Optimierung veranschaulichen.

Die Herausgeber gehören einer Arbeitsgruppe der Arbeitsgemeinschaft Simulation (ASIM), genauer gesagt der ASIM-Fachgruppe „Simulation in Produktion und Logistik" an. Diese Fachgruppe ist personell und inhaltlich eng mit einem Fachausschuss des Vereins Deutscher Ingenieure verbunden, der für die Erarbeitung der Richtlinienreihe VDI 3633 „Simulation von Logistik-, Materialfluss- und Produktionssystemen" verantwortlich zeichnet. Die Anregungen zum vorliegenden Band entstammen somit beiden Gremien. Das Buch erscheint aus Anlass der 14. ASIM-Fachtagung, die im Herbst 2010 am Karlsruher Institut für Technologie (vormals Universität Karlsruhe) ausgerichtet wird. Herausgebern und Autoren sei in besonderer Weise dafür gedankt, dass sie sich diesem komplexen Thema mit großem Engagement gewidmet haben. Sie geben damit der Fachtagung einen besonderen Akzent.

Im Namen der ASIM
Karlsruhe, im Oktober 2010

Prof. Gert Zülch
Institut für Arbeitswissenschaft
und Betriebsorganisation
Karlsruher Institut für Technologie

Gliederung des Fachbuchs

Das Fachbuch gliedert sich in zwei Teile. Im ersten Teil werden die Grundlagen von Simulation und Optimierung sowie deren Kopplung erläutert. Der zweite Teil setzt sich aus zwölf Fallbeispielen zur simulationsgestützten Optimierung zusammen.

Da sich das Fachbuch an Praktiker richtet, die mehr an der Anwendbarkeit und den Einsatzmöglichkeiten der simulationsgestützten Planung interessiert sind, konzentrieren sich die Darstellungen auf anwendungsorientierte Aspekte und gehen nur an den Stellen, die aus Sicht der Autoren hilfreich für das Verständnis sind, detaillierter auf die notwendigen mathematischen Grundlagen ein. Darüber hinaus sind für eine tiefergehende Beschäftigung mit den Themen entsprechende Literaturangaben ausgewiesen.

Die Einführung beleuchtet zunächst den Anwendungsbereich der simulationsgestützten Optimierung in der Planung von Produktions- und Logistiksystemen. Dem folgen Abhandlungen zur Simulation und der Optimierung sowie ein Überblick über die Stell- und Zielgrößen der Planung. Der erste Teil schließt mit der Beschreibung der Kopplungsmechanismen von Simulation und Optimierung.

Der zweite Teil wurde von Autoren gestaltet, die über Erfahrungen in der Anwendung der simulationsgestützten Optimierung berichten. Anhand von industrierelevanten Fallbeispielen zeigen sie die Aufgabenstellung, den Lösungsansatz und die Ergebnisse einer Applikation auf.

Trotz der weitreichenden Möglichkeiten zum gekoppelten Einsatz von Simulation und Optimierung zeigt die Gesamtheit der Fallbeispiele auf, dass der Schwerpunkt des Einsatzes der Methoden im operativen Bereich liegt. Darunter befinden sich Anwendungsbeispiele in der Optimierung von Auftragsfreigaben und Reihenfolgen mit anschließender Simulation der Auswirkungen auf die Produktion hinsichtlich Personal- und Ressourceneinsatz. Neben den operativen Anwendungsbeispielen mit dem Charakter einer kontinuierlichen Integration in den Planungsprozess zeigt ein Beitrag auf, wie eine optimale Personalorganisation mit Hilfe von Simulation und Optimierung gefunden werden kann. Weitere Beispiele demonstrieren den Einsatz in der Auslegung von Anlagen, um die optimale Konfiguration hinsichtlich Produktivität und Kosten zu finden. Da sowohl Optimierungsalgorithmen als auch Simulationsmodelle eine nicht unerhebliche Rechenleistung verlangen, sind Ansätze gefragt, die eine Verkürzung der Suchvorgänge nach besseren Lösungen unterstützen. Interessant hierzu sind die Ausführungen zur Verkürzung der Suchvorgänge durch Konformitätsanalysen sowie ein Vergleich zwischen Online- und Offline-Optimierung.

Die im Teil II aufgeführten Fallbeispiele zur simulationsgestützten Planung behandeln folgende Anwendungsgebiete:

- Fertigungsprozesse in der Halbleiterindustrie (Kap. 6),
- Produktionsprozesse in der Schienenherstellung (Kap. 7),
- Montageprozesse bei einem Anlagenhersteller (Kap. 8)
- Montageprozesse im Flugzeugbau (Kap. 9),
- Sequenzierte Produktions- und Distributionsprozesse in der Automobil-industrie (Kap. 10 bis 13),
- Montageprozesse in der Feinwerktechnik (Kap. 14)
- Produktionsprozesse von Verpackungsanlagen (Kap. 15)
- Konformitätsanalysen in der simulationsgestützten Optimierung (Kap. 16)
- Vergleich von Online- und Offline-Optimierung bei Scheduling-Problemen (Kap. 17)

Um den Einstieg in die unterschiedlichen Anwendungsbeschreibungen sowie eine Vergleichbarkeit zu erleichtern, sind die Fallbeispiele einer vorgegebenen Struktur unterworfen. Zudem findet sich in jedem Beitrag eine einheitliche Darstellung der Kopplung von Simulation und Optimierung, die aufzeigt, wie Simulation und Optimierung zusammenwirken, welche Software eingesetzt wurde und welche Stell- und Zielgrößen gegeben sind. In der nachfolgenden Abbildung sind der grundsätzliche Aufbau und die Lesart des Diagramms beschrieben.

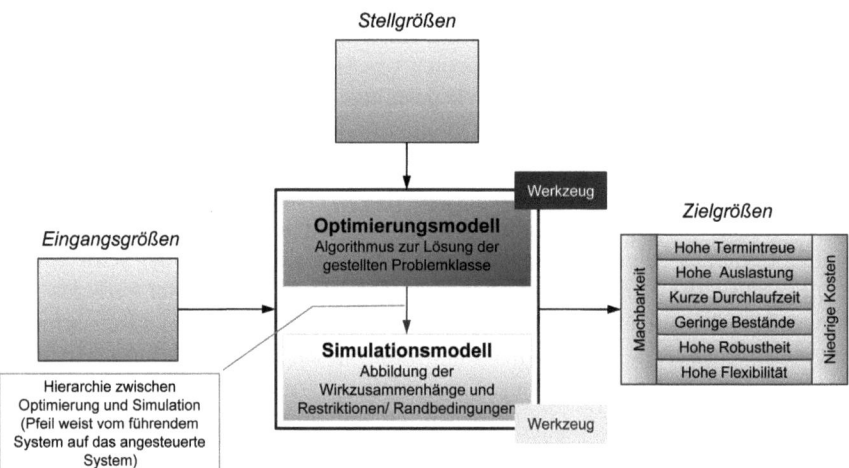

Abb. 1 Diagrammvorlage zur Einordnung von Simulation und Optimierung

Das Fachbuch kann nur ein beispielhafter Querschnitt der Einsatzfelder von Simulation und Optimierung sein. Die Herausgeber sind aber davon überzeugt, dass die Potentiale dieses Ansatzes noch weitaus größer sind. Daher hoffen sie, dass das Buch dem einen oder anderen Anwender als hilfreiche Unterstützung bei der Einführung von Simulation und Optimierung dient und so manchen Zweifler vom Nutzen der Methoden überzeugen kann.

Im Namen der ASIM
Lindau (Bodensee) und Dresden
Oktober 2010

Lothar März
Wilfried Krug
Oliver Rose
Gerald Weigert

Inhalt

Teil I Einführung 1

1 **Simulationsgestützte Optimierung** 3
  Lothar März und Gerald Weigert

2 **Simulation** 13
  Oliver Rose und Lothar März

3 **Optimierung** 21
  Wilfried Krug und Oliver Rose

4 **Stell- und Zielgrößen** 29
  Gerald Weigert und Oliver Rose

5 **Kopplung von Simulation und Optimierung** 41
  Lothar März und Wilfried Krug

Teil II Fallbeispiele 47

6 **Simulationsgestützte Optimierung von Fertigungsprozessen in der Halbleiterindustrie** 49
  Andreas Klemmt, Sven Horn und Gerald Weigert

7 **Vorausschauende Produktionsregelung durch simulationsbasierte heuristische Optimierung** 65
  Matthias Gruber, Michael Rinner, Thomas Löscher, Christian Almeder, Richard Hartl und Stefan Katzensteiner

8 **Modellierung und Optimierung von Montageprozessen** 79
  Thomas Henlich, Gerald Weigert und Andreas Klemmt

9	Personaleinsatz- und Ablaufplanung für komplexe Montagelinien mit MARTA 2	93
	Oliver Rose, Martin F. Majohr, Evangelos Angelidis, Falk S. Pappert und Daniel Noack	
10	Simulationsbasierte Reihenfolgeoptimierung in der Produktionsplanung und -steuerung	105
	Wilfried Krug und Markus Schwope	
11	Simulationsbasierte Optimierung der Einsteuerungsreihenfolge für die Automobil-Endmontage	117
	Lutz Iltzsche, Peter-Michael Schmidt und Sven Völker	
12	Integrierte Programm- und Personaleinsatzplanung sequenzierter Produktionslinien	133
	Lothar März, Thorsten Winterer, Walter Mayrhofer und Wilfried Sihn	
13	Simulationsgestützte Optimierung für die distributionsorientierte Auftragsreihenfolgeplanung in der Automobilindustrie	151
	Christian Schwede, Katja Klingebiel, Thomas Pauli und Axel Wagenitz	
14	Optimierung einer feinwerktechnischen Endmontage auf Basis der personalorientierten Simulation	171
	Gert Zülch und Martin Waldherr	
15	Simulative Optimierung von Verpackungsanlagen	185
	Matthias Weiß, Joachim Hennig und Wilfried Krug	
16	Entwurfsunterstützung von Produktions- und Logistikprozessen durch zeiteffiziente simulationsbasierte Optimierung	195
	Wilfried Krug	
17	Performancevergleich zwischen simulationsbasierter Online- und Offline-Optimierung anhand von Scheduling-Problemen	205
	Christian Heib und Stefan Nickel	

Herausgeber	215
Sachwortverzeichnis	217

Autorenverzeichnis

Christian Almeder Lehrstuhl für Produktion und Logistik, Universität Wien, Brünner Straße 72, 1210 Wien, Österreich, URL: http://prolog.univie.ac.at/

Evangelos Angelidis Institut für Angewandte Informatik, Technische Universität Dresden, 01062 Dresden, Deutschland, URL: www.simulation-dresden.de

Matthias Gruber PROFACTOR GmbH, Im Stadtgut A2, 4407 Steyr-Gleink, Austria, URL: www.profactor.at

Richard Hartl Lehrstuhl für Produktion und Logistik, Universität Wien, Brünner Straße 72, 1210 Wien, Österreich, URL: http://prolog.univie.ac.at/

Christian Heib Robert Bosch GmbH, Diesel Systems, Werk Homburg, Bexbacher Str. 72, 66424 Homburg, Deutschland, URL: www.bosch.de; Karlsruher Institut für Technologie, Institut für Operations Research, Universität Karlsruhe, Englerstr. 11, 76128 Karlsruhe, Deutschland URL: www.kit.edu

Thomas Henlich Fakultät Elektrotechnik & Informationstechnik, Institut für Aufbau- und Verbindungstechnik der Elektronik, Technische Universität Dresden, 01062 Dresden, Deutschland, URL: www.avt.et.tu-dresden.de/rosi/

Joachim Hennig IKA Dresden, Gostritzer Straße 61-63, 01217 Dresden, Deutschland, URL: www.ika.tz-dd.de

Sven Horn Fakultät Elektrotechnik & Informationstechnik, Institut für Aufbau- und Verbindungstechnik der Elektronik, Technische Universität Dresden, 01062 Dresden, Deutschland, URL: www.avt.et.tu-dresden.de/rosi/

Lutz Iltzsche Siemens Industry Sector, Siemens Industry Software GmbH & Co.KG, Haus Grün, 3.OG West, Weissacher Str. 11, Stuttgart, 70499 Deutschland URL: www.siemens.com/plm

Stefan Katzensteiner Lehrstuhl für Produktion und Logistik, Universität Wien, Brünner Straße 72, 1210 Wien, Österreich, URL: http://prolog.univie.ac.at/

Andreas Klemmt Fakultät Elektrotechnik & Informationstechnik, Institut für Aufbau- und Verbindungstechnik der Elektronik, Technische Universität Dresden, 01062 Dresden, Deutschland, URL: www.avt.et.tu-dresden.de/rosi/

Katja Klingebiel Fraunhofer-Institut für Materialfluss und Logistik IML, Joseph-von-Fraunhofer-Str. 2-4, 44227 Dortmund, Deutschland
URL: www.iml.fraunhofer.de

Wilfried Krug DUALIS GmbH IT Solution Dresden, Tiergartenstraße 32, 01219 Dresden, Deutschland, E-Mail: wkrug@dualis-it.de, URL: www.dualis-it.de

Thomas Löscher PROFACTOR GmbH, Im Stadtgut A2, 4407 Steyr-Gleink, Österreich, URL: www.profactor.at

Martin F. Majohr Institut für Angewandte Informatik, Technische Universität Dresden, 01062 Dresden, Deutschland, URL: www.simulation-dresden.de

Lothar März LOM Innovation GmbH & Co. KG, Kemptener Straße 99, 88131 Lindau (Bodensee), Deutschland, E-Mail: lothar.maerz@lom-innovation.de, URL: www.lom-innovation.de; Institut für Managementwissenschaften, Technische Universität Wien, Theresianumgasse 27, 1040 Wien, Österreich
URL: www.imw.tuwien.ac.at

Walter Mayrhofer Institut für Managementwissenschaften, Technische Universität Wien, Theresianumgasse 27, 1040 Wien, Österreich
URL: www.imw.tuwien.ac.at; Fraunhofer Austria Research GmbH, Theresianumgasse 7, 1040 Wien, Österreich, URL: www.fraunhofer.at

Daniel Noack Institut für Angewandte Informatik, Technische Universität Dresden, 01062 Dresden, Deutschland, URL: www.simulation-dresden.de

Stefan Nickel Karlsruher Institut für Technologie, Institut für Operations Research, Universität Karlsruhe, Englerstr. 11, 76128 Karlsruhe, Deutschland
URL: www.kit.edu

Falk S. Pappert Institut für Angewandte Informatik, Technische Universität Dresden, 01062 Dresden, Deutschland, URL: www.simulation-dresden.de

Thomas Pauli Fraunhofer-Institut für Materialfluss und Logistik IML, Joseph-von-Fraunhofer-Str. 2-4, 44227 Dortmund, Deutschland
URL: www.iml.fraunhofer.de

Michael Rinner PROFACTOR GmbH, Im Stadtgut A2, 4407 Steyr-Gleink, Österreich, URL: www.profactor.at

Oliver Rose Fakultät Informatik, Institut für Angewandte Informatik, Technische Universität Dresden, 01062 Dresden, Deutschland,
E-Mail: oliver.rose@inf.tu-dresden.de, URL: www.simulation-dresden.de

Peter-Michael Schmidt Siemens Industry Sector, Siemens Industry Software GmbH & Co. KG, Haus Grün, 3.OG West, Weissacher Str. 11, 70499 Stuttgart, Deutschland, URL: www.siemens.com/plm

Autorenverzeichnis

Christian Schwede Fraunhofer-Institut für Materialfluss und Logistik IML, Joseph-von-Fraunhofer-Str. 2-4, 44227 Dortmund, Deutschland URL: www.iml.fraunhofer.de

Markus Schwope intelligence2IT GmbH Radeberg, An der Hohle 12, 01471 Radeberg, Deutschland, URL: www.intelligence2it.com

Wilfried Sihn Institut für Managementwissenschaften, Technische Universität Wien, Theresianumgasse 27, 1040 Wien, Österreich, URL: www.imw.tuwien.ac.at; Fraunhofer Austria Research GmbH, Theresianumgasse 7, 1040 Wien, Österreich, URL: www.fraunhofer.at

Sven Völker Institut für Betriebsorganisation und Logistik, Hochschule Ulm, Prittwitzstraße 10, 89075 Ulm, Deutschland, URL: www.hs-ulm.de

Axel Wagenitz Fraunhofer-Institut für Materialfluss und Logistik IML, Joseph-von-Fraunhofer-Str. 2-4, 44227 Dortmund, Deutschland URL: www.iml.fraunhofer.de

Martin Waldherr Karlsruher Institut für Technologie, Institut für Arbeitswissenschaft und Betriebsorganisation, Universität Karlsruhe, Kaiserstraße 12, 76131 Karlsruhe, Deutschland, URL: www.kit.edu

Gerald Weigert Fakultät Elektrotechnik & Informationstechnik, Institut für Aufbau- und Verbindungstechnik der Elektronik, Technische Universität Dresden, 01062 Dresden, Deutschland, E-Mail: gerald.weigert@tu-dresden.de URL: www.avt.et.tu-dresden.de/rosi/

Matthias Weiß Fachbereich Bioprocess Engineering, FH Hannover, Heisterbergallee 12, 30453 Hannover, Deutschland, URL: www.fh-hannover.de

Thorsten Winterer flexis AG, Schockenriedstraße 46, 70565 Stuttgart, Deutschland, URL: www.flexis.de

Gert Zülch Karlsruher Institut für Technologie, Institut für Arbeitswissenschaft und Betriebsorganisation, Universität Karlsruhe, Kaiserstraße 12, Karlsruhe, 76131 Deutschland, URL: www.kit.edu

Teil I
Einführung

Kapitel 1
Simulationsgestützte Optimierung

Lothar März und Gerald Weigert

1.1 Motivation

Die industrielle Produktion steht unter dem Einfluss permanenter Veränderungen der externen und internen Planungsvariablen. Langfristig spielt für die Wettbewerbsfähigkeit der mitteleuropäischen Industrieunternehmen die schnelle und permanente Anpassung der Produktionslogistik an sich ändernde Randbedingungen und Aufgabenstellungen eine essentielle Rolle, da die hohe Änderungshäufigkeit und -geschwindigkeit oftmals Ineffizienzen und Kapazitätsprobleme mit sich bringt. Ziel eines jeden Unternehmens ist es, das sehr komplexe System „Fabrik" kontinuierlich im „optimalen Betriebszustand" zu fahren.

Kurze Lieferzeiten und die verlässliche Einhaltung von zugesagten Terminen sind mittlerweile für Industrieunternehmen gleichbedeutend wie der technische Stand ihrer Produkte. Damit gewinnt die Planung der Produktion zunehmend an Bedeutung. Aufgrund der engen Verflechtung zwischen den einzelnen Planungsfeldern und den wechselseitigen Abhängigkeiten sind die Aufgaben der Produktionsplanung und -steuerung (PPS), der Fabrikplanung sowie der Logistik- und Layoutplanung nicht unabhängig voneinander. Die Fokussierung auf prozessorientierte Unternehmensstrukturen verstärkt diesen Effekt, da organisatorische Trennungen von Funktionseinheiten mit definierten Schnittstellen entfallen.

Überlagert wird diese Entwicklung durch immer schwieriger zu prognostizierende Auftragseingangsverläufe. Die in kürzeren Abständen vollzogenen Wechsel und die zunehmende Individualisierung der Produkte führen in Richtung einer Losgröße von einem einzelnen Kundenauftrag und bewirken hohe Schwankungen sowohl quantitativ im Auftragsbestand als auch qualitativ innerhalb des Auftragsportfolios.

L. März (✉)
LOM Innovation GmbH & Co. KG, Kemptener Straße 99, 88131 Lindau (Bodensee), Deutschland, www.lom-innovation.de
E-Mail: lothar.maerz@lom-innovation.de

Institut für Managementwissenschaften, Technische Universität Wien, Theresianumgasse 27, 1040 Wien, Österreich, www.imw.tuwien.ac.at

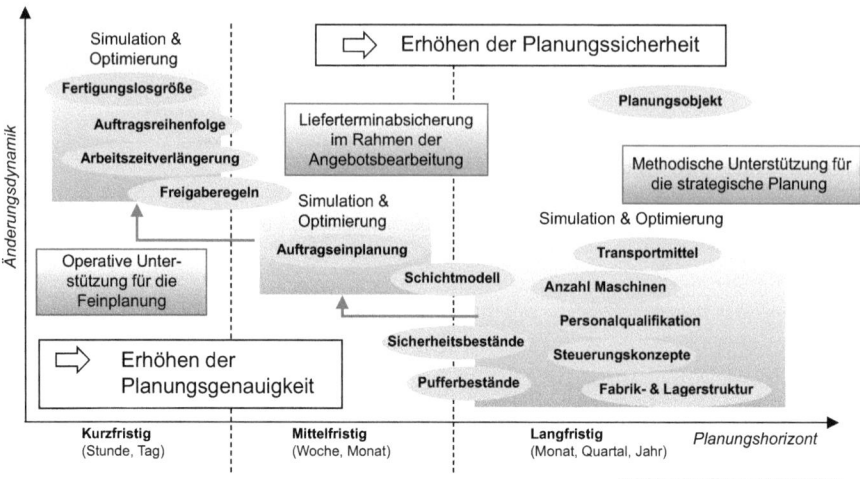

Abb. 1.1 Einsatzfelder der simulationsgestützten Optimierung

Die Unternehmen stellen sich auf diese Veränderungen ein. Agile Produktions- und Organisationsstrukturen erhöhen die Flexibilität und Reaktionsfähigkeit der involvierten Produktionsfaktoren (Ressourcen, Mitarbeiter, Methoden, etc.). Die Fähigkeit zum Wandel ist eine Bedingung zur Anpassung der Produktion, um sie somit kontinuierlich in einem optimalen Betriebszustand zu betreiben. Dieser ist dadurch gekennzeichnet, dass unter Berücksichtigung von Prozessschwankungen und zufälligen, prognostizierbaren (aus der Vergangenheit ermittelten) Störeinflüssen die logistischen Anforderungen an Lieferzeit und Termintreue und die betriebswirtschaftlichen Forderungen nach möglichst geringen Bestands- und Logistikkosten erfüllt werden können.

Nun stellt sich die Frage, wie die Produktion auszulegen ist, an welchen Stellschrauben zu drehen ist und welche Auswirkungen unter der zu erwartenden Systemlast zu erwarten sind. Welche Verbesserungen sind auftrags- bzw. auslastungsorientiert zu erzielen? Und welche Planungsobjekte lassen sich in Abhängigkeit des zur Verfügung stehenden Planungszeitraums ändern? Um solche Fragen beantworten zu können, ist eine Bewertung des dynamischen Verhaltens notwendig, die einerseits alle Einflussgrößen berücksichtigt und andererseits eine Ermittlung der Ergebnisgrößen in Form von Kompromisslösungen transparent darstellt.

Zur Bewertung und Gestaltung von Logistiksystemen benötigen Planer ein Instrument, mit dem sich zu planende Systeme bewerten lassen. Planer benötigen Informationen über die Güte eines Systems, über vorhandenes Verbesserungspotential und über potenzielle Maßnahmen zur Realisierung dieser Verbesserungen. Weiterhin muss bekannt sein, welche Rückwirkungen zukünftige Änderungen auf die aktuelle Leistung haben. Zudem unterliegen Produktions- und Logistiksysteme vielfältigen dynamischen und stochastischen Wechselwirkungen, die eine statische Abschätzung des Verhaltens erschweren oder sogar unmöglich machen. Der Einsatz der simulationsgestützten Optimierung kann hierbei in der Entscheidungsunterstützung wertvolle Dienste leisten. In Abb. 1.1 sind die für eine produktionslogistische Betrachtung relevanten Planungsfelder und beeinflussbaren Planungsobjekte über dem Planungshorizont dargestellt, die beispielsweise mit Hilfe der simulationsgestützten Optimierung unterstützt werden können. Im vorliegenden Buch sind Beispiele von erfolgreichen Ansätzen und Implementierungen illustriert.

1.2 Hemmnisse und Hürden

Der Nutzen der simulationsgestützten Optimierung in der Planung von produktionslogistischen Aufgaben spiegelt sich in der Verbreitung in der betrieblichen Praxis nur ungenügend wider. Es gibt mannigfaltige Gründe für dieses Defizit. Vielfach fehlen Kenntnisse über die Potentiale und Möglichkeiten des Einsatzes von Simulations- und Optimierungsverfahren. Dies ist nicht zuletzt das Versäumnis der Experten aus dem Bereich des Operations Research, die nicht immer die Sprache der industriellen Praxis sprechen. Diese mangelnde Fähigkeit und sprichwörtliche unzureichende Einsicht der Experten in die Belange eines Unternehmens führt oftmals zu Missverständnissen und dem Gefühl, nicht verstanden worden zu sein. Als Beispiel sei hier angeführt, dass jedes Unternehmen die für sie wichtige Information im Vorfeld erwartet, wie viel denn die Einführung einer methodengestützten Planung einsparen wird. Demgegenüber steht die nachvollziehbare Position des Experten, der diese Frage ohne eingehende Analyse nicht gewissenhaft beantworten kann. So scheitert die Zusammenarbeit bereits bevor sie angefangen hat. Dieses Dilemma ist bekannt und eine Lösung hierfür gibt es nicht (Dueck 2006). Dieses Kommunikationsproblem kann nur durch den Experten angegangen werden. Ebenso die Aufgabe, die Brücke zwischen den Planungsanforderungen und einem Lösungsansatz zu schlagen, ohne den potentiellen Anwender zu verschrecken, der Hemmnisse einem System gegenüber aufbaut, weil er aufgrund des verwendeten Fachvokabulars oder komplexer mathematischer Ansätze nicht mehr folgen kann und daher aus Angst vor Bloßstellung eine Einführung verhindert.

Erschwerend kommt oftmals die unzureichende Erfahrung der Simulations- und Optimierungsexperten im Projektmanagement hinzu, die für die Einführung einer simulationsgestützten Optimierung notwendig ist. Neben der Expertise in den Methoden Simulation und Optimierung gehören Erfahrungen über die Anforderungen einer Integration in den operativen Planungsprozess, Wissen in der organisatorischen, ablaufbezogenen und funktionalen Gliederung von Planungen und Führungserfahrung eines heterogenen Projektteams. Die Einführung eines solchen Systems muss einhergehen mit der Etablierung einer Kultur, die Vertrauen in die Vorschläge des Planungssystems schafft. Aufgrund der Komplexität sind die Ergebnisvorschläge nicht immer auf den ersten Blick nachvollziehbar. Dies ist nicht überraschend, denn gerade in komplexen Problemstellungen ist ein Gesamtoptimum schwer erkennbar; wäre dies der Fall, bedürfte es keiner methodengestützten Planung. Dabei verliert der Planer aber zu keinen Zeitpunkt die Planungskompetenz und -hoheit, d. h. die Systeme dienen zur Unterstützung und der Planer besitzt die Kontrolle und letztendliche die Entscheidungsbefugnis. Dafür dienen ihm die Szenarienanalysen als Werkzeug zur kreativen Gestaltung und Überprüfung alternativer Planungsansätze. Damit kann der Planer seiner eigentlichen Tätigkeit nachgehen: über methodisch bewährte Verfahren das Routinegeschäft erledigen und sein Hauptaugenmerk auf planerische Aufgaben lenken.

Eine weitere Herausforderung liegt in der Datenqualität im Unternehmen, die vielfach nicht den Anforderungen an eine simulationsgestützte Optimierung genügt, weil sie u. a. nicht digital vorliegt oder inkonsistent bzw. nicht hinreichend detailliert ist. Die für eine Simulationsstudie notwendigen Daten müssen jedoch vollständig generiert sein, um mit der Problemlösung zu beginnen, sei es durch gemeinsame Annahmen mit dem Anwender, sei es durch die Verarbeitung vorliegender Daten. So sind beispielsweise Ausfalldaten einer Maschine in stochastische Verteilungen abzubilden und als Funktionen zu hinterlegen.

Für die simulationsgestützte Optimierung gibt es noch keine standardisierten Verfahren. Sie setzt zwar auf bewährten Vorgehensweisen (Wenzel et al. 2007; Rabe et al. 2008) und Algorithmen (Kap. 2) auf, dennoch bleibt die Erstellung eines Simulationsmodells und die Parametrierung der Optimierungsalgorithmen eine individuelle Konfigurationsarbeit.

Zudem findet man noch zu wenige Beispiele einer erfolgreichen Einführung von simulationsgestützten Optimierungsverfahren. Dies liegt neben der noch geringen Verbreitung des Ansatzes sicherlich auch darin begründet, dass die Unternehmen erfolgreiche Implementierungen vertraulich behandelt wissen wollen, da die optimierte Planung logistische und betriebswirtschaftliche Wettbewerbsvorteile bedeuten und die Konkurrenz nicht davon erfahren soll. Daher sind in diesem Band auch einige Fallbeispiele anonymisiert, wenngleich ohne Verlust an inhaltlicher Transparenz.

Dass die simulationsgestützte Optimierung sehr wohl und in zunehmendem Masse eine Rolle spielen kann, soll anhand von einigen Praxisbeispielen aufgezeigt werden.

1.3 Zielgruppe

Dieses Buch wendet sich an den Praktiker. Gemeint sind Mitarbeiter und Mitarbeiterinnen aus Planungsabteilungen, die sich mit der Frage beschäftigen, welcher Nutzen im Einsatz der Methoden von Simulation und Optimierung liegen könnte. Die Einsatzgebiete der Anwendungen liegen in der Produktion und Logistik.

> Unter Produktion und Logistik werden Fertigungs-, Montage- und Produktionseinrichtungen einschließlich ihrer Prozesse sowie alle Aufgaben der Beschaffungs-, Produktions- und Distributionslogistik verstanden. Die Logistik bezieht sich dabei sowohl auf produzierende Unternehmen als auch auf nicht produzierende Betriebe wie Handelsunternehmen, Flughäfen und Krankenhäuser. Die Abbildungstiefe reicht von der Modellierung übergeordneter Abläufe in Logistiknetzen – beispielsweise auf der Ebene des Supply Chain Managements (SCM) – bis hin zur detaillierten Betrachtung einzelner produktions- oder fördertechnischer Abläufe sowie der Anlagensteuerung.
> Nicht betrachtet wird hingegen das detaillierte physikalische, kinematische und kinetische Verhalten technischer Systeme. Hierzu zählen beispielsweise urform- oder umformtech-

nische Prozesse, Schmelzen oder Verformen, Reibungs- oder Kippverhalten sowie Roboterbewegungen. Ergonomiebewegungen unter Verwendung von Menschmodellen sind ebenfalls nicht Gegenstand der Betrachtung. (Wenzel et al. 2007)

1.4 Betrachtete Planungsaufgaben

Die Zuordnung der Methode von Simulation und Optimierung zu einer betrieblichen Planungsaufgabe gestaltet sich aus mehreren Gründen schwierig: Die betrieblichen Planungsaufgaben sind mannigfaltig und in ihren Begrifflichkeiten, insbesondere in der betrieblichen Praxis, nicht eindeutig abgegrenzt. Das Begriffsdilemma gilt vor allem für die Fabrikplanung und resultiert aus differierenden Betrachtungsweisen und damit unterschiedlichen Bezeichnungen des Planungsobjekts Fabrik. Die in dieser Arbeit gebrauchten Definitionen wurden unter den Aspekten Verbreitung und Zweckmäßigkeit ausgewählt. Desweiteren tangiert die Simulation zumeist mehrere Planungsaufgaben, die, im Falle der Produktionslogistik, den Materialfluss relevant beeinflussen. Nachfolgend sind die wichtigsten Planungsaufgaben aufgeführt, die von einer simulationsgestützten Optimierung im Sinne der logistischen Betrachtung profitieren könnten.

Die langfristige Unternehmensplanung gibt die Ziele und Strategien des Unternehmens vor. Die Erfüllung der durch die Strategieüberlegungen abgesicherten Unternehmensaufgaben erfolgt in den Planungsbereichen Produktentwicklung, Produktionsplanung und -steuerung sowie der Fabrikplanung. Diese Planungsfelder sind, was die strategischen Aspekte der Aufgaben angeht, Bestandteil der Unternehmensplanung.

Die Fabrikplanung stellt sich als komplexes, mehrschichtig strukturiertes Aufgabenfeld dar und bildet ebenfalls einen Teil der Unternehmensplanung. Die Planungsfelder der Fabrikplanung lassen sich nach dem Systemaspekt und nach Sachgebieten gliedern. Nach dem Systemaspekt werden Planungsfelder unterschieden, die sich auf das Planungsobjekt Fabrik als System (Produktionssystem- und Werksstrukturplanung), auf einzelne Elemente (Bau-, Anlagen-, Einrichtungs- und Personalplanung), auf einzelne Prozesse (Fertigungs-, Transport-, Lager-, Versorgungs-, Entsorgungs- und Informationsprozessplanung) sowie auf einzelne Seiten der Struktur (Layout- und Logistikplanung) beziehen.

Die Produktionsplanung gliedert sich nach dem zeitlichen Kriterium in die strategische und taktische Produktionsplanung sowie die operative Produktionsplanung und -steuerung. Die Aufgabe der strategischen Produktionsplanung als Teil der langfristigen Unternehmensplanung ist die Ausrichtung von Produkt- und Produktionskonzept, um eine wettbewerbsfähige Stellung im Markt zu behaupten. Die taktische Produktionsplanung beschäftigt sich mit der Festlegung der notwendigen Kapazitäten von Personal und Produktionsmittel sowie der Produktionsorganisation. Die operative Produktionsplanung und -steuerung (PPS) hat zur Aufgabe, die vorhandenen Produktionsmittel optimal einzusetzen, sowie die Leistungserstellung in einem wirtschaftlich günstigen Betriebspunkt zu vollziehen.

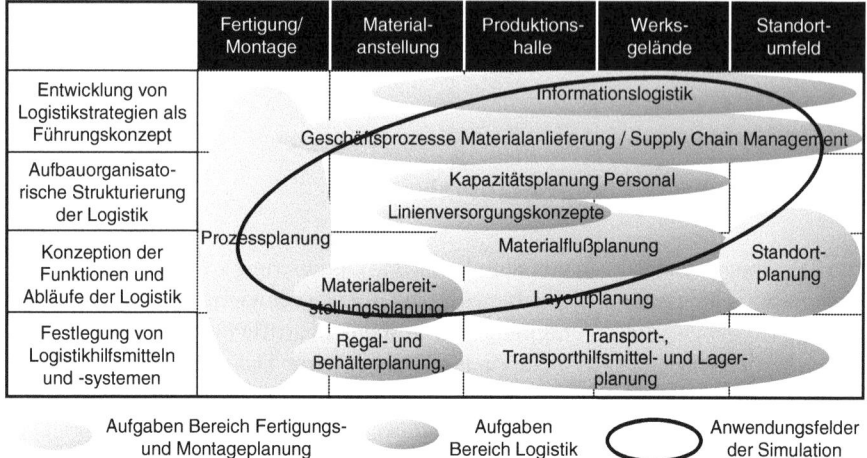

Abb. 1.2 Planungsfelder am Beispiel der Simulation der Versorgungsprozesse einer Montagelinie

In Abb. 1.2 sind beispielhaft die Planungsfelder aufgezeigt, die einen direkten und indirekten Einfluss auf die Simulation der Versorgungsprozesse einer Montagelinie haben können. Die betroffenen Planungsfelder von Layout-, Materialfluss- und Materialbereitstellungsplanung sind der Fabrikplanung zuzuordnen, wohingegen die Linienversorgungskonzepte, Kapazitätsplanung und die Geschäftsprozesse Materialanlieferung der Logistikplanung und im weiteren Sinne der taktischen Produktionsplanung zuzuordnen sind. Die operative Produktionsplanung und -steuerung findet ihre Ausprägung in der Informationslogistik.

Im aufgezeigten Beispiel wird die Verknüpfung zwischen Material- und Informationsfluss deutlich. Auf der technischen Ebene der Logistiksysteme spielt die prozessorientierte Sichtweise eine untergeordnete Rolle. Bei der funktionalen Betrachtung können bereits strukturelle Festlegungen wie das Layout eine Rolle spielen. So sind die Materialanlieferungspunkte an einem Montageband für die Berechnung der Transportfahrzeiten von Bedeutung, denn je nach Positionierung und Anbindung an ein Transportnetz ergeben sich abweichende Auslastungs- und Bestandsverläufe. Die Zuordnung von Personal und Ressourcen zu den logistischen Aufgaben bestimmen die ablauforganisatorische Strukturierung der Logistik. Den größten Hebel auf die Materialversorgungsprozesse hat aber die Informationslogistik: sie determiniert die Auslösung der Materialflussvorgänge in Abhängigkeit aktuell vorliegender Kriterien.

1.5 Logistische Zielgrößen

Ziel der Planung ist es, den anstehenden Aufträgen die vorhandenen Produktionsfaktoren (Betriebsmittel, Personal, Material, u. a.) so zuzuordnen, dass sie termingerecht fertiggestellt werden. Die Planung bewegt sich hierbei in einem Spannungs-

1 Simulationsgestützte Optimierung

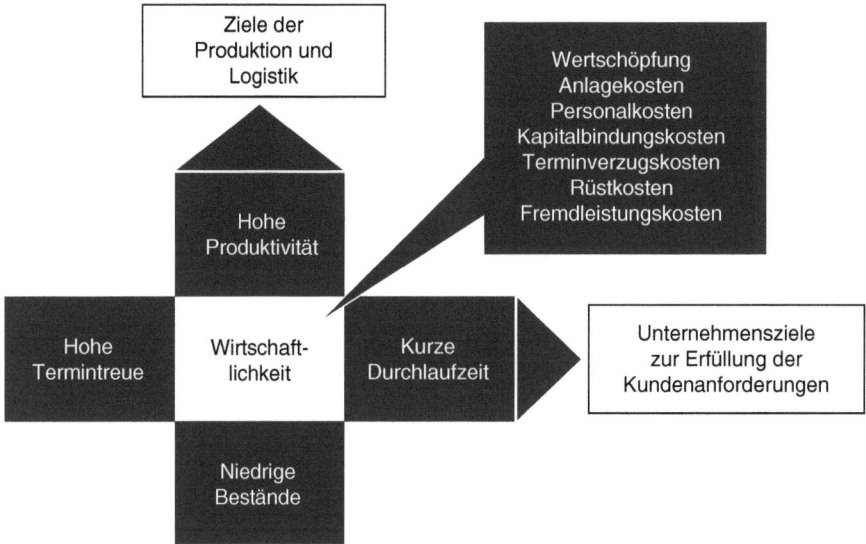

Abb. 1.3 Zusammenhang der logistischen Zielgrößen. (März 2002)

feld. Zu hohe Fertigungslosgrößen bedingen hohe Bestände und längere Durchlaufzeiten, was indirekt zu einer schlechteren Termintreue führt. Kleinere Losgrößen bedingen höhere Rüstaufwände und geringere Produktivität. Der grundlegende Zusammenhang der logistischen Größen ist in Abb. 1.3 dargestellt.

In Abhängigkeit von der Komplexität und den Wechselwirkungen von Produkt, Ressourcen und Prozessen ist die Vorhersage der logistischen Auswirkungen auf Durchlaufzeiten und Auslastungen bei ständig wechselnden Auftragslasten nur mit erheblichen Aufwänden oder Ungenauigkeiten möglich. Eine detaillierte Planung im Zyklus weniger Stunden bzw. Tage ist entweder nicht möglich oder auf Dauer mit zu hohen Aufwänden verbunden; eine Grobplanung übersieht potentielle Engpässe bzw. Potentiale für weitere Aufträge.

Somit sind entweder zu hohe Bestände oder eine zu geringe Produktivität die Folge. In den meisten Produktionsunternehmen finden sich zu hohe Bestände, da die Personal- und Ressourcenauslastung zumeist Priorität genießt. Demgegenüber steht der Trend zu kleineren Losgrößen. Alle Einflussgrößen von Auftragslast (Mengen, Produktmix, Terminerwartungen), Produkt (Prozesscharakteristika, Prozessfolgen) und Produktionsfaktoren unterliegen Schwankungen. Eine einmalige Festlegung der Fertigungsdispositionsparameter (Reihenfolgen, Losgrößen) etc. würde der Dynamik nicht Rechnung tragen. Daher ist eine Lösung gefragt, die eine zur jeweils vorliegenden Umweltsituation optimierte Auslegung der Fertigungsparameter erlaubt. Optimiert bedeutet in diesem Falle zumindest die Erreichung von vorgegebenen Zielwerten. Dies kann je nach Unternehmenssituation minimale Bestände, maximale Auslastung, gleichmäßiges Produktspektrum je Planungsperiode o. a. bedeuten. In Abb. 1.4 sind die in Abb. 1.3 dargestellten Zielgrößen um häufig in der Produktionslogistik anzutreffende Zielgrößen erweitert.

Abb. 1.4 Praxisrelevante Zielgrößen der Produktionslogistik

Eine detaillierte Einführung in die Stell- und Zielgrößen produktionslogistischer Systeme findet sich in Kap. 4.

1.6 Rolle der Simulation

Eine Planungsunterstützung muss alle relevanten Einflussgrößen berücksichtigen sowie eine Gewichtung und Bewertung der Zielgrößen ermöglichen. Analytische Verfahren finden ihre Grenzen in einem solcherart komplexen Produktionsumfeld, wenn die Anzahl der Variablen und Gleichungen überhand nehmen. Eine bewährte Methodik zur Bewertung des dynamischen Verhaltens ist die Simulation. Sie ist die bevorzugte Methode, die es erlaubt, dynamische und stochastische Systeme schnell zu analysieren und die beste Lösung durch Variation der Einflussgrößen auf das Fertigungssystem zu ermitteln (Abb. 1.5).

Die Simulation bildet die systemimmanenten Wirkzusammenhänge ab und berechnet zeitbezogen die logistischen Ergebnisgrößen aufgrund des dynamischen Ablaufverhaltens. Die Ergebnisse bedürfen der Interpretation, d. h. es muss ein Vergleich gezogen werden zwischen den Ergebnisdaten und den Zielvorgaben. Die Variation von Struktur-, Ressourcen- und Prozessparameter muss nun dergestalt erfolgen, dass eine möglichst gute Zielerfüllung erreicht wird. Aufgrund des gegenläufigen Verhaltens der logistischen Zielgrößen (z. B. Auslastung versus Durchlaufzeit) ist es nicht evident, wie die Stellgrößen zu parametrieren sind, um die Zielvorgaben zu erreichen. Je komplexer, desto schwieriger ist dieses Unterfangen. Hier kann die Optimierung helfen.

Eine Einführung in die logistische Simulation findet sich in Kap. 2.

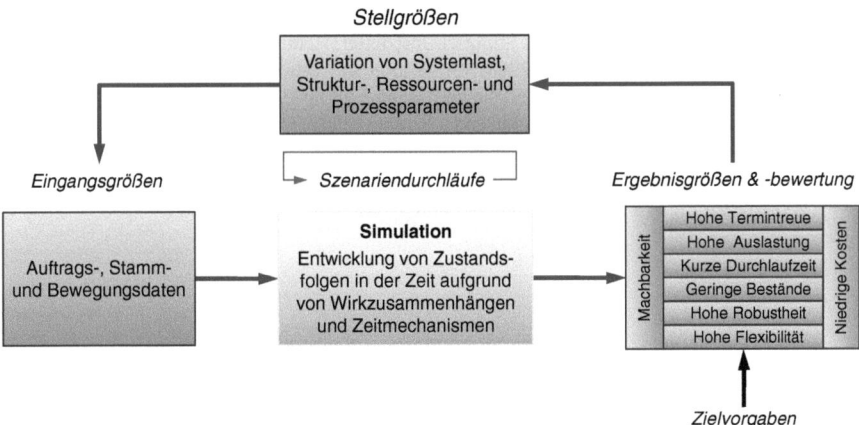

Abb. 1.5 Ablauf einer Simulationsstudie

1.7 Rolle der Optimierung

Unter einem Optimum versteht man Parameter oder Eigenschaften, bei denen für einen Zielwert das beste Resultat bzw. für mehrere Ziele der beste Kompromiss erreicht wird. Die Suche nach dem Optimum unter gegebenen Voraus- und Zielsetzungen nennt man Optimierung. Da die logistischen Zielvorgaben, wie vorab aufgezeigt, oft antagonistischer Natur sind, sind die Zielerfüllungen der Einzelziele einander gegenüberzustellen und ggfs. zu gewichten. Die Auswahl einer Lösung stellt eine Entscheidung dar, die nur der Planer treffen kann (und kein System). Die Entscheidungsunterstützung durch Optimierung manifestiert sich durch das Aufzeigen von Kompromisslösungen. Dabei wird solange nach Alternativen gesucht, bis eine möglichst gute und ggf. die beste Lösung für ein Problem gefunden wird. Umgangssprachlich wird mit Optimierung meist eine Verbesserung des logistischen Systems gemeint. Der im Rahmen dieses Buches verwendete Begriff der Optimierung zielt auf eine solche Verbesserung unter der Verwendung mathematischer Optimierungsverfahren in Kombination mit der Simulation ab.

In Kap. 3 wird die Optimierung beschrieben sowie Optimierungsverfahren vorgestellt. In Kap. 5 werden die möglichen Kopplungsarten von Simulation und Optimierung erläutert.

Literatur

Dueck G (2006) Das Sintflutprinzip. Ein Mathematik-Roman. XIX. Nachlese. Springer, Berlin, S 251–253

Girth A, Schmidt C (2006) Zeitdynamische Simulation in der Produktion. In: Schuh G (Hrsg) Produktionsplanung und -steuerung: Grundlagen, Gestaltung und Konzepte. Springer, Berlin

März L (2002) Ein Planungsverfahren zur Konfiguration der Produktionslogistik. IPA-IAO Forschung und Praxis 351. Universität Stuttgart. Jost-Jetter, Heimsheim

Rabe M, Spieckermann S, Wenzel S (2008) Verifikation und Validation für die Simulation in Produktion und Logistik. Vorgehensmodelle und Techniken. Springer, Berlin

Wenzel S, Weiß M, Collisi-Böhmer S, Pitsch H, Rose O (2007) Qualitätskriterien für die Simulation in Produktion und Logistik. Springer, Berlin

Kapitel 2
Simulation

Oliver Rose und Lothar März

2.1 Einführung

Simulation ist die Durchführung von Experimenten an einem Modell. Dabei ist das Modell eine abstrahierte Abbildung eines zu untersuchenden Systems, das entweder bereits existiert oder zukünftig entstehen soll. Abstraktion heißt bei der Modellierung, dass im Modell die Struktur oder das Verhalten des Systems mit einem geringeren Detaillierungsgrad beschrieben werden als beim „Original"-System. Simulation wird zur Leistungsbewertung eines Systems eingesetzt. Dabei geht man davon aus, dass die Schlüsse, die durch Leistungsmessungen am Modell gewonnen werden, auf das modellierte System übertragbar sind. Meistens wird durch die Simulation ein Entscheidungsprozess unterstützt, bei dem mehrere Systemvarianten analysiert werden, die sich in Struktur oder Verhalten unterscheiden (VDI Richtlinie 3633 Blatt 1 2008).

Es bietet sich an, Simulationsmodelle wie folgt zu klassifizieren (Law u. Kelton 2000):

- Statisch vs. dynamisch
    - *Statisch:* Das System wird nur zu einem Zeitpunkt betrachtet oder die Zeit spielt keine Rolle (z. B.: Monte-Carlo-Simulation).
    - *Dynamisch:* Das Modell repräsentiert das zeitliche Verhalten des Systems (z. B.: Simulation einer Fertigungsanlage).
- Deterministisch vs. stochastisch
    - *Deterministisch:* Das System enthält keine zufallsabhängigen Komponenten (z. B.: chemische Reaktion).
    - *Stochastisch:* Systemverhalten wird durch zufällige Ereignisse beeinflusst (z. B.: Warteschlangensysteme)

O. Rose (✉)
Fakultät Informatik, Institut für Angewandte Informatik, Technische Universität Dresden,
01062 Dresden, Deutschland, www.simulation-dresden.de
E-Mail: oliver.rose@inf.tu-dresden.de

- Kontinuierlich vs. diskret
    - *Kontinuierlich:* Systemzustände ändern sich kontinuierlich (z. B.: Differentialgleichungssysteme)
    - *Diskret:* Systemzustände ändern sich an diskreten Zeitpunkten (z. B. Lagerhaltungssystem)

Im Bereich von Produktion und Logistik werden meist Anlagen (Fabriken, Baustellen, Lager, …) oder Abläufe (Projekte, Prozesse, …) mit Hilfe von Computermodellen simuliert, die das dynamische Verhalten des Systems unter Verwendung stochastischer Komponenten mit Zustandsänderungen an diskreten Zeitpunkten abbilden. Dabei werden fast ausschließlich Modelle eingesetzt, die ereignisorientiert sind, d. h. das Systemverhalten wird nachgebildet, in dem Zustandsänderungen beim Eintritt von Ereignissen beschrieben werden. Man spricht dabei von *Discrete Event Simulation* (DES). Typische Ereignisse in Produktions- und Logistiksystemen sind z. B. die Ankunft eines Auftrags an einer Maschine bzw. einem Bauplatz oder das Ende eines Prozessschrittes.

Zur Illustration des ereignisorientierten Ansatzes soll ein einfaches System dienen, dass nur aus einer einzelnen Bearbeitungsstation mit einem vorgelagerten Puffer mit FIFO (First In First Out)-Abarbeitungsreihenfolge besteht, im Jargon der Bedientheorie spricht man von einem einstufigen Bediensystem. In diesem System gibt es nur zwei relevante Ereignisse: die Ankunft eines neuen Auftrags und das Prozess- bzw. Bedienende eines bearbeiteten Auftrags. Beim Ankunftsereignis wird der Auftrag sofort bearbeitet, wenn die Station frei ist, sonst wird er am Ende des Puffers abgelegt. Beim Bedienendeereignis wird der am längsten wartende Auftrag aus dem Puffer geholt und sofort bearbeitet, falls der Puffer nicht leer ist. Ist der Puffer leer, geschieht nichts. Die zeitlichen Abstände zwischen zwei Ankunftsereignissen und die Bediendauern werden durch zwei Verteilungen beschrieben. In der oberen Hälfte von Abb. 2.1 wird die Anzahl der Aufträge X im System über der Zeit t aufgetragen. Der rote Pfad symbolisiert den Weg des n-ten Auftrags durch das System. Als der Auftrag n in das System kommt, ist bereits ein Auftrag in Bedienung. Er wartet folglich eine Zeit W_n bis er für die Zeitdauer B prozessiert wird und anschließend das System wieder verlässt. Darunter sind die Ankünfte über der Zeit mit ihren Zwischenankunftszeiten sowie die Bedienenden mit den Bediendauern abgetragen. Fasst man die beiden Ereignistypen auf einem Zeitstrahl zusammen, erhält man den Ereigniskalender mit allen Ereignissen, die während der Beobachtungszeit im System eintreten. Nur zu diesen Zeitpunkten ändert sich der Systemzustand. Dazwischen passiert nichts für den Systemzustand Relevantes. Gleichzeitig wird am Beispiel der Wartezeit W_n deutlich, wie mittels Simulation Leistungsgrößen ermittelt werden können. Dieser Beschreibungsansatz ereignisorientierter Systeme ist nun in einer Simulationssoftware umzusetzen.

Der Kern jeder Simulationssoftware, die nach dem DES-Prinzip arbeitet, besteht aus folgenden Komponenten (Law u. Kelton 2000):

- Systemzustand: Menge von Variablen, die das System zu einem bestimmten Zeitpunkt beschreiben,
- Simulationsuhr: Variable mit dem augenblicklichen Wert der simulierten Zeit,

2 Simulation

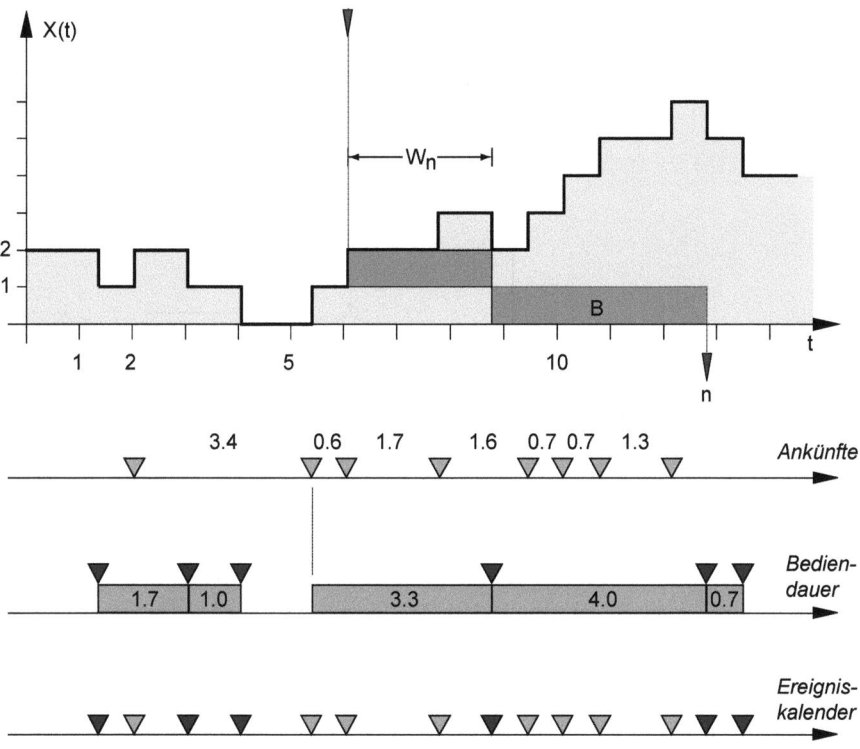

Abb. 2.1 Dynamisches Verhalten eines einfachen Systems

- Ereigniskalender (Ereignisliste): Liste mit Zeitpunkten des nächsten Eintritts jedes Ereignistyps (ggf. mit Parametern für diesen Ereignistyp),
- Statistische Zähler: Variablen zur Speicherung von statistischen Informationen über das Systemverhalten,
- Initialisierungsroutine: Unterprogramm zur Initialisierung der Variablen zu Beginn der Simulation,
- Zeitführungsroutine: Unterprogramm zur Bestimmung des nächsten Ereignisses und zum Vorstellen der Simulationsuhr auf den nächsten Ereigniszeitpunkt,
- Ereignisroutine: Unterprogramm zur Änderung des Systemzustand bei Eintritt eines bestimmten Ereignistyps (ein Unterprogramm pro Ereignistyp),
- Bibliotheksroutinen: Unterprogramme zur Erzeugung von Zufallsgrößen, etc.,
- Ergebnisroutine: Unterprogramm, das nach Simulationsende aus den statistischen Zählern Schätzwerte für gewünschte Systemleistungsgrößen berechnet und in Form eines Berichts ausgibt,
- Hauptprogramm: Unterprogramm, das durch die Zeitführungsroutine das nächste Ereignis bestimmt und die entsprechende Ereignisroutine aufruft.

Eine Simulation läuft dabei wie folgt ab (Abb. 2.2). Zuerst werden die Zustandsvariablen des Modells, die Statistikvariablen, die Simulationsuhr und der Ereignis-

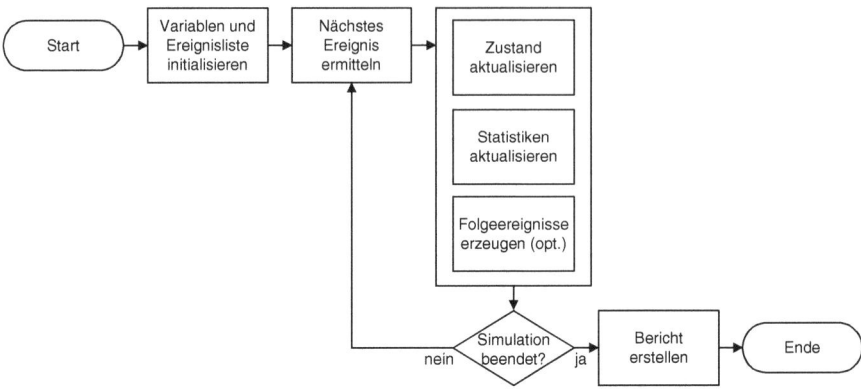

Abb. 2.2 Ablaufschema einer ereignisorientierten Simulation

kalender initialisiert. Dann beginnt ein Zyklus, bei dem die Zeitführungsroutine zuerst das zeitlich nächste Ereignis aus dem Kalender holt, die Simulationsuhr auf den Eintrittszeitpunkt dieses Ereignisses setzt und dann die zugehörige Ereignisprozedur aufruft. In der Ereignisprozedur werden die Zustandsvariablen geändert, die Statistikvariablen aktualisiert und ggf. Folgeereignisse in den Ereigniskalender eingefügt. Nach Beendigung dieser Prozedur wird geprüft, ob die Simulation weiterlaufen soll. Bei einer positiven Antwort beginnt der Zyklus erneut, ansonsten werden die Statistikvariablen ausgewertet und ein Bericht generiert. Der Simulator „springt" somit von Ereigniszeitpunkt zu Ereigniszeitpunkt und ändert dann jeweils den Systemzustand.

Dieser, eigentlich recht simple, Algorithmus ist in jeglicher DES-Software implementiert. Damit lassen sich Experimente mit beliebigen Formen von ereignisorientierten Systemmodellen durchführen, bei denen Statistiken für im Modell festgelegte Leistungsgrößen (wie z. B. Auslastungen, Wartezeiten oder Durchsätze) gewonnen werden.

Die Schwierigkeit bei der Simulation liegt also nicht in der Durchführung eines Simulationslaufes im Rahmen eines Experiments, sondern einerseits in der Erstellung eines für die Lösung der Problemstellung geeigneten Modells des Systems und anderseits in einer statistischen Versuchsplanung, die effizient die benötigten Resultate in angemessener Qualität liefert. Die beiden Anforderungen „Gute Modellbildung" und „Gute Versuchsplanung" sind nicht simulationsspezifisch und sollen daher nachfolgend nur kurz angesprochen werden.

2.2 Modellbildung

Die erste Entscheidung, die zur Modellierung getroffen werden muss, ist die Auswahl des Modellierungsformalismus' bzw. der Modellbeschreibungssprache. Die Möglichkeiten reichen von sehr abstrakten Beschreibungsansätzen (wie z. B. Ereignisgraphen (Sargent 1988), stochastischen Petri-Netzen (Molloy 1982), SysML (Friedenthal et al. 2008) oder mit Zusatzinformationen angereicherten Netzplänen (Major et al. 2008)) bis hin zu Simulationssoftwarepaketen mit branchenspezifischen Bauteilbibliotheken. Bei der Auswahl des Modellierungsansatzes wird indirekt auch oft bereits festgelegt, ob konsequent ereignisorientiert oder eher prozessorientiert (im Sinne einer Kette von zusammenhängenden Ereignissen) modelliert wird. Kommerzielle Simulatoren verwenden praktisch immer den prozessorientierten Ansatz, da dabei keine Ereignisse und Zusammenhänge zwischen Ereignissen explizit modelliert werden müssen. Stattdessen wird das Systemverhalten durch Prozesse abgebildet, die aus einzelnen Aktivitäten wie z. B. Arbeitsgängen besteht. Die Simulationssoftware erzeugt aus diesen Modellen die Ereignisse selbst, wie z. B. Anfangs- und Endereignisse von Arbeitsgängen. In der Regel sind Produktionssysteme intuitiver durch Prozesse als durch Verknüpfung von Ereignissen beschreibbar.

Eine weitere Entscheidung des Modellierers betrifft die Modellierungsperspektive: soll das System eher aus der Sicht eines Auftrags oder aus der Sicht der Anlage abgebildet werden. Bei auftragsorientierten Sicht beschreibt der Modellierer den Auftragsprozess für jeden einzelnen Auftrag, der angibt, wie sich der Auftrag durch das System bewegt. Bei anlagenorientierter Sicht wird der Anlagenprozess für jede Anlage modelliert, der beschreibt, wie sich die Anlage beim Auftreten von für sie relevanten Ereignissen reagiert. In Modellen von Produktionssystemen kommen in der Regel beide Modellierungsansätze vor, aber die auftragsorientierten Modellanteile überwiegen meist deutlich. Das liegt häufig daran, dass in kommerziellen Simulationswerkzeugen der Auftragsprozess explizit modelliert werden muss, wohingegen zumindest das grundlegende Anlagenverhalten oft bereits in vorgegebenen Modellbausteinen enthalten ist.

Das entscheidende Modellbildungsproblem ist jedoch die Festlegung des Detaillierungsgrades des Modelles. Sehr detaillierte Modellen enthalten sehr viele Komponenten, d. h., es entsteht ein großer Aufwand bei der Erstellung und Pflege der Modelle, insbesondere bei der Datenbeschaffung für die Parametrisierung der Modellkomponenten. Sehr einfache Modelle sind häufig zu grob, um die Problemstellung zu lösen. Ein weiterer Aspekt des Detailgradproblems ist die Verwendung von stochastischen Modellkomponenten. Diese dienen in der Regel zur Vermeidung von zu großer Modellkomplexität, d. h., ein kompliziertes Teilmodell wird durch eine recht einfache stochastische Komponente ersetzt. Beispielsweise werden häufig externe Modelleinflüsse wie Schwankungen bei der Belieferung oder Ausfälle von Ressourcen nicht explizit modelliert, sondern durch zufallsabhängige Komponenten angenähert. Damit stellt sich die Frage nach der passenden Parametrisierung auch hier. Bei Zweifeln an der Modellqualität sollte der Modellierer Sensitivitätsanalysen bezüglich einzelner Modellkomponenten durchführen. Dabei wird geprüft, wie groß der Einfluss von Modellparameteränderungen auf das Simulationsergebnis ist. Es wird dann in der Regel nur bei entscheidenden Komponenten ein hoher Aufwand für Datenqualität und Parameterbestimmung betrieben.

2.3 Versuchsplanung

Der (nicht vermeidbare) Einsatz stochastischer Modellkomponenten hat eine Vielzahl von Folgen für die statistische Auswertung der Simulationsergebnisse (VDI Richtlinie 3633 Blatt 3 1997). Die wichtigste Folge ist, dass ein einzelner Simulationslauf kurzer Dauer pro Experiment nicht ausreicht, um signifikante Resultate zu erhalten. Dabei ist anzumerken, dass es für die Bestimmung der Anzahl der pro Experiment durchzuführenden Läufe, der Länge eines Laufes und gegebenenfalls der Länge der Warmlaufphase keine verbindlichen Regeln gibt, allenfalls Empfehlungen bzw. „*best practices*". Grundsätzlich wird die Qualität der Ergebnisse umso höher je öfter bzw. je länger für ein Experiment simuliert wird („Gesetz der großen Zahlen" (Georgii 2007)). In der Praxis fehlt für eine ausgiebige Experimentierphase jedoch häufig die Zeit. Der Einsatz von varianzreduzierenden Methoden (Law u. Kelton 2000) ist meist auch keine Lösung, da dazu entweder die Kenntnisse nicht vorhanden sind oder erst zeitaufwändige Vorarbeiten geleistet werden müssen, die in keinem angemessenen Verhältnis zur später eingesparten Zeit stehen.

Neben den hier angesprochenen Fragestellungen ist u. a. die effiziente Durchführung von Faktoranalysen (z. B. mit ANOVA oder *factorial designs*) ein wichtiges Thema bei der Versuchsplanung (Montgomery 2008).

2.4 Fazit

Die Simulation ist genau genommen „nur" eine Methode zur Bewertung von Modellen neben anderen, meist mathematischen Ansätzen, wie z. B. Optimierungsmethoden oder Warteschlangenanalyse. Der Vorteil der Simulationsanwendung liegt jedoch bei der Analyse recht komplexer Modelle, d. h. komplex in Struktur und/oder Verhalten. Es ist mittels Simulation möglich, Modelle mit recht hohem Detaillierungsgrad zu bewerten.

Erheblich relevanter für den praktischen Einsatz der Simulation ist jedoch das Angebot an geeigneten Modellbeschreibungsansätzen für Produktionssysteme einschließlich kommerzieller Modellierungsumgebungen, die von Ingenieuren in der jeweiligen Branche möglichst intuitiv einsetzbar sind. Diese Software-Werkzeuge unterstützen die Modellbildung in einer Weise, dass alle branchentypischen Eigenheiten abgebildet werden können ohne den Anwender zu überfordern.

Neben der passenden Modellierungsumgebung benötigt man jedoch auch eine qualitativ hochwertige Experimentierumgebung, die die branchentypischen Untersuchungen unterstützt.

Literatur

Friedenthal S, Steiner R, Moore A (2008) Practical guide to SysML: the systems modeling language. Elsevier, Burlington

Georgii H-O (2007) Stochastik: Einführung in die Wahrscheinlichkeitstheorie und Statistik, 3. Aufl. De Gruyter, Berlin

Law A, Kelton D (2000) Simulation modeling & analysis, 3. Aufl. McGraw-Hill, New York

Major M, Rose O, Völker M (2008) Simulationsbasierte Heuristik zur personalorientierten Steuerung komplexer Montagelinien. Tagungsband zur 13. ASIM-Fachtagung „Simulation in Produktion und Logistik". S 387–396

Molloy M (1982) Performance analysis using stochastic Petri nets. IEEE Trans Comput 31(9):913–917

Montgomery D (2008) Design and analysis of experiments, 7. Aufl. Wiley, Hoboken

Sargent R (1988) Event graph modelling for simulation with an application to flexible manufacturing systems. Manage Sci 34(10):1231–1251

VDI Richtlinie 3633 Blatt 1 (2008) Simulation von Logistik-, Materialfluss- und Produktionssystemen – Grundlagen. VDI-Handbuch Materialfluss und Fördertechnik 8. Beuth, Berlin

VDI Richtlinie 3633 Blatt 3 (1997) Simulation von Materialfluss- und Produktionssystemen – Experimentplanung und -auswertung. VDI-Handbuch Materialfluss und Fördertechnik 8. Beuth, Berlin

Kapitel 3
Optimierung

Wilfried Krug und Oliver Rose

3.1 Begriffsbestimmung

Prinzipiell geht es bei allen mathematischen Verfahren der linearen und nichtlinearen Optimierung darum, geeignete mathematische Ansätze zu finden, die mit minimalem Aufwand neue Suchschritte in Richtung der minimalen oder maximalen Lösung eines vorgegebenen analytischen Ziels mit Nebenbedingungen ermitteln. Außerdem muss nach möglichst wenigen Suchschritten das globale Optimum mit einem hinreichenden Fehlermaß gefunden sein (Pinter 1996; Luenberger 2003).

In der simulationsgestützten Optimierung sind die Gegebenheiten bei der Nutzung von Optimierungsverfahren in Verbindung mit der Simulation anders zu bewerten. So sind beispielsweise geschlossene analytische Lösungen nicht möglich, da durch die Simulation die verbesserten Zielwerte in vorgegebenen Suchschritten durch rechnergestützte Optimierungsverfahren meist nur näherungsweise ermittelt werden können.

Weiterhin ist nicht immer auf Anhieb feststellbar, ob ein Simulationsmodell linear oder nichtlinear ist und damit rechnergestützte Optimierungsverfahren globale oder nur lokal beste Lösungen in Richtung Minimum oder Maximum erzielen können. Eine Beweisführung über die Globalität der Lösung, wie bei Luenberger (2003) beschrieben, ist nicht möglich.

Schließlich ist noch zu beachten, dass besonders bei Simulation und Optimierung in Produktion und Logistik oft mehrere Ziele gleichzeitig zu untersuchen sind, d. h., es ist eine Kompromisslösung zu bestimmen, die ohnehin nur mit heuristischen Optimierungsverfahren im diskreten Suchraum möglich ist. Die dazu bisher entwickelten heuristischen und diskreten Ansätze sind in Abb. 3.1 dargestellt (Krug u. Schönfeld 1981).

W. Krug (✉)
DUALIS GmbH IT Solution Dresden, Tiergartenstraße 32, 01219 Dresden, Deutschland
www.dualis-it.de
E-Mail: wkrug@dualis-it.de

Abb. 3.1 Begriffsbestimmung der diskreten Optimierung

3.2 Optimierungsverfahren

3.2.1 Deterministische Verfahren

Deterministische Verfahren werden auch als Bergsteiger (Hillclimbing)-Strategien bezeichnet, da ihre Vorgehensweise bei der Suche nach dem Optimum weitgehend der intuitiven Art eines blinden Bergsteigers entspricht, der sich von einem Tal aus zum höchsten Gipfel eines Gebirges empor tastet. Bei Minimierungsproblemen kehrt sich der Richtungssinn um, d. h., die Strategien suchen nach unten, der Bergsteiger steigt vom Gipfel in das Tal.

Zunächst wird ein Startpunkt bestimmt, der z. B. eine Reihenfolge von Fertigungsaufträgen repräsentiert. Existiert der Startpunkt, ergeben sich alle umliegenden diskreten Nachbarpunkte, für die jeder einzelne Zielfunktionswert errechnet wird, d. h., für jede dieser Reihenfolgen werden die vorher festgelegten und gewichteten Zielkriterien bestimmt. Anschließend findet eine Bewertung der errechneten Werte statt und der Punkt, aus dem sich der höchste Zielfunktionswert ergibt, wird als neuer Startpunkt gewählt. Danach erfolgt wiederum die Errechnung des Zielfunktionswertes für alle umliegenden Punkte. Auf diese Art und Weise kann sich die Strategie dem Optimum zielstrebig nähern.

Der Vorteil der diskreten deterministischen Strategien (in der Literatur auch als ableitungsfreie Verfahren bekannt) liegt in der Schnelligkeit des Auf – oder Abstiegs, jedoch ist die Wahrscheinlichkeit sehr gering, die global beste Lösung zu finden. D. h., wenn der Startpunkt in der Nähe eines lokalen Optimums gesetzt wurde, so bewegt sich die Strategie dorthin, ohne zu erkennen, dass eigentlich noch ein höheres globales Optimum vorhanden ist (Abb. 3.2).

3.2.2 Stochastische Verfahren

Stochastische Verfahren werden auch oft als Zufallsverfahren bezeichnet, weil sie im gesamten diskreten Suchraum zufällige Startpunkte erzeugen, ohne dass ein Gradient der Zielfunktion benötigt wird. Dies ist in Verbindung mit der Simulation

3 Optimierung

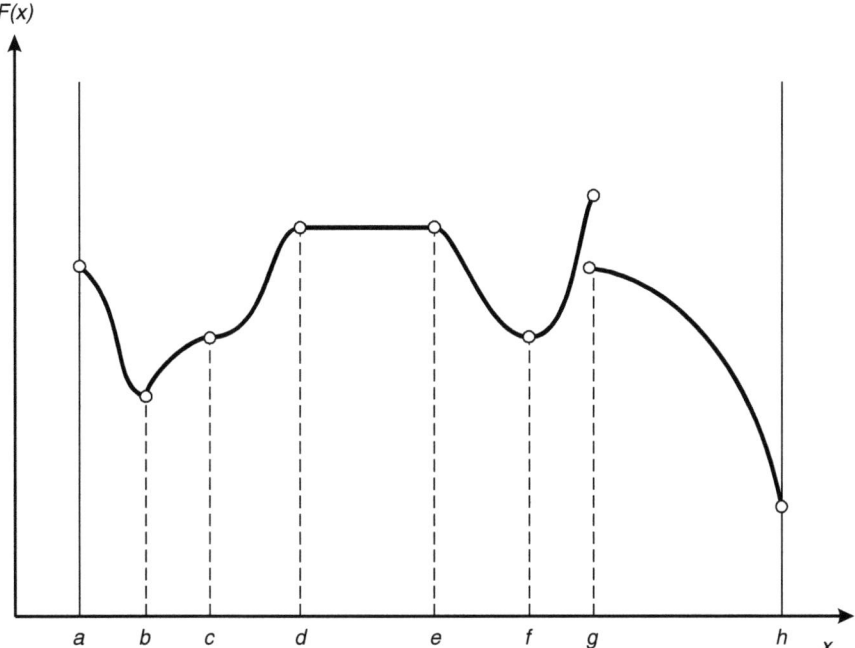

a ... lokales Maximum am Rand;

b ... lokales Minimum an einer Unstetigkeitsstelle von F(X);

c ... Sattel- oder Wendepunkt;

d, e ... schwaches lokales Maximum;

f ... lokales Minimum;

g ... globales Maximum an einer Unstetigkeitsstelle von F(X);

h ... globales Minimum am Rand

Abb. 3.2 Mögliche Optimas

oft sehr hilfreich, da dort die Ableitung der Zielfunktion in der Regel nicht analytisch bestimmbar ist.

Nach deren Generierung erfolgt eine Bewertung der erzeugten Punkte. So werden z. B. bei Maximierungsproblemen Punkte im weiteren Verfahren bevorzugt, die einen hohen Zielfunktionswert repräsentieren. Diese werden dann als neue Startpunkte übernommen, von denen wiederum Kinderpunkte erzeugt werden. Das Verfahren läuft weiter bis keine Verbesserung mehr feststellbar ist.

Der entscheidende Vorteil liegt in der zufälligen Bestimmung der Startpunkte im gesamten Suchraum. Damit ergibt sich die Chance, zufällig einen Punkt bereits in der Nähe des globalen Optimums zu finden und somit in Verbindung mit einer diskreten Gradientenmethode sehr schnell einen optimalen Produktionsplan zu bestimmen.

Es ist jedoch schwierig, in die Nähe des besten Punkts zu gelangen, da dies eine hohe Anzahl von zufälligen Parametersätzen und Berechnungen des Zielfunktionswertes erfordert. Letzteres ist bei Kopplung mit einem Simulator zur Bestimmung der Zielfunktionswerte besonders brisant und kaum zeitgünstig realisierbar.

3.2.3 *Evolutionäre & Genetische Verfahren*

Alle evolutionären Verfahren und Algorithmen orientieren sich an Erkenntnissen aus der Beobachtung der natürlichen Evolution lebender Organismen. Die Evolution funktioniert als ständig fortschreitender Anpassungs- und Optimierungsprozess in einer sich im Verlauf der Zeit immer wieder wandelnden Umwelt. Dieses natürliche Evolutionsprinzips ist daher als Ansatz für die Optimierung gerechtfertigt, da es sich immer wieder gezeigt hat, dass sich Pflanzen und Tiere optimal an ihre Umgebung angepasst haben.

Zunächst wird mithilfe eines Zufallsgenerators eine Elternmenge bestimmt. Im nachfolgenden Evolutionsschritt wird aus zufällig ausgewählten Elternelementen eine Menge von Kinderelementen erzeugt. Individuen können mittels Mutation verändert und/oder per Rekombination gekreuzt werden, so dass sie zwar den Elternelementen ähneln, jedoch nicht gleichen. Anschließend erfolgt mittels Selektion eine Bewertung der Individuen, von denen die schlechtesten entfernt werden. Die verbliebenen Individuen werden in die neue Elterngeneration übernommen, aus der wiederum Kinderelemente erzeugt werden und so weiter.

Die auf dieser Basis entwickelten heuristischen Algorithmen für diverse Problemstellungen führen durch die Analogie zur Evolution in der Natur sukzessive zu einer besten Lösung. Nachteilig ist wie bei den Zufallsverfahren der hohe Rechenzeitaufwand, da eine Vielzahl von Lösungspunkten zu ermitteln ist, und die unklare Optimierungsgeschwindigkeit.

Eine Untermenge der evolutionären Algorithmen sind genetische Optimierungsstrategien, die eng mit den Evolutionsgedanken verwandt sind. Obwohl die theoretischen Grundlagen dazu bereits vor mehr als 30 Jahren geschaffen wurden, handelt es sich vor allem bei den genetischen Verfahren noch um ein relativ junges Forschungsgebiet der Informatik. In einer Vielzahl von Arbeiten der letzten Jahre konnten Effizienzsteigerungen durch leistungsfähigere genetische Operationen und verbesserte Selektionsalgorithmen erreicht werden. Bei den genetischen Algorithmen erfolgt die Einordnung der Individuen auf Basis ihrer so genannten Fitnesswerte, die ein Maß der Anpassung an die Umwelt und damit eine Bewertung ihrer Eignung darstellen. Die Fitness eines Individuums ergibt sich aus dem zugehörigen Wert der das Problem beschreibenden Zielfunktion. Individuen mit einer guten Fitness haben eine höhere Wahrscheinlichkeit zur Reproduktion ihrer Erbinformation. Gute Lösungen setzen sich somit durch.

So konnten erfolgreich genetische Algorithmen weiterentwickelt werden, die auf eine Nachbildung verschiedener natürlicher Phänomene basieren. So liefern z. B. leistungsfähige genetische Algorithmen bereits nach kurzer Zeit zulässige Lösungen, die dann immer weiter verbessert werden können, bis eine beste Lösung für den Produktionsprozess gefunden ist. Dies ist besonders für die Produktionsplanung in der Fertigungsindustrie von Interesse.

Nachteilig ist auch hier, wie schon bei den Evolutionsverfahren erwähnt, die hohe Anzahl der zufällig zu berechnenden Zielfunktionswerte im diskreten Zielgebiet und damit ist in Verbindung mit Simulatoren eine Optimierungslösung sehr zeitaufwendig.

3.2.4 Schwellwertverfahren

Schwellwertverfahren basieren ebenfalls auf einer zufälligen Suche im Parameterraum. Es werden jedoch verschiedene Nachteile der ausschließlich lokalen Verfahren behoben. Der Algorithmus wird gerade nicht sofort beim Erreichen einer lokalen Schwelle terminiert, sondern es wird auch eine gewisse Anzahl von Verschlechterungen akzeptiert, sofern diese nicht größer als der vorher festgelegte Schwellwert sind. Im Laufe der Optimierung wird der Schwellwert schrittweise verringert, bis der Ablauf schließlich in ein rein lokales Suchverfahren übergeht. Mit diesem Vorgehen wird verhindert, dass am Anfang des Verfahrens eine zu schnelle Konvergenz in Richtung lokaler Optima erfolgt.

Die eigentliche Suche basiert auf einem speziellen Prozess zur Erzeugung lokaler Nachbarn. Dabei werden zufällige Nachbarn erzeugt, die in Abhängigkeit vom aktuellen Schwellwert als neue Ausgangslösung akzeptabel sind. Mit jeder erreichten Verbesserung verringert sich der Schwellwert entsprechend eines Adaptionsfaktors. Die Iteration wird abgebrochen, wenn eine gewisse Anzahl erfolgloser Verbesserungsversuche durchgeführt wurde. In diesem Fall wird ein neuer zufälliger Startpunkt ermittelt.

Ein Beispiel für einen Schwellenalgorithmus ist das *Simulated Annealing* (Simulierte Abkühlung). Es handelt sich um ein heuristisches Optimierungsverfahren zum Auffinden einer besten Lösung bei hierarchisch zu optimierenden Produktions- und Logistikprozessen. Hier muss durch die hohe Komplexität das vollständige Ausprobieren aller Möglichkeiten ausgeschlossen werden. Auch einfache mathematische Verfahren sind nicht einsetzbar.

Der Vorteil der Schwellwertalgorithmen ist damit unverkennbar, wenn sich auch durch den Einsatz der Stochastik die Rechenzeit stark erhöht. Dies wird durch Ankopplung eines Simulators zur Berechnung der vielen Zielfunktionswerte noch verschärft.

3.2.5 Permutationsverfahren

Permutationsverfahren rücken in jüngster Zeit immer mehr in das Blickfeld der heuristischen Verfahren in Verbindung mit der Simulation von Produktionsprozessen in der Halbleiterindustrie. Hier dient der Simulator zur automatischen Parametervariation. Dies führt z. B. bei einer Menge 1 von 4 Typen und einer Menge von 2 von 5 Typen zu einer Permutationszahl von $4 \times 5 = 20$.

3.3 Adaptive Verfahren mit Lernprozess

Die Nutzung der oben beschriebenen heuristischen Suchalgorithmen (Abb. 3.1), um Optimierungslösungen bei Produktions- und Logistikprozessen in der Industrie finden zu können, gestaltet sich sehr schwierig. Oft gelingt es nicht, ein geeignetes Optimierungsverfahren bzw. einen heuristischen Algorithmus auszuwählen bzw. in Verbindung mit einer Simulationsankopplung in einer akzeptablen Rechenzeit die angestrebten Ziele zu erreichen, wie z. B. geringste Durchlaufzeit von Aufträgen, höchste Kapazitäts- und Ressourcenauslastung, geringste Produktionskosten.

Aus Erfahrung ist bekannt, dass sich bei genügender Einsicht in die Vorgehensweise einer heuristischen Suchstrategie ein spezielles Optimierungsproblem konstruieren lässt, bei der diese versagt (Krug 2002).

Ebenso kann man für jede beliebige Aufgabenstellung eine spezielle Lösung entwerfen, die anderen Verfahren überlegen ist. Man braucht nur die Kenntnis über die Problemstrukturen, die mit der mathematischen Formulierung gegeben ist, rigoros auszunutzen. Dies ist aber in der Praxis nicht Aufgabe eines Planers, Fertigungsingenieurs oder Logistikers.

Bei der Entwicklung auf dem Gebiet der Optimierungsverfahren kann es aber nicht sinnvoll sein, für jedes Problem oder jeden Problemtyp ein eigenes Lösungsverfahren zu entwickeln. Ein Praktiker möchte vielmehr am liebsten nur mit einer Strategie auskommen, die alle vorkommenden Aufgaben zu lösen vermag und gleichzeitig einen möglichst geringen Aufwand erfordert. Ein derart universelles Optimierungsverfahren wurde bisher noch nicht entwickelt. In der einschlägigen Literatur wird auch angezweifelt, dass es jemals ein solches universelles Optimierungsverfahren geben wird.

Alle zurzeit bekannten Verfahren sind also nur in bestimmten Teilbereichen uneingeschränkt anwendbar. Je nach der speziellen Aufgabe in Produktion und Logistik kommt man zu unterschiedlichen Antworten, welches Verfahren erfolgreicher bei der Lösung ist.

Die Frage nach dem insgesamt besten Verfahren stellt somit selbst ein Optimierungsproblem dar. Um sie objektiv beantworten zu können, müsste eine Zielfunktion formuliert werden, anhand der sich entscheiden ließe, welches von zwei Verfahren, gemessen an ihren Ergebnissen, das bessere ist.

Hier kann eine Lernstrategie eingesetzt werden, um adaptiv unter den zur Verfügung stehenden Optimierungsverfahren das „beste" bezüglich einer Gütefunktion oder mehreren Zielfunktionen (multikriterielle Ersatzfunktion) zu bevorzugen.

3 Optimierung

Eine zu entwickelnde Gütefunktion zum Vergleich von Optimierungsverfahren soll es ermöglichen, einzelne Strategien anhand ihrer Ergebnisse zu bewerten. Damit wäre die Voraussetzung für die Anwendung eines Lernverfahrens geschaffen, das die Auswahl des objektiv „besten" Verfahrens für eine konkrete Optimierungsaufgabe übernehmen soll.

Es werden mehrere heuristische Optimierungsalgorithmen implementiert, die alle parallel arbeiten sollen. Dabei müssen sie sich die zur Verfügung stehende Rechenzeit teilen. Bestimmte Eigenschaften, die in die Gütefunktion integriert werden, können dabei von einer besten Strategie im Vergleich zu anderen Verfahren erwartet werden.

Lernvorgängen ist in den letzten Jahren umfangreiche wissenschaftliche Arbeit gewidmet worden. Für die verschiedenen Typen solcher Vorgänge hat man zugehörige spezifische Theorien entwickelt und Algorithmen zur Steuerung der adaptiven Vorgänge bei der strategischen Suche im diskreten Parameterraum geschaffen.

Spricht man vom Lernen, so versteht man darunter immer die Existenz eines bestimmten Ziels, das im Ergebnis des Lernens erreicht werden soll. Dieses Ziel kann oft auf Grund der unzureichenden A-priori-Information nicht in analytischer Form angegeben werden, d. h., das Lernziel ist nicht vollständig bestimmt. Im entgegen gesetzten Fall, wenn das Ziel analytisch vorgegeben ist, besteht für das Lernen keine Notwendigkeit. In diesem Fall kann das Ziel ohne jedes Lernen, z. B. durch vorhergehende Berechnung, erreicht werden. Kennzeichnend für das Lernen ist, dass zum Erreichen des Ziels die unzureichende A-priori-Information, d. h. die unvollständige Bestimmtheit des Ziels, durch entsprechende Verarbeitung der laufenden Information kompensiert wird.

Das Lernziel stellt in allgemeiner Form den Zustand dar, den das lernende System im Ergebnis des Lernens erreichen soll. Dieser bevorzugte Zustand muss unter allen anderen Zuständen irgendwie bestimmt werden. Die Bestimmung dieses bevorzugten Zustands führt im Wesentlichen zur Wahl eines bestimmten Funktionals, dessen Extremum diesem Zustand entspricht. Eine Veränderung des Systemzustands wird durch Änderung der äußeren Steuereinwirkung oder durch Änderung der Systemparameter erreicht.

Das Lernmodell nach Bush-Mosteller (Krug 2002) entstand bei der Erforschung des Verhaltens von Lebewesen und bildet im Prinzip einen neuronalen Lernprozess ab. Auch in anderen Bereichen wurden mit diesem relativ einfachen Modell gute Ergebnisse erzielt. Deshalb gehört es heute zu den bekanntesten und sehr verbreiten Lernmodellen zur Steuerung der hybriden Nutzung von diskreten Optimierungsverfahren, die sowohl deterministisch, stochastisch, evolutionär und genetisch sowie schwellenorientiert mit hoher Wahrscheinlichkeit die beste Lösung bei Produktions- und Logistikprozessen in der Industrie finden können. Wichtig ist dabei auch, dass der Produktionsplaner, Fertigungsingenieur und Logistiker keine Erfahrungen der mathematischen Optimierung mitbringen muss. Durch den Lernprozess wird er von Aufgabe zu Aufgabe immer effektiver zu besten Lösungen geführt und dies auf vorwiegend heuristischer Basis (Krug 2002).

Literatur

Krug W (2002) Modellierung, Simulation und Optimierung für Prozesse der Fertigung, Organisation und Logistik. SCS Europe BVBA

Krug W, Schönfeld S (1981) Rechnergestützte Optimierung für Ingenieure. Verlag Technik, Berlin

Luenberger D (2003) Linear and nonlinear programming. Kluwer Academic Publishers, Dordrecht

Pinter J (1996) Global optimization in action. Kluwer Academic Publishers, Dordrecht

Kapitel 4
Stell- und Zielgrößen

Gerald Weigert und Oliver Rose

4.1 Stellgrößen

Bei jeder Optimierungsaufgabe stellt sich naturgemäß die Frage nach dem Optimierungsziel. So einfach und selbstverständlich die Fragestellung auch erscheinen mag, erwachsen daraus nicht selten grundlegende Missverständnisse, z. B. wenn man auf die Frage „Was soll optimiert werden?", als Antwort erhält, „die Reihenfolge". Oft unterscheidet der Praktiker bzw. Anwender nicht sauber zwischen Einfluss- und Zielgrößen. Die Reihenfolge, in der z. B. die Aufträge an einer Maschine bearbeitet werden sollen, ist eine typische Einflussgröße, die sich auf Kenngrößen wie mittlere Durchlaufzeit oder die Auslastung der Maschine auswirken kann. Letzteres sind dann Zielgrößen, die es zu minimieren (im Fall der Durchlaufzeit) oder zu maximieren gilt (im Fall der Auslastung).

Die Frage nach den Einflussgrößen kann nicht losgelöst von den Zielgrößen gestellt werden. Stellschrauben gibt es in einem logistischen System naturgemäß viele, nur haben nicht alle Einfluss auf jede denkbare Zielgröße, und es ist wenig sinnvoll, unnütze Stellschrauben bei der Optimierung zu berücksichtigen, die dann nur den Rechenaufwand erhöhen. Auf jeden Fall müssen Anwender und Optimierungsexperte bei der Definition der Einflussgrößen eng zusammenarbeiten, denn einerseits kennt nur der Anwender wirklich die systemspezifischen Stellschrauben und andererseits kann nur der Optimierungsexperte einschätzen, welche Auswirkungen eine bestimmte Einflussgröße auf seinen Algorithmus haben wird. Während in dem einen Produktionssystem vielleicht der Personaleinsatz variabel ist (Schichtsystem, Wochenendarbeit usw.) kann in einem anderen eventuell kurzfristig zusätzliche Maschinenkapazität erschlossen werden. Die Art der zu berücksichtigenden Einflussgrößen ist entscheidend für den Charakter des Optimierungsproblems. Grundsätzlich unterscheidet man drei Typen von Einflussgrößen: Parametervariationen,

---

G. Weigert (✉)
Fakultät Elektrotechnik & Informationstechnik, Institut für Aufbau- und Verbindungstechnik der Elektronik, Technische Universität Dresden, 01062 Dresden, Deutschland
www.avt.et.tu-dresden.de/rosi/
E-Mail: gerald.weigert@tu-dresden.de

Zuordnungen und Permutationen. Durch Parametervariation kann man z. B. die Größe eines Pufferlagers oder die Anzahl von Arbeitsplätzen beeinflussen. Da es sich bei diesen Parametern meist um reelle bzw. ganze Zahlen handelt, ist die Optimierung unter diesen Bedingungen vergleichsweise einfach. Auf jeden Fall sollte geprüft werden, ob unter solchen Umständen überhaupt ein simulationsgestütztes Optimierungsverfahren erforderlich ist, oder stattdessen mathematische Verfahren wie das Gradientenverfahren oder Lineare Programmierung schneller zum Ziel führen. Bei der Zuordnung oder Auswahl sind die Verhältnisse dagegen schwieriger. Zuordnen kann man z. B. Aufträge zu bestimmten Maschinen aus einer Maschinengruppe (1 aus n, aber auch m aus n, mit $m < n$); oder für ein Pufferlager kann die Wartedisziplin ausgewählt werden. Typisch für die Zuordnung/Auswahl wie auch für Permutationen ist, dass die Variablen naturgemäß keine reellen Zahlen sind und somit kein natürliches Abstandsmaß in Form z. B. des euklidischen Abstandes existiert, das wiederum eine wichtige Voraussetzung für die Anwendung z. B. eines Gradientenverfahrens wäre. Das Vorhandensein von Zuordnungs- oder Permutationsvariablen ist generell ein starkes Indiz für die Notwendigkeit simulationsgestützter Optimierungsverfahren. Gerade die Permutationen, z. B. in Gestalt von Auftragsreihenfolgen, sind wirksame und darüber hinaus leicht zugängliche Stellschrauben zur Beeinflussung des Ablaufverhaltens. Damit wird auch deutlich, weshalb simulationsgestütze Optimierungsverfahren in Fertigung und Logistik eine so große Bedeutung zukommt. Permutationsvariable haben jedoch noch eine andere, sehr nachteilige Eigenschaft: Die Anzahl der in Frage kommenden Werte (z. B. die Anzahl der unterschiedlichen Reihenfolgen) wächst exponentiell mit der Anzahl der Tauschpartner. Was das für das Optimierungsproblem bedeutet, wird später unter dem Begriff Komplexität noch beleuchtet werden.

4.2 Einfache Zielgrößen

Sind die Einflussvariablen schließlich festgelegt, müssen die Ziele bestimmt und die Zusammenhänge zwischen den Einfluss- und Zielvariablen beschrieben werden. Auf simulationsgestützte Optimierungsverfahren greift man dann zurück, wenn sich dieser Zusammenhang nicht mit Hilfe mathematischer Formeln beschreiben lässt oder der dafür erforderliche Aufwand zu hoch ist. Das Simulationsmodell übernimmt in diesem Fall die Rolle der Formel, indem durch Simulation jeder Wertekonstellation der Einflussgrößen ein konkreter Zielwert zugeordnet werden kann. Gerade logistische Systeme sind aufgrund ihrer Komplexität und der großen Anzahl von Wechselwirkungen der Systemkomponenten untereinander oft überhaupt nur mit Hilfe von Simulationsmethoden beherrschbar. Darüber hinaus haben Simulationsmodelle gegenüber mathematischen Beschreibungen den Vorteil, dass sie für den Anwender anschaulicher sind, wodurch sich nicht zuletzt das Vertrauen in die Optimierungsergebnisse erheblich verbessern lässt.

Eine Zielgröße, über die eigentlich immer Einigkeit herrscht, sind die allgemeinen Kosten, die es zu minimieren gilt. Für ein konkretes Optimierungsprojekt ist diese globale betriebswirtschaftliche Kenngröße jedoch wenig geeignet. Vielmehr muss das übergeordnete Kostenziel in untergeordnete Teilziele zerlegt werden. So können die Kosten reduziert werden, indem man die Auslastung der Maschinen erhöht, den Bestand im System senkt oder die Liefertermine exakt einhält. Die aufgezählten untergeordneten Ziele sind logistische Ziele; der Zusammenhang zu den betriebswirtschaftlichen Zielen lässt sich jedoch nicht immer eindeutig herstellen. So ist es schwierig, die Kosteneinsparung, die durch Liefertermintreue erreicht wird, exakt in Euro und Cent anzugeben. Die Überschreitung von Lieferterminen verursacht nicht nur unmittelbar zusätzliche Kosten (späterer Zahlungseingang bis hin zu Vertragsstrafen), die sich noch einigermaßen berechnen ließen, sondern hat auch langfristige Auswirkungen, die schwer zu quantifizieren sind. So können evtl. wichtige Kunden zur Konkurrenz abwandern, ohne dass man den Zusammenhang zu den Terminüberschreitungen immer eindeutig nachweisen kann. Und wenn man es doch kann, ist die Berechnung des entstandenen Schadens meistens schwierig.

Schon dieses einfache Beispiel zeigt, dass zwischen logistischen und betriebswirtschaftlichen Zielen kein einfacher Zusammenhang herzustellen ist. Dies kann zu vielen Missverständnissen führen und man ist generell gut beraten, sich bei einem Optimierungsprojekt vorwiegend auf abgeleitete, logistische Ziele zu konzentrieren. Auch wenn man den Nutzen nicht genau quantifizieren kann, ist es nicht von Nachteil, eine Maschine besser auszulasten, den Bestand innerhalb eines Fertigungssystems zu senken oder die Liefertermine weniger oft zu überziehen. Die logistischen Ziele, als im weitesten Sinne von der Zeit abgeleitete Kenngrößen, stehen auch eher in Beziehung zur ereignisdiskreten Simulation als die rein kostenorientierten Kenngrößen.

Die grundlegenden logistischen Zielgrößen werden im Gesetz von Little benannt (Hopp u. Spearman 2001):

$$\text{Mittlerer Durchsatz} = \text{Mittlerer Bestand}/\text{Mittlere Durchlaufzeit} \quad (4.1)$$

Das Gesetz gilt streng genommen nur für unendlich lange Beobachtungsintervalle, hat darüber hinaus aber universelle Gültigkeit und beschreibt sowohl das Verhalten des Gesamtsystems (z. B. der Fabrik) als auch das Verhalten jeder seiner Teile (z. B. einer Maschinengruppe). Unter dem Durchsatz versteht man die Anzahl der Aufträge, die pro Zeiteinheit vom System bedient werden. Zum Bestand zählen alle Aufträge innerhalb des Systems, die gerade bedient werden bzw. auf Bedienung warten (in der Regel alle Produkte in einer Warteschlange). Die Durchlaufzeit ist eine auf den Auftrag bezogene Größe, die sich aus der Differenz zwischen Systemaustrittsdatum und dem Systemeintrittsdatum des Auftrags ergibt. Der Zeitpunkt des Systemaustritts fällt zusammen mit dem Ende der Bedienung. Alle drei Kenngrößen kann man für unterschiedliche Zeitintervalle (z. B. Schicht, Woche oder Monat) aber auch für unterschiedliche Teilsysteme bzw. für spezielle Produktspektren berechnen. So kann z. B. die Senkung der mittleren Durchlaufzeit aller Aufträge für A-Kunden ein Optimierungsziel sein, oder die Erhöhung des Durchsatzes an der Engpassmaschine. Letzteres ist gleichwertig mit der Erhöhung der Maschinenauslastung.

Eine weitere wichtige Zielkategorie ist die Einhaltung der Termine. Damit beschäftigt sich vor allem die Theorie der Ablaufplanung, wie sie unter anderem von Domschke et al. (1997) ausführlich beschrieben wird. Gerade in wirtschaftlich schwierigen Zeiten und in einem zunehmend turbulenten Umfeld rückt die Termintreue immer mehr in den Fokus der Unternehmen. Die Einhaltung von Lieferterminen kann über den wirtschaftlichen Erfolg eines Unternehmens entscheiden und ist den Kunden inzwischen genauso wichtig wie oder sogar noch wichtiger als die Qualität der Produkte. Die exakte Vorhersage von Terminen, seien es Liefertermine oder Start- und Endtermine bestimmter Arbeitsgänge, ist in den meisten Fällen nur mit Hilfe ereignisdiskreter Simulationsmodelle möglich. Es ist ein weit verbreiteter Irrtum, dass in einem deterministischen System alle Termine mittels einfacher Tabellenkalkulation bestimmt werden können. Dieses Verfahren stößt sehr schnell an seine Grenzen, insbesondere dann, wenn die einzelnen Teilprozesse (Arbeitsgänge) um begrenzte Ressourcen konkurrieren, pro Arbeitsgang mehrere dieser Ressourcen benötigt werden (z. B. Maschine, Personal und Werkzeug) und darüber hinaus verschiedenen Arbeitsgänge miteinander synchronisiert werden müssen (z. B. bei der Montage). Die Berücksichtigung komplexer Rüst- oder Gruppenregeln, von Schicht- und Urlaubsplänen sowie Maschinen- und Personalqualifikationen erzwingen geradezu eine Simulation, deren Ergebnis in einem vollständigen Ablaufplan besteht. Aus diesem Ablaufplan lassen sich verschiedene Kenngrößen zur Termintreue herleiten, wie z. B. die Summe aller oder ausgewählter Terminüberschreitungen, die Summe aller oder ausgewählter Terminabweichungen, die Summe aller verspäteten Produkte usw. Hier gilt prinzipiell wie bei den Kenngrößen Durchsatz, Bestand und Durchlaufzeit, dass die Definition der Systemgrenzen Bestandteil der Zielgröße ist.

4.3 Mehrfachziele

Ziele können sich ändern. Unter den Bedingungen geringerer Nachfrage ist die Termintreue ein wichtiges Ziel, um z. B. Kunden zu gewinnen oder zu halten. Zieht die Nachfrage an, kann z. B. eine hohe und möglichst gleichmäßige Auslastung bestimmter Ressourcen, d. h. ein hoher Durchsatz (Produktionsausstoß) entscheidend sein. Aber auch innerhalb eines Fertigungssystems können unterschiedliche Ziele bestehen. Bei einem Engpass z. B. wird man eine hohe Auslastung anstreben; bei kostenintensivem Material wird man bestrebt sein, den Bestand niedrig zu halten. Die Ziele können in der Tagschicht andere sein als in der Nachtschicht. Als sei das nicht schon kompliziert genug, haben die Beteiligten, abhängig von ihrer Stellung im Unternehmen, oft unterschiedliche Zielvorstellungen. Während die Verkaufsabteilung daran interessiert ist, möglichst viele Produkte termingerecht auszuliefern, wird der Schichtleiter einen kontinuierlichen Produktfluss anstreben bzw. unnötige Umrüstungen von Maschinen zu vermeiden suchen. Das Management wird unter anderem darauf dringen, teurere Wochenendeinsätze möglichst zu vermeiden.

4 Stell- und Zielgrößen

Die Erkenntnis daraus ist, dass man in den seltensten Fällen nur mit einem Einzelziel konfrontiert wird, vielmehr handelt es sich bei den meisten Optimierungsprojekten um einen Zielkomplex, der sich darüber hinaus auch noch zeitlich ändern kann. Gewöhnlich fasst man einen solchen Zielkomplex in einen Zielvektor zusammen:

$$\mathbf{c} = (c_1, c_2, \ldots, c_n)^T \qquad (4.2)$$

Die Komponenten c_i des Vektors stehen für die Kenngrößen, die durch Simulation ermittelt werden sollen. Das übliche Vorgehen, möglichst alle Ziele bei der Optimierung zu berücksichtigen, besteht darin, ein Ersatzziel C aus der Summe der Einzelziele c_i zu bilden. Die multikriterielle Optimierungsaufgabe wird auf diese Weise wieder in eine einfache Optimierungsaufgabe transformiert. Zweierlei muss bei der Summierung von Einzelzielen unbedingt beachtet werden:

Alle Summanden müssen die gleiche Ausrichtung haben, d. h., man sucht bei allen Zielgrößen das Minimum (Maximum). Ist das nicht gewährleistet, werden die entgegengesetzt ausgerichteten Summanden mit -1 multipliziert.

Die einzelnen Ziele können mit unterschiedlichem Gewicht λ_i in die Optimierung eingehen. Dieses Gewicht ist, im Unterschied zum Wert der Zielgröße, subjektiv und wird in der Regel vom Anwender festgelegt. Wichtige Ziele werden mit einem großen, unwichtige mit einem kleineren Gewichtsbetrag bedacht.

Im Ergebnis erhält man eine gewichtete Summe.

$$C = \sum_n \lambda_i \cdot c_i \qquad (4.3)$$

Betrachtet man die Summe genauer, so fällt ins Auge, dass der Einfluss eines Summanden nicht allein durch den Gewichtsfaktor λ_i, sondern auch durch den Wert c_i der Zielgröße selbst bestimmt wird. Was das bedeutet, soll ein einfaches Beispiel illustrieren. Angenommen, es soll sowohl die Durchlaufzeit als auch die Maschinenauslastung optimiert werden. Die Durchlaufzeit c_1 der Aufträge sei wichtiger als die Auslastung c_2 und wird daher mit einem Gewicht von $\lambda_1 = 0{,}8$ bewertet. Für die Auslastung wählt man einen Faktor $\lambda_2 = -0{,}2$, so dass man schließlich das Minimum der Ersatzzielfunktion C suchen kann. Auf den ersten Blick scheint das Verhältnis zwischen beiden Zielen gewahrt; die größeren Effekte erreicht man durch Minimierung der Durchlaufzeit. Nimmt man nun aber an, dass die Durchlaufzeit in Stunden gemessen wird und im Mittel 5 h betrage, die Auslastung dagegen in Prozent und somit deutlich größere Zahlenwerte (z. B. 80 %) annehmen kann, dann setzt sich die Auslastung als Einzelziel durch ($\lambda_1 c_1$: $0{,}8 \cdot 5 = 4$ gegen $\lambda_2 c_2$: $-0{,}2 \cdot 80 = -16$), obwohl der Anwender genau gegensätzliche Absichten verfolgte. Entscheidend ist der Betrag der Summanden insgesamt, nicht der Gewichtsfaktor allein. Oder anders ausgedrückt, zwischen den subjektiv bestimmten Gewichtsfaktoren und den objektiv ermittelten Zielwerten besteht aus arithmetischer Sicht kein Unterschied.

Damit nun eine einmal getroffene Bewertung der Teilziele, ausgedrückt in den
λ-Werten, nicht wieder verfälscht wird, muss man dafür sorgen, dass die Werte der
einzelnen Ziele die gleiche Größenordnung aufweisen. Das erreicht man am einfachsten durch eine Normierung:

$$r_i = \frac{c_i - c_i^{\min}}{c_i^{\max} - c_i^{\min}} \qquad (4.4)$$

Für die normierte Zielgröße gilt dann $0 \leq r_i \leq 1$. Alle normierten Zielgrößen sind ihrem Betrag nach nun vergleichbar, so dass der λ-Vektor die erwartete Gewichtsverteilung exakt abbildet.

Zur Normierung der Zielgrößen benötigt man deren minimalen und maximalen Wert. Wenigstens einer dieser beiden Werte ist aber unbekannt, solange die Optimierung noch läuft, so dass, genau genommen, prinzipiell keine exakte Normierung möglich ist. Entweder man kennt beide Werte, dann wäre die Optimierung gar nicht notwendig, oder man passt die Normierungsformel jeweils an, wenn ein neuer Maximalwert (Minimalwert) gefunden wurde. Streng genommen müsste man dies natürlich auch für alle bereits gelaufenen Optimierungszyklen tun. Dabei kann man nicht sicher sein, ob der Suchalgorithmus unter den neuen Bedingungen nicht einen anderen Verlauf genommen hätte. Für den Praktiker stellt sich diese Frage nicht in dieser Strenge. Man ersetzt das Minimum bzw. Maximum in der Praxis häufig durch eine untere bzw. obere Schranke für den Zielwert und nimmt dabei in Kauf, dass die normierten Werte nicht exakt im Intervall [0,1] liegen bzw. dieses Intervall nicht exakt ausfüllen. Die Schranken sollten jedoch möglichst so gewählt werden, dass die normierten Zielwerte annähernd gleiche Größenordnung besitzen. Hat man keine Vorstellung von der Größenordnung eines oder mehrerer Ziele, sollte man sich zunächst einen Schätzwert dafür verschaffen, indem man hinreichend viele initiale Suchschritte vor der eigentlichen Optimierung ausführen lässt.

Die Ersatzzielgröße in Form einer gewichteten Summe hat den Vorteil, dass man auf diese Weise beliebig viele Ziele miteinander kombinieren kann und das Problem doch so behandelt, als hätte man nur eine einzelne Zielgröße. Spezielle Modifikationen der Algorithmen sind nicht erforderlich. Dennoch sollte man sich bei der Formulierung des multikriteriellen Optimierungsproblems über die Wechselwirkungen zwischen den einzelnen Zielgrößen im Klaren sein. Diese sind häufig kompliziert und nicht einfach zu durchschauen. Letztlich soll das Ergebnis aber für möglichst alle Ziele ein Optimum liefern. Dass dies nicht immer erreichbar ist, zeigt das folgende Beispiel. Die mittlere Aufenthaltsdauer der Kunden in einem Geschäft steht im Gegensatz zur Auslastung des Verkaufspersonals. Es ist zwar möglich, die Auslastung des Personals zu erhöhen, indem z. B. weniger Verkäuferinnen eingesetzt werden, aber nur um den Preis, dass die Kunden länger auf Bedienung warten müssen. Dieses klassische Beispiel kann natürlich auch sinngemäß auf Produktionssysteme angewendet werden und ist unter dem Begriff „Dilemma der Ablaufplanung" allgemein bekannt. Je nachdem, ob das Gewicht mehr in Richtung Personalauslastung oder in Richtung Kundenzufriedenheit gelegt wird, erhält man eine Lösung, bei der die Auslastung des Personals und die

4   Stell- und Zielgrößen   35

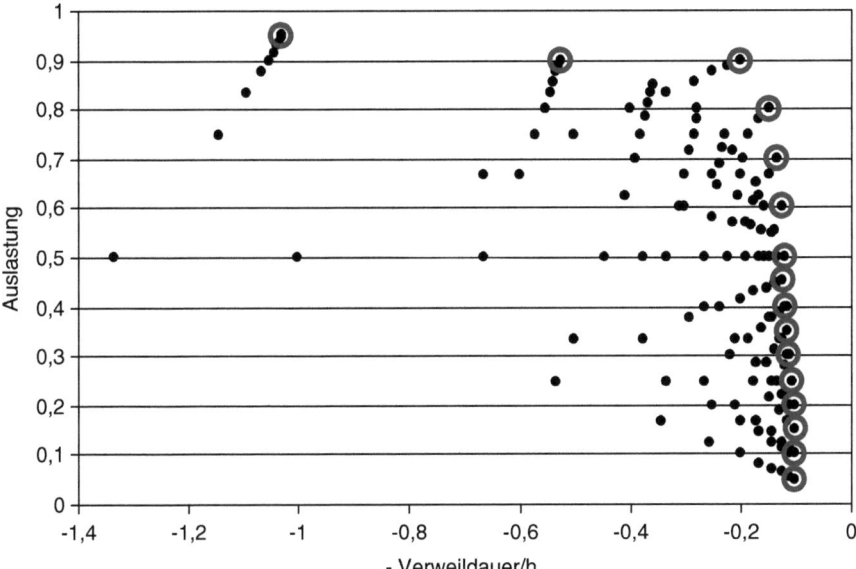

Abb. 4.1 Kompromisse zur Lösung des Zielkonflikts zwischen Auslastung und Verweildauer in einem Bedienungssystem

Verweildauer der Kunden hoch sind oder die Auslastung und die Verweildauer niedrig. Beide Ziele gleichzeitig zu befriedigen gelingt nicht. Dennoch existieren Lösungen, die im Sinne eines Kompromisses optimal sind und unter den gegebenen Bedingungen nicht mehr verbessert werden können. Am Beispiel in Abb. 4.1 erkennt man, dass es viele Lösungen gibt, bei der man die Auslastung auf einen Wert von 0,5 festlegen kann, aber nur eine Lösung, der optimale Kompromiss, erreicht unter dieser Bedingung eine minimale Verweildauer. Genauso gut kann die Verweildauer festgelegt und dann nach der maximalen Auslastung gefragt werden. Man spricht auch davon, dass die Kompromisslösung alle anderen Lösungen dominiert, d. h., unter den gegebenen Voraussetzungen die beste ist. Kompromisse lassen sich selbstverständlich auch in höher dimensionalen Zielsystemen finden. Das Prinzip ist das gleiche, nur dass jeweils alle Zielwerte bis auf einen festgehalten werden müssen.

Die Menge aller optimalen Kompromisse ist die so genannte Pareto-Menge. In erster Näherung bildet die Pareto-Menge die (unvollständige) Hülle (Pareto-Front) der Lösungsmenge, insbesondere dann, wenn es sich, wie in Abb. 4.1 dargestellt, um ein konvexes Problem handelt. Lösungen außerhalb der Pareto-Menge zu suchen ist wenig sinnvoll, es sei denn, dass noch andere Kriterien, wie etwa die Robustheit der Lösung, eine Rolle spielen. Operiert man mit der gewichteten Summe der Einzelziele, dann liegen alle Lösungen mit äquivalentem Wert der Ersatzzielfunktion auf einer Hyperebene. Für den in Abb. 4.2 dargestellten zweidimensionalen Fall sind die Hyperebenen Geraden, deren Neigungswinkel durch den λ-Vektor bestimmt wird. Dieser Neigungswinkel entscheidet über die Auswahl des Optimums inner-

Abb. 4.2 Optimaler Kompromiss bei zwei Zielgrößen c_1 und c_2 in Abhängigkeit vom λ-Vektor

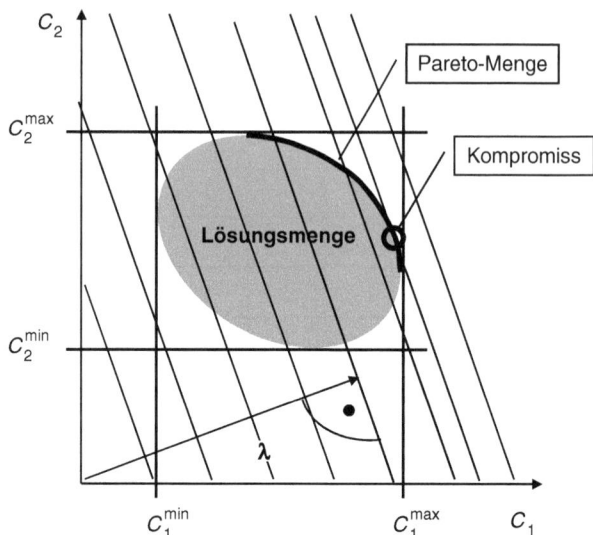

halb der Pareto-Menge. Je nachdem, in welche Richtung der λ-Vektor gedreht wird, wandert der optimale Kompromiss innerhalb der Pareto-Menge.

Die typischen Optimierungsprobleme aus Produktion und Logistik sind fast immer diskreter Natur. D. h., bei Such- und Zielraum handelt es sich nicht um ein Kontinuum, sondern um Wolken aus diskreten Punkten, die das Raster für den Optimierungsalgorithmus bilden. Den Weg, den der Algorithmus auf der Suche nach dem Optimum zurücklegt, kann man sowohl im Such- als auch im Zielraum verfolgen. In 2- bzw. 3-dimensionalen Räumen lässt sich der Optimierungsprozess zudem gut visualisieren, so dass Unterschiede zwischen den einzelnen Heuristiken schnell ins Auge fallen. Der Suchpfad hängt auch vom Charakter der jeweiligen Einfluss- und Zielgrößen bzw. den Nebenbedingungen ab. Bei den Zielgrößen unterscheidet man z. B. zwischen Zielen, die optimiert werden sollen, und Bedingungen, die mindestens eingehalten werden müssen. So könnte man z. B. nach der minimalen mittleren Durchlaufzeit aller Fertigungsaufträge suchen, unter der Bedingung, dass kein Liefertermin überschritten wird. Die Einhaltung der Termine ist in diesem Fall eine Bedingung, kann aber in einem anderen Zusammenhang ebenso gut auch als zu optimierende Zielgröße aufgefasst werden. Bedingungen oder Restriktionen muss man sich wie Wände vorstellen, die in die Punktwolke eingezogen werden und so den verfügbaren Raum für den Suchalgorithmus einschränken. Es steht natürlich immer in der Verantwortung des Anwenders, dabei das richtige Maß zu wahren. Sind die Beschränkungen zu stark, kann das dazu führen, dass überhaupt keine Lösung existiert, z. B., wenn die Liefertermine gar nicht alle einzuhalten sind. Ganz allgemein lässt sich sagen, dass je zahlreicher und je strenger die Bedingungen sind desto höher die Wahrscheinlichkeit eines Misserfolges ist.

Auf der sicheren Seite liegt man natürlich immer dann, wenn im Zielraum gar keine Bedingungen vorgegeben werden. Dann lässt sich, wie oben beschrieben, die grobe Suchrichtung durch den λ-Vektor, also durch die Gewichte der einzelnen Zielvariablen, vorgeben; eine Lösung wird immer gefunden, auch wenn das Ergebnis nicht zufriedenstellen sollte. Die Festlegung der Gewichte ist jedoch in der Praxis nicht ganz so einfach wie es zu sein scheint. Oft sind sich die Auftraggeber über die Wirkung gar nicht im Klaren und darüber hinaus untereinander über die konkret zu wählenden Werte nicht einig. Der Optimierungsexperte sollte daher die Gewichtswerte stets kritisch hinterfragen und auf die Folgen aufmerksam machen. Es empfiehlt sich außerdem, mit Gewichtsverschiebungen zu experimentieren, insbesondere dann, wenn die vorgegebenen Werte eher geschätzt sind. Man kann das Problem der Gewichte auch dadurch umgehen, dass man eine ganz andere Suchstrategie wählt. Man sucht zunächst entlang nur einer Koordinatenachse im Zielraum, d. h., es wird nur nach einem ausgewählten Ziel optimiert. Das gefundene Optimum lässt sich anschließend in eine (mehr oder weniger harte) Bedingung für diese Zielgröße umwandeln, mit der der Optimierungsprozess entlang der nächsten Achse fortgesetzt werden kann. Die Strategie verzichtet formal auf die Gewichtsfaktoren, nimmt aber dennoch ein Ranking unter den Zielgrößen vor, indem mit dem wichtigsten Ziel begonnen, und in der Rangordnung der Ziele fortgesetzt wird. Der Nachteil ist, dass durch das sukzessive Einziehen von Restriktionen nicht der gesamte Zielraum für die Suche zur Verfügung steht und somit das globale Optimum auch außerhalb der Reichweite des Algorithmus liegen kann. Außerdem werden Wechselwirkungen zwischen den Faktoren nicht berücksichtigt (Sauer et al. 2003).

4.4 Komplexität von Optimierungsproblemen

Simulationsgestützte heuristische Optimierungsverfahren erfordern einen enormen Rechenaufwand. Letztlich scheinen die Methoden auch nicht sonderlich elegant zu sein, eher erinnern sie mehr oder weniger an systematisches Probieren. Es stellt sich dem Praktiker daher oft die Frage, ob es nicht effizientere Verfahren gibt. Antworten findet man in der Komplexitätstheorie, einem speziellen Gebiet der Mathematik bzw. der theoretischen Informatik. Die folgenden kurzen Ausführungen sollen beim Praktiker die Sensibilität für den Schwierigkeitsgrad wecken, der in vielen diskreten Optimierungsaufgaben steckt, ohne sich dabei allzu sehr in komplizierten wissenschaftlichen Definitionen zu verlieren.

Um die Effizienz eines Algorithmus bewerten zu können, setzt man z. B. die Zahl der Rechenschritte, die im ungünstigsten Fall (*worst case*) notwendig sind, um das Optimum zu finden, in Beziehung zur Größe des Problems. Ein Maß für die Größe eines Problems ist in Produktion und Logistik gewöhnlich die Anzahl der im System befindlichen Aufträge oder die Anzahl der Ressourcen. Wir wollen annehmen, dass in einem Fertigungssystem für n Aufträge die Zykluszeit minimiert werden soll. Eine denkbare Einflussgröße wäre die Kapazität der Pufferlager vor einzelnen Maschinen. Würde man z. B. nur vor einer Maschine die Pufferlagerkapazität zwischen 1 und n in Einerschritten variieren, könnte man das Optimum durch Probieren sicher leicht finden. Variiert man die Kapazität weiterer Pufferlager, d. h., definiert man weitere Einflussvariable, so vergrößert sich die Anzahl der durchzurechnenden Varianten. Für den Fall, dass k Einflussvariable vorliegen, benötigt man für die vollständige Enumeration jedoch nicht mehr als insgesamt n^k Varianten. Variiert man dagegen eine einzige Auftragsreihenfolge, z. B. vor der Engpassmaschine, so besitzt diese Permutationsvariable allein schon insgesamt $n!$ (sprich n-Fakultät $= 1 \cdot 2 \cdot 3 \cdot \ldots \cdot n$) Werte. Näherungsweise kann man die Fakultät auch mit Hilfe der Stirlingschen Formel berechnen:

$$n! \approx \sqrt{2\pi n}\left(\frac{n}{e}\right)^n \qquad (4.5)$$

In beiden Problemrepräsentationen wächst die Anzahl der Rechenschritte mit der Größe des Problems, im ersten Fall jedoch „nur" polynomiell und im zweiten Fall exponentiell. Das heißt, im ersten Fall steht die Größe n nur in der Basis, im zweiten aber im Exponenten des Potenzausdrucks. Erhält man bei 10 Aufträgen ca. 3,6 Mio., so sind es bei 20 Aufträgen bereits mehr als $2{,}4 \cdot 10^{18}$ mögliche Reihenfolgen. Es ist keineswegs übertrieben zu sagen, dass der Aufwand zur Berechnung optimaler Reihenfolgen mit der Größe des Problems geradezu explodiert. Man sagt auch, dass Probleme des ersten Typs effizient lösbar sind, die des zweiten Typs dagegen nicht. Nun könnte man natürlich meinen, dass es ja eben die Aufgabe der Optimierung sein sollte, für ein so einfaches Problem wie es das Reihenfolgeproblem scheinbar ist, eine Lösung innerhalb akzeptabler Zeitgrenzen anzubieten. Leider kennt man bis heute keinen Algorithmus, der sicher zum Optimum führt, und bei dem die Rechenzeit (oder der benötigte Speicherplatz) trotzdem nicht „explodiert". Alles, was als praktikable Lösung angeboten werden kann, sind Heuristiken, die sich möglichst gut dem Optimum nähern bzw. es im Einzelfall auch erreichen können, aber ohne dass ein exakter Nachweis geführt werden könnte, dass es sich bei der Lösung auch tatsächlich um das Optimum handelt.

Das Reihenfolgeproblem teilt sein Schicksal mit vielen anderen Problemen, wie z. B. dem sogenannten Rundreiseproblem. Auch hier soll eine optimale Reihenfolge, diesmal die Abfolge der Stationen einer Rundreise, die Einflussgröße, gefunden werden, so dass der Reiseweg, die Zielgröße, möglichst kurz ist. Es ist offensichtlich, dass trotz der unterschiedlichen Fragestellungen zwischen dem Reihenfolge- und dem Rundreiseproblem eine gewisse Verwandtschaft besteht. Tatsächlich lässt sich auch das Rundreiseproblem effizient in ein Reihenfolgeproblem transformieren und umgekehrt. Das heißt, man löst zwei Probleme in einem. Es gibt noch zahllose weitere Probleme, die sich nicht effizient lösen lassen, aber für die eine effiziente Transformation auf wenigstens eines der bereits einschlägig bekannten, als schwer lösbar geltenden Probleme existiert, darunter auch solche, die auf den ersten Blick überhaupt keine Ähnlichkeit mit den Fragestellungen aus Produktion und Logistik aufweisen. Stellvertretend sei hier nur auf das Problem der Primzahlenzerlegung verwiesen, auf dessen extrem hohen Lösungsaufwand man immerhin so fest vertraut, dass damit unter anderem die Geheimnummern unserer Kreditkarten verschlüsselt werden. Ohne weiter auf die Einzelheiten eingehen zu wollen, kann festgehalten werden, dass zwei Bedingungen entscheidend dafür sind, ein Problem als schwierig einzustufen:

- Die Rechenzeit aller bekannten Lösungsalgorithmen für dieses Problem „explodiert" bei hinreichender Größe.
- Es gibt eine effiziente Transformation (Algorithmus mit polynomiellem Aufwand) in wenigstens eines der Probleme aus dieser Klasse.

Sind diese beiden Bedingungen erfüllt, bezeichnet man das Problem als NP (nicht polynomiell)-vollständig. Oder man spricht auch davon, dass das Problem aus der Klasse NP sei, im Gegensatz zur Klasse P (polynomiell). Die zweite Bedingung ist eigentlich rekursiver Natur, durch die die Klasse NP durch neue, noch unbekannte, Optimierungsprobleme erweitert werden kann. Da alle Optimierungsprobleme in NP durch effiziente Transformationen miteinander zusammenhängen, wären auch alle Probleme in NP mit einem Schlag gelöst, wenn es gelänge, ein einziges Problem aus NP effizient zu lösen. Bisher ist das aber noch niemandem gelungen. Im Gegenteil, die Menge der NP-schweren Probleme wird größer. Es hat somit den Anschein, dass es in unserer Welt allgemein, und leider auch und insbesondere in der Welt der Produktion und Logistik, diese zwei Klassen von Optimierungsaufgaben gibt. Das heißt zwar noch nicht, dass Probleme aus der Klasse P immer und Probleme aus NP nicht lösbar sind, aber die Gefahr, dass die Rechenzeit eines NP-schweren Problems zu groß wird, um noch rechtzeitig gelöst werden zu können, ist sehr realistisch. Insbesondere für diese Klasse von Problemen stellen die simulationsgestützten heuristischen Optimierungsverfahren eine wertvolle Option dar (Domschke et al. 1997).

Literatur

Domschke W, Scholl A, Voß S (1997) Produktionsplanung: Ablauforganisatorische Aspekte. Springer, Berlin

Hopp W, Spearman M (2001) Factory physics. McGraw-Hill/Irwin, New York

Sauer W et al (2003) Prozesstechnologie der Elektronik – Modellierung, Simulation und Optimierung der Fertigung. Fachbuchverlag Leipzig im Carl Hanser Verlag, München

Kapitel 5
Kopplung von Simulation und Optimierung

Lothar März und Wilfried Krug

5.1 Kopplungsarten von Simulation und Optimierung

Die ereignisdiskrete Simulation ist ein mächtiges Werkzeug zur Analyse und Bewertung von logistischen Systemen. Solche realen Systeme lassen sich wie folgt charakterisieren (van Dijk u. van der Sluis 2007):

- Sie sind komplex.
- Sie weisen stochastisches Verhalten auf.
- Sie bedürfen üblicherweise einer Optimierung hinsichtlich Ressourcenauslastung, Durchlaufzeiten, Termintreue, Kosten u. a.

Optimierungsmethoden dagegen finden ihre Anwendung zumeist nur dann, wenn

- das System hinreichend einfach (zu modellieren) ist und
- vereinfachte Annahmen unterstellt werden können.

Es ist daher naheliegend, die Vorteile von Simulation und Optimierung zu kombinieren. Dabei fällt der Simulation die Rolle der Bewertung zu, während die Optimierung die Aufgabe übernimmt, die beste Parameterauswahl für eine optimale Zielerreichung zu finden (Krug 2002). Die jeweiligen Vorteile von Simulation und Optimierung sind nachfolgend aufgeführt.

Vorteile der Simulation
- Berücksichtigung praxisrelevanter Komplexität
- Berücksichtigung von real auftretenden Zufallsereignissen (Mengen- und Zeitschwankungen, Ausfälle) durch Stochastik

---

L. März (✉)
LOM Innovation GmbH & Co. KG, Kemptener Straße 99, 88131 Lindau (Bodensee),
Deutschland, www.lom-innovation.de
E-Mail: lothar.maerz@lom-innovation.de

Institut für Managementwissenschaften, Technische Universität Wien, Theresianumgasse 27,
1040 Wien, Österreich, www.imw.tuwien.ac.at

Vorteile der Optimierung
- Auffinden besserer (im Idealfall: optimaler) Lösungen
- Einblick in der Lösungsfindung

Die Verknüpfung von Simulation und Optimierung lässt sich anhand unterschiedlicher Kriterien klassifizieren. Entscheidend für die Kopplungsart sind die gegenseitige Abhängigkeit der verwendeten Simulations- und Optimierungsprozeduren, die Relation von Unter- bzw. Überordnung sowie die zeitliche Abfolge der Berechnungen (VDI 3633 Blatt 12 2006). Grundsätzlich lassen sich die Varianten sequentieller und hierarchischer Verknüpfungen unterscheiden. Damit lassen sich Simulation und Optimierung auf vier grundlegende Arten koppeln. Möglich sind auch Kombinationen der genannten Architekturen.

5.2 Optimierung ist in die Simulation integriert

Bei der hierarchischen Architektur ist eine Methode dominant und steuert die andere Methode. Im Falle, dass die Simulation das führende System ist, löst die Optimierung in Abhängigkeit des aktuellen Status des Simulationsmodells die ihm übertragende Aufgabenstellung und spielt die Ergebnisse an die Simulation zurück (Abb. 5.1). Ein praktisches Beispiel hierzu ist die Überprüfung einer operativ eingesetzten Reihenfolgeoptimierung vor einer Engpassmaschine, die im Rahmen einer übergeordneten Produktionsplanung hinsichtlich seiner Auswirkungen auf die gesamte Produktion bewertet werden soll. Beispiele hierfür finden sich in den Fallbeispielen Kap. 11 und 17.

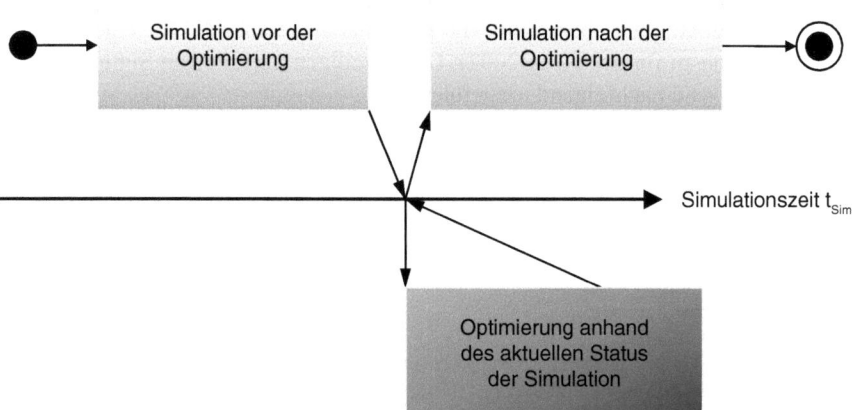

Abb. 5.1 Optimierung innerhalb der Simulation

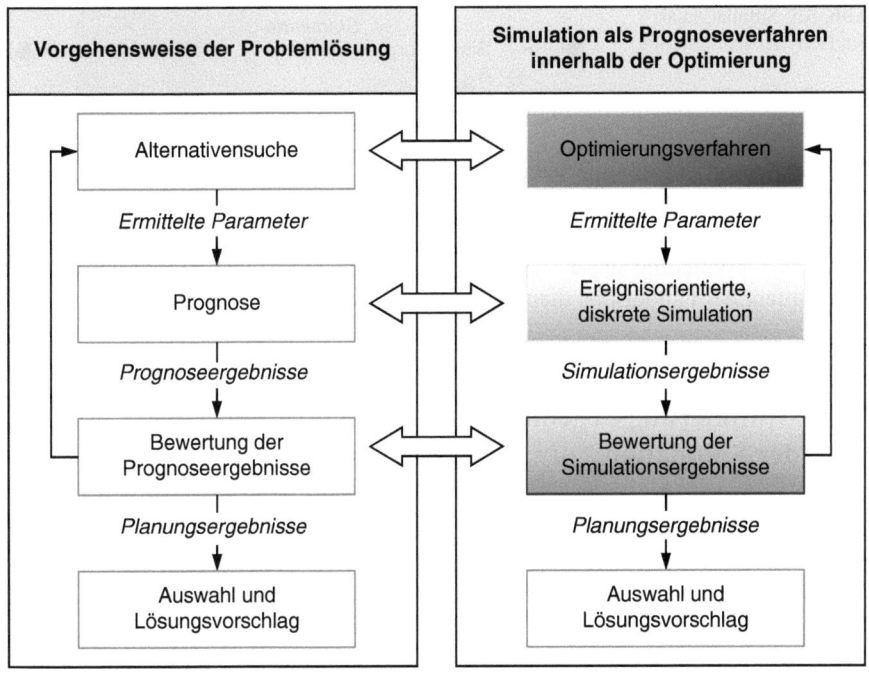

Abb. 5.2 Simulation als Prognosefunktion. (März 2002)

5.3 Simulation als Bewertungsfunktion der Optimierung

Im umgekehrten Falle, wenn die Simulation durch die Optimierung gestartet wird, stellt die Simulation in Form der Ergebnisdaten die Grundlage für eine Bewertung des dynamischen Verhaltens des abgebildeten Produktionssystems dar. Die Simulation ist die Prognosefunktion im Rahmen des allgemeinen Ablaufs einer Problemlösung, das Optimierungsverfahren repräsentiert die Alternativensuche (Abb. 5.2). Ein Beispiel hierzu ist die Ermittlung der optimalen Auftragseinlastung und -reihenfolge zur Erreichung einer maximalen Produktivität. Diese Kopplungsart ist mit Abstand am häufigsten anzutreffen, Beispiele hierfür finden sich in den Fallbeispielen in Kap. 6 bis 10, 12, 13 sowie 15 und 16.

5.4 Simulationsergebnisse als Startwert der Optimierung

Die sequentielle Architektur unterscheidet sich gegenüber der hierarchischen Architektur, bei der ja ebenfalls wechselseitig Daten ausgetauscht werden, dahingegen, dass die Ergebnisse der einen Methode als abgeschlossenes Ergebnis vorliegt. So wird bei der Kopplungsfolge Simulation – Optimierung zunächst über den Gesamt-

Abb. 5.3 Simulation als Startwert der Optimierung

betrachtungsumfang simuliert und die Ergebnisse in der Optimierung als Eingangsgröße verwendet (Abb. 5.3). Diese Architektur dient beispielsweise dazu, mit der Simulation die notwendigen Kapazitätsanforderungen zu ermitteln, um im Nachgang der Optimierung diese Kapazitätsbedarfe mit konkreten Betriebsmitteln zu verknüpfen. Als Fallbeispiel dient Kap. 14.

5.5 Optimierungsergebnisse zur Konfiguration der Simulation

Im Falle der vorgelagerten Optimierung dient die Simulation zur Überprüfung der Machbarkeit der vorgeschlagenen Lösung (Abb. 5.4). Oftmals ist es nicht möglich (und wenig sinnvoll), die kausalen Bedingungen einer Produktion vollständig analytisch in Form von Bedingungen und Restriktionen zu formulieren. Daher erscheint es sinnvoll, die mathematische Formulierung auf die elementaren Kriterien zu beschränken und eine Lösung zu generieren. Mit Hilfe der Simulation, die implizit die Wirkzusammenhänge durch Abbildung der relevanten Verhaltensregeln erfasst, kann die Optimierungslösung auf Realisierbarkeit geprüft werden. Ein inhaltlich unterschiedlicher Zweck wird mit dem gleichen Architekturansatz gelöst, indem die Optimierung zulässige Startwerte für die Simulation ermittelt.

5.6 Problemklassen

Die Auswahl des richtigen Optimierungsverfahrens richtet sich nach Art und Umfang der Problemklasse. Grundsätzlich lassen sich drei unterschiedliche Klassen von Problemen unterscheiden (Abb. 5.5). Bei Reihenfolgeproblemen stellt sich die Frage, welchen Rang jedes Planungsobjekt aus einer Liste erhalten soll. Typisches Beispiel ist die Festlegung einer Auftragsreihenfolge, die determiniert, in welcher Folge Aufträge in die Produktion eingesteuert werden sollen. Bei Zuordnungsproblemen steht die Aufgabe im Raum, Zuordnungen von unterschiedlichen Planungsobjekten vorzunehmen. Beispiele hierfür sind Zuordnungen von Mitarbeiter zu Schichtplänen, Aufträge zu Betriebsmitteln, etc. Eine weitere Problemklasse stellt

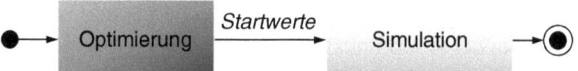

Abb. 5.4 Simulation zur Überprüfung der Machbarkeit der Optimierung

Abb. 5.5 Problemklassen und beispielhafte Aufgaben aus der Produktionslogistik

Reihefolge-problem	Zuordnungs-problem	Parameter-variation
• Auftrags-reihenfolge • Rüstreihenfolge	• Zuordnung von Mitarbeiter zu Schichtplänen • Zuordnung von Aufträgen zu Betriebsmittel	• Losgrößen • Planzeiten • Leistungsgrößen (Stück/h, m/s, ...) • Pufferfläche • ...

die Parametervariation dar, bei der eine Stellgröße in seinem Wert verändert wird. Ein Beispiel hierzu ist die Aufgabe zur Ermittlung einer optimalen Losgröße.

In den meisten anzutreffenden Aufgabenstellungen in der betrieblichen Praxis sind mindestens zwei der drei genannten Problemklassen betroffen. Auch dies ist einer der Gründe, warum eine einzelne Methode von Simulation und Optimierung nicht hinreichend ist, um zufriedenstellende Resultate zu erhalten. Die Optimierung stößt bei zu komplexen Aufgabenstellungen an ihre Grenzen, der manuelle Aufwand zur Formulierung übersteigt den Nutzen und der Rechenaufwand zur Lösung des Algorithmus wird unbefriedigend. Die Simulation gibt durch Szenarienbildung und dem Vergleich keinen zielgerichteten Lösungsweg vor, dies obliegt dem Anwender. Nun kann es bei sehr komplexen Systemen nicht mehr durchschaubar sein, welche Stellgrößen, welche Zuordnungen und welche Reihenfolgen in Kombination wie vorzunehmen sind, um eine im Sinne von antagonistischen Zielgrößen optimale Auswahl zu treffen. Die simulationsgestützte Optimierung biete dem Planer ein Entscheidungswerkzeug, das ihn bei dieser Aufgabe unterstützt. Die in diesem Buch aufgeführten Fallbeispiele sollen aufzeigen, welche Einsatzfelder mit welcher Planungsarchitektur gelöst wurden.

Literatur

März L (2002) Ein Planungsverfahren zur Konfiguration der Produktionslogistik. IPA-IAO Forschung und Praxis 351. Universität Stuttgart. Jost-Jetter, Heimsheim

Krug W (2002) Coupling ISSOP with other simulation systems. Modelling, simulation and optimization for manufacturing, organisational and logistical processes 2002. SCS European Publishing House, Erlangen, S 132–185

Van Dijk NM, Van Der Sluis E (2007) Practical optimization by OR and simulation. 6th EUROSIM Congress on modelling and simulation. 9–13 Sept 2007, Ljubljana, Slovenia

VDI 3633 Blatt 12 (2006) Simulation und Optimierung Weissdruck Vorentwurf Nr 1 2006-09-01

Teil II
Fallbeispiele

Kapitel 6
Simulationsgestützte Optimierung von Fertigungsprozessen in der Halbleiterindustrie

Andreas Klemmt, Sven Horn und Gerald Weigert

6.1 Einleitung

Der Beitrag beschreibt die Entwicklung und Umsetzung eines simulationsgestützten Optimierungssystems für den Backend-Bereich eines Halbleiterherstellers. Typisch für eine Halbleiterfertigung ist ein breites Produktspektrum mit Produkten aus unterschiedlichen Produktlebenszyklen. Daraus folgen unterschiedliche Zielanforderungen für einzelne Prozessschritte bzw. Produkte, die darüber hinaus durch Marktschwankungen einer starken zeitlichen Dynamik ausgesetzt sind. Da insbesondere im Backend-Bereich ein Höchstmaß an (Ablauf-) Flexibilität gefordert ist, ist ein simulationsgestütztes Scheduling-System gegenüber einer auf starren Regeln basierenden Steuerung im Vorteil. Im Ergebnis des Projekts entstand eine Software, die in der Fertigung im 7×24-Regime eingesetzt wurde.

6.1.1 Unternehmen

Bei dem Industriepartner handelte es sich um einen großen Halbleiterhersteller, der DRAM-Produkte, Flash-Speicher sowie Logikprodukte für verschiedene Anwendungsgebiete entwickelte und produzierte. Das Unternehmen beschäftigte zur Zeit des Projektes weltweit ca. 13.500 Mitarbeiter.

Der Herstellungsprozess in einer typischen Halbleiterfabrik kann grob in zwei Abschnitte untergliedert werden: Das „Frontend", in dem die Wafer-Herstellung und der Wafer-Test stattfinden, und das „Backend", in dem die Wafer vereinzelt, zu Bauelementen montiert und abschließend getestet werden. Das entwickelte System fokussiert hierbei auf den Backend-Bereich. Über die gesamte Herstellung erfolgt die Verfolgung und Identifizierung der Produkte, wie auch in anderen Fertigungen, als einzelnes Los (Sivakumar 1999).

A. Klemmt (✉)
Fakultät Elektrotechnik & Informationstechnik, Institut für Aufbau- und Verbindungstechnik der Elektronik, Technische Universität Dresden, 01062 Dresden, Deutschland
www.avt.et.tu-dresden.de/rosi/

Besonders in den letzten Jahren hat gerade im Backend ein starker Drang nach Automatisierung und verbesserter Ablaufsteuerung eingesetzt. Diese Entwicklung wurde im Frontend bereits eher durchlaufen. In modernen 300 mm-Fertigungen werden vollautomatische Ablaufsteuerung und regelbasierte Steuerungen bereits erfolgreich eingesetzt. Die dort verwendeten Verfahren lassen sich jedoch nicht unverändert auf den Backend-Bereich übertragen.

Im Backend wird zwar einerseits eine stärkere Flexibilität gefordert, was kürzere Neuplanungsintervalle impliziert (Potoradi et al. 2002), andererseits ist eine simulationsbasierte Optimierung eher möglich, da Zyklen im Ablauf weniger ausgeprägt sind und für die Prozesse konkrete Planzeiten mit beherrschbarer Streuung vorliegen.

Der Industriepartner hat das Projekt in allen Phasen begleitet und unterstützt. Das heißt, beginnend mit der Anforderungsanalyse, Konzeption, über erste prototypische Implementierungen, bis hin zur direkt im Produktionsgeschehen eingesetzten Anwendung erfolgte eine enge Zusammenarbeit. Besonders diese kurzen Entwicklungszyklen und die direkte Entwicklung und Erprobung des Systems vor Ort waren ein wichtiger Erfolgsfaktor für das beschriebene Projekt.

6.1.2 Wissenschaftlicher Partner

Das Institut für Aufbau- und Verbindungstechnik der Elektronik (Fakultät Elektrotechnik und Informationstechnik) der Technischen Universität Dresden konzentriert sich auf die Erforschung und Entwicklung neuartiger Technologien für elektronische Baugruppen einschließlich der Steuerung und Planung der zugehörigen Fertigungsabläufe. Die Fertigungsabläufe in der Elektronikproduktion lassen sich im Wesentlichen als diskrete Fertigungsprozesse beschreiben und haben sehr viele Berührungspunkte mit ähnlichen Prozessen im Maschinen- und Anlagenbau.

6.1.3 Ausgangssituation und Zielsetzung

Ziel der Forschungsarbeiten war die Entwicklung und Erprobung eines simulationsbasierten Planungs- und Optimierungssystems für das Backend am Standort Dresden. Das System sollte möglichst in Echtzeit den aktuellen Stand der Fertigung erfassen und dabei einen hohen Detailgrad der Abbildung ermöglichen. Das heißt, nicht nur der Zustand von Maschinen und Losen, sondern auch die aktuelle Belegung von Hilfsmitteln, Werkzeugen oder auch speziellen Personen musste mit erfasst und später simuliert werden. Auch innerhalb dieser Details ergeben sich zusätzliche Optimierungsmöglichkeiten (Gupta u. Sivakumar 2002).

Ziel war es, einen optimierten Ablaufplan für kurzfristige Planungshorizonte (Tag- bzw. Schichtlänge) liefern zu können (Steuerung bzw. operative Planung). Dabei sollten Neu- und Umplanungen möglichst kurz hintereinander möglich sein, da vom Fertigungsbereich eine hohe Flexibilität gefordert wurde. Dies bedingte, dass die Berechnung und Optimierung des Ablaufplanes in kurzer Zeit erfolgen muss. Bereits frühzeitig wurde daher die Einhaltung einer Laufzeitvorgabe von weniger als 5–10 min gefordert.

Die Verwendung des berechneten Ablaufplanes als Steuerungsinstrument sollte zunächst durch die Bereitstellung von Losstart-Terminplänen erfolgen. Hier wurde also dem für die Losstarts verantwortlichen Dispatcher eine detaillierte Losstartliste vorgegeben. Als zweiter Weg wurde die Anzeige als Gantt-Diagramm, insbesondere für Engpassanlagen angestrebt. Den Gesamtablauf über alle Maschinen in einem Diagramm darzustellen, war aufgrund der Gesamtkomplexität grundsätzlich nicht möglich.

Weitere Vorgaben resultierten aus der gegebenen IT-Umgebung des Anwenders, in die sich das System problemlos einzufügen hatte. Nur so war die spätere Erprobung im tatsächlichen Herstellungsprozess und in realen Situationen möglich.

Aufgrund der Besonderheit, dass es sich bei dem Halbleiterwerk um einen Forschungs- und Entwicklungsstandort handelt, ist der Fertigungsprozess hier durch eine hohe Anzahl verschiedener Produkte (neue Technologien, Kundenmuster, Volumenprodukte) geprägt. Ebenfalls zu beobachten war eine hohe Dynamik innerhalb dieser Produktvielfalt, des verwendeten Maschinenparks und der Ablaufdetails.

Wichtig war es also, bei der Simulationsmodellerstellung nur direkt auf den Datenquellen des Anwenders aufzusetzen, und diese möglichst online über die gesamte Projektlaufzeit hin anzubinden. Nur so waren die ständig auftretenden Veränderungen überhaupt beherrschbar. Für eine solche Datenanbindung waren wiederum enge Vorgaben der Rechenzeit, hohe Heterogenität der Datenformate und nicht zuletzt die benötigte hohe Datenqualität und elektronische Lesbarkeit der Daten eine weitere Herausforderung.

Der Planungsprozess wird zusätzlich durch mehrfache Wartungszyklen der komplexen Anlagen erschwert. Viele Maschinen benötigen spezielle Werkzeuge (Rüstsätze), um Lose verschiedener Produkte bearbeiten zu können. Diese sind jedoch aus Kostengründen meist nur begrenzt verfügbar. Darüber hinaus spielt die Personalplanung, sowohl bei der Wartung als auch bei Umrüstvorgängen, eine wichtige Rolle. Komplexe Ablaufregeln (z. B. Lospriorisierung oder Umrüstregeln) sowie interne Liefertermine müssen ebenfalls zwingend eingehalten werden.

6.2 Optimierungsaufgabe

6.2.1 Optimierungsziel

Ziel ist die Erstellung eines möglichst optimalen Maschinenbelegungsplanes, der direkt in der Fertigungslinie umgesetzt werden kann (operative Planung und Steuerung). Dies bedeutet:

- Losfeine Berechnung von Einschleusterminen für das Fertigungssystem „Backend"
- Losfeine Berechnung von Startzeiten auf den einzelnen Anlagen

- Maximierung des Durchsatzes auf den Engpassanlagen
- Minimierung der mittleren Durchlaufzeit aller Lose

Das Optimierungspotential besteht dabei vor allem in:

- Der Minimierung von Umrüstvorgängen auf den Engpassanlagen
- Dem Finden einer günstigen Einschleusreihenfolge von Losen in das System (Produkt-Mix)
- Einer verzögerten Einschleusstrategie, die hier durchaus sinnvoll ist, da es sich um ein klassisches Überlaufsystem handelt

6.2.2 Zusammenhänge

Eine (sinnvolle) verzögerte Einschleusung hilft, die mittlere Durchlaufzeit zu reduzieren. Diese muss jedoch so gewählt werden, dass immer noch so viele Lose eingeschleust werden, dass der kapazitive Engpass der Fertigung stets mit Losen versorgt ist (maximaler Durchsatz). Jedes zuviel oder zu zeitig eingeschleuste Lose erhöht nur unnötig den Bestand im System. Daher sollten diese Lose an andere Standorte ausgelagert werden (Überlaufsystem).

Wichtig bei der Einschleusung der Lose ist das Finden eines günstigen Produkt-Mixes. Gerade auf den Engpassanlagen sind die Rüstsätze pro Produkt begrenzt. Somit können nur wenige Maschinen zur gleichen Zeit auf das gleiche Produkt gerüstet werden (Abb. 6.1). Durch die Wahl eines günstigen Produkt-Mixes bei der Einschleusung ist es aber möglich, die Rüstzeit auf den Engpassanlagen zu reduzieren (Hopp u. Spearman 2001).

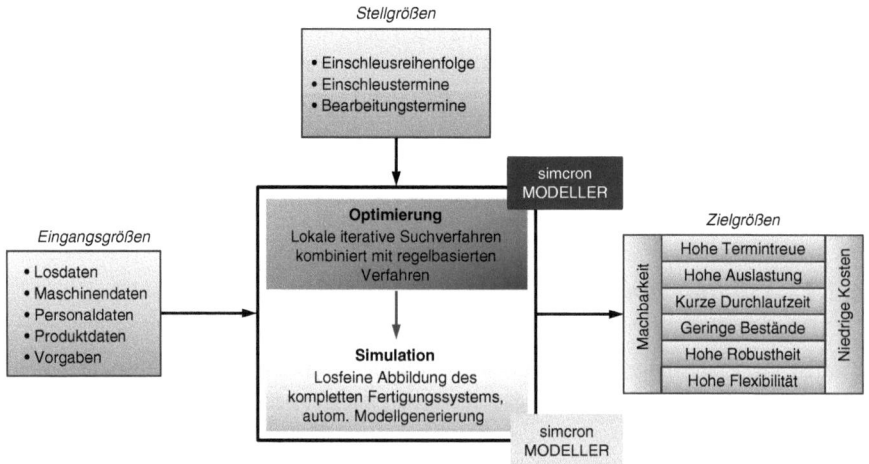

Abb. 6.1 Einordnung des Fallbeispiels

6.2.3 Stellgrößen

Wichtig für einen Online-Einsatz ist die Konstruktion von möglichst wenigen Stellgrößen mit großem Effekt auf die globalen Ziele, um die Zahl der Optimierungszyklen möglichst gering halten zu können. Hierfür wurde eine spezielle Produkt-Reihenfolgestellgröße entwickelt (Klemmt et al. 2007), die den Suchraum drastisch einschränkt und speziell auf Umrüstungen großen Einfluss hat. Kernpunkt dieser Stellgröße ist eine jedem Los zugeordnete zusätzliche Priorität, welche die eigentliche Priorität des Loses nicht beeinflusst, jedoch immer dann wirksam wird, wenn eine Maschine umgerüstet werden kann oder muss. Umgerüstet wird dann immer genau auf die Produktgruppe mit der aktuell höchsten Prioritätszahl. Diese zusätzliche Priorität ist für alle Lose eines Teilproduktes gleich und wird nur zwischen ganzen Produktgruppen permutiert. Das ermöglicht, sehr effektiv Umrüstentscheidungen zu beeinflussen, ohne dem Suchraum zu weit aufzufächern.

Des Weiteren findet eine Permutation der Einschleusreihenfolge in das Fertigungssystem statt. Dabei wird der Entscheidungsspielraum abgebildet, den der Dispatcher in der Losauswahl tatsächlich hat. Es ist jedoch zu bemerken, dass hier wiederum starke Einschränkungen im Freiheitsgrad abgebildet werden müssen. Beispielsweise ist es nicht erlaubt, Eillose zu verzögern oder spezielle Kundenmuster mit Terminvorgabe signifikant später einzuschleusen. Diese und andere Rahmenbedingungen müssen auch von der Stellgröße eingehalten werden.

Die Einlagerungsstrategie der Lose in den übrigen Warteschlangen entspricht der Strategie PrioFifo und wird durch den Optimierer nicht berührt.

6.2.4 Problemklasse und Problemgröße

Folgende Eckdaten sind typisch für die eingesetzten Simulationsmodelle (Weigert et al. 2006):

- Planungshorizont: 24–48 h, maximal 1 Woche Vorausschau
- Losfeine Planung
- Durchschnittliche Anzahl Lose: 200–300
- Durchschnittliche Anzahl Maschinen: 100–200
- Anzahl möglicher technologischer Abläufe/Verzweigungen: >5.000
- Simulationszeit: ~3 s (ca. 3.000 Ereignisse)

In den Modellen sind umfangreiche Details abgebildet. Dazu zählen die tatsächliche Losgröße, ausgedrückt in der Anzahl von Chips oder Wafern, bereits verstrichene Zeit in der aktuellen Operation (diese wird von der Rest-Planzeit subtrahiert) und spezielle Loszustände (z. B. „Los angehalten"). Für die Maschinen werden Rüstzustand, bereits verstrichene Laufzeit, Arbeitstemperatur (diese ist teilweise spezifisch pro Produkt), geplante Wartungen und produktspezifische Einschränkungen modelliert.

Für alle Produkt/Maschine-Kombinationen existieren separate Planzeiten. Diese werden typischerweise in Sekunden pro 1.000 Stück (Chips), oder als Zeit pro Wafer modelliert. Auch die Umrüstzeiten richten sich nach der tatsächlichen Maschine, und zusätzlich danach, welche Anbauteile und Hilfsmittel umgebaut werden müssen.

Im Ablauf werden auch periodische Umrüstungen vorgenommen, um eine Abfolge zwischen den Produkten zu sichern (Produktmix). Zusätzliche Rüstungen erfolgen auch für Eillose oder Kundenmuster mit Terminvorgabe.

Ebenso abgebildet sind geplante Zeiten, an denen an einzelnen Maschinen Experimente oder Fertigungsversuche durchgeführt werden. In dieser Zeit steht die Maschine für die normale Fertigung nicht zur Verfügung. Im Modell sind solche Vorgänge ähnlich einem geplanten Wartungsvorgang modellierbar.

6.3 Optimierungsansatz und Problemcodierung

6.3.1 Algorithmen/Systeme

Das Grundprinzip eines simulationsbasierten Scheduling-Systems (Abb. 6.2) ist allgemein bekannt (Weigert et al. 2005): Ein geeigneter (heuristischer) Suchalgorithmus generiert einen Stellgrößenvektor $\mathbf{x} := (x_k)_{k=1}^{m}$, dessen Komponenten x_k alle m Stellgrößen enthält, die für die Steuerung des Fertigungsprozesses freigegeben wurden. Die Stellgrößen wirken auf ein Simulationsmodell ein, in dem das Fertigungssystem möglichst detailgetreu, inklusive aller wesentlichen Ablaufregeln, abgebildet ist. Die Bewertung der Stellgrößen erfolgt hier durch einen kompletten Simulationslauf, in dessen Ergebnis man einen Zielfunktionsvektor $\mathbf{C}(\mathbf{x}) := (C_j(\mathbf{x}))_{j=1}^{n}$ erhält. Im Allgemeinen wird aus den n Zielgrößen ein normierter skalarer Zielfunktionswert $C(\mathbf{x})$ berechnet und an den Suchalgorithmus übergeben. Abhängig von dem Ergebnis der Simulation wird dann auf der Basis des bisherigen ein neuer Stellgrößenvektor berechnet, und der Vorgang beginnt von vorn. Der Optimierungszyklus wird schließlich durch eine geeignete Abbruchbedingung beendet. Das Optimierungssystem besteht somit aus zwei Teilen: Der Mo-

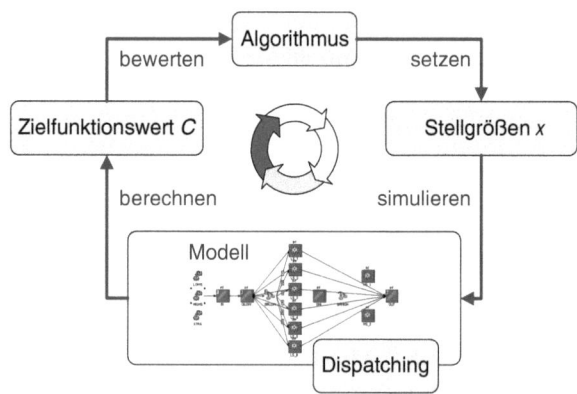

Abb. 6.2 Prinzip der simulationsgestützten Optimierung

dellsimulation und einem Suchalgorithmus, die beide nur über den Vektor **x** und die Zielgröße C miteinander kommunizieren. Als Stellgrößen können z. B. Auftragsreihenfolgen, Bereitstellungstermine und Maschinenkapazitäten, aber auch freie Parameter in komplexen Dispatchregeln verwendet werden. Da der zeitkritische Teil des Optimierungssystems meist der Simulator ist, wird man hier auf ein schnelles Simulationssystem besonderen Wert legen und insbesondere während des Simulationslaufes auf ressourcenintensive Prozesse, wie z. B. die Animation, völlig verzichten. Das hier verwendete Simulationssystem simcron MODELLER erfüllt die genannten Voraussetzungen und enthält darüber hinaus bereits ein Optimierungssystem als Zusatzoption. Die Ergebnisse können aber systemunabhängig interpretiert werden.

Als Optimierungsalgorithmen wurden nahezu ausschließlich lokale iterative Suchverfahren verwendet. Diese funktionieren im Wesentlichen nach dem gleichen Grundschema: Ausgehend von einer Starteinstellung $\mathbf{x}_{start}$ werden wiederholt neue Einstellungen $\mathbf{x}_{i,l}$ berechnet und bewertet. In Abhängigkeit von einem veränderlichen Wahrscheinlichkeitswert p_i wird die neue Einstellung entweder akzeptiert, was eine Bewegung (Move m) im Suchraum zur Folge hat, oder verworfen. Für die Berechnung der nächsten Einstellung $\mathbf{x}_{i+1,l}$ verwendet man eine Suchfunktion f, die die Definition einer Umgebung von $\mathbf{x}_{i,l}$ bzw. eines Abstandsmaßes im Suchraum voraussetzt. Der Algorithmus lässt sich wie folgt notieren (Weigert et al. 2005; Klemmt et al. 2007):

```
M = l = i = 0
xi,l = xstart
while (i < N and not Abbruchbedingung) do {
    i = i+1
    xi,l = f (xi-1,l)
    if (random (0,1) < pi) then {
        xi,i = xi,l
        l = i
        M = M+1
    }
}
```

Die im Algorithmus angegebene Abbruchbedingung kann zum Beispiel dann erfüllt sein, wenn der Zielfunktionswert unter eine bestimmte Schranke gefallen ist bzw. wenn das vorher definierte Zeitlimit überschritten wurde. Die verwendeten Variablen sind wie folgt zu interpretieren:

N maximale Anzahl der Iterationen
M Anzahl der Bewegungen, $M \leq N$
i Iterationsindex, $i = 0 \ldots N$
l Iterationsindex letzte Bewegung, $l = 0 \ldots M$
$\mathbf{x}_{i,l}$ Stellgrößenkonfiguration von **x** in Iteration i, $l \leq i$
p_i Akzeptanzwahrscheinlichkeit in Iteration i
f Suchfunktion zur Veränderung des aktuellen Stellgrößenvektors

Die verschiedenen lokalen iterativen Suchverfahren unterscheiden sich vor allem in der Definition der Akzeptanzwahrscheinlichkeit p_i (Klemmt et al. 2007). Einen wichtigen Einfluss auf die Konvergenzgeschwindigkeit des Verfahrens hat die Suchfunktion f bzw. die darin verwendeten Nachbarschaftsdefinitionen. Gerade letzteres ist nicht trivial, da es für die in der Fertigungssteuerung häufig angewendeten Permutationen im Gegensatz zu reellen Einflussvariablen keine allgemein anerkannte Nachbarschaftsdefinition gibt (Horn et al. 2006a).

Da im Online-Betrieb nur vergleichsweise wenige Simulationsläufe möglich sind (30–100), ist der Einsatz Genetischer Algorithmen oder diverser Schwarmalgorithmen nicht sinnvoll. Darum wurde nach Möglichkeiten gesucht, den Suchraum zu reduzieren bzw. einfache Heuristiken an das Problem anzupassen (Klemmt et al. 2007; Horn et al. 2006b). Hierzu gehören zum Beispiel:

- Entwicklung modellspezifischer Distanzmaße
- Mehrstufige Optimierung
- Konstruktion problemspezifischer Stellgrößen
- Rückwärtssimulation zur Berechnung optimaler Einschleustermine

Des Weiteren wurden Möglichkeiten untersucht, die Parameter heuristischer Suchverfahren optimal einzustellen. Hierzu wurde u. a. das Werkzeug OptVis3D (Klemmt u. Weigert 2008) entwickelt.

6.3.2 Verfahrensablauf

Startpunkt des Verfahrens ist ein in der Datenbank in Tabellenform abgelegter Zustand der Fertigung. Dieser gibt einen eingefrorenen Abgriff des realen Zustandes wieder und bleibt für die Dauer eines Simulations- und Optimierungszyklus unverändert.

Fordert der Nutzer einen Planungslauf an, so wird zunächst der Simulator als Instanz auf dem jeweilig benutzten PC gestartet. Dieser lädt sich den aktuellen Fertigungszustand aus der Datenbank und generiert daraus ein komplettes Simulationsmodell. Durch dieses Vorgehen wird gesichert, dass das verwendete Simulationsmodell zu jedem Zeitpunkt aktuell ist und bezüglich der Veränderungen am Simulationsmodell kein höherer Wartungsaufwand anfällt.

Ist das Simulationsmodell fertig aufgebaut, wird es zunächst abgespeichert. Dies dient im Wesentlichen der späteren Verfolgbarkeit von Fehlern und der Protokollierung. Die sich daran anschließende Optimierung, welche zyklisch wiederholt Simulationsläufe durchführt, lädt das Modell jeweils aus einem speziellen Hauptspeicherbereich des verwendeten PCs. Die Optimierung läuft für den Benutzer danach weitestgehend transparent ab. Im Praxistest hat sich gezeigt, dass die verstreichende Rechenzeit sehr schnell mit alternativen Aufgaben für den Benutzer angefüllt wurde, so dass keine wirkliche Beeinträchtigung des Arbeitsablaufes durch den hohen Rechenaufwand eintrat. Moderne Computer unterstützen durch Mehrkern-Architektur oder Hyperthreading solche Arbeitsweisen.

Ist die Optimierung vollendet, wird lediglich die Konfiguration der Stellgrößen für Zwecke der Nachverfolgung gesichert. In die Datenbank wird dagegen der komplette Ablauf des besten gefundenen Optimierungslaufes zurück geschrieben. Aus diesem können dann später alle Auswertungen wie Gantt-Chart, Liste der Einschleustermine, aber auch Mengenangaben zum Wochenziel oder Umrüstempfehlungen abgeleitet werden. Alle diese Auswertungen setzen direkt auf diesen Tabellen, die den Ablauf eines Simulationslaufes komplett speichern, auf.

6.4 System-/Modellarchitektur

6.4.1 Systemarchitektur

Alle ablaufrelevanten Informationen wie:

- Losdaten (Größe, Produkt, Priorität, aktuelle Position, Termine, etc.)
- Maschinendaten (Verfügbarkeit, produktabhängige und stückzahlbezogene Bearbeitungszeiten, Rüstzeiten, Werkzeugbegrenzungen, usw.)
- Personaldaten (Verfügbarkeit)
- Produktdaten (technologischer Ablauf, Verzweigungen, verbotene Anlagen, usw.)
- Vorgaben (aktuelle Liefermengen, Regeln, Priorisierungen, usw.)

Liegen in Form einer relationalen Datenbank (Oracle) vor. Diese wird mittels einer intelligenten Datenkopplung durch die Quelldatensysteme (ERP, MES, BDE) des Unternehmens aktualisiert (Horn et al. 2006b). Auf Basis dieser stets aktuellen Datenbank ist eine automatisierte Erstellung von Simulationsmodellen möglich (Weigert et al. 2006) – eine notwendige Voraussetzung für eine Online-Applikation. Als Simulations- und Optimierungssystem wird hierbei der ereignisdiskrete Simulator simcron MODELLER verwendet.

Angeschlossen an die automatische Modellerstellung ist eine iterative heuristische Optimierung des Simulationsmodells. Deren Ergebnisse werden dem Nutzer (Dispatcher in der Fertigungslinie) zeitnah (<5 min) in entsprechender Form (Gantt-Diagramm) zugänglich gemacht. Hierzu wurde eine Anwendung unter der Bezeichnung „BackendPlanner" auf der Basis einer Microsoft .NET-Applikation entwickelt. Abbildung 6.3 stellt den prinzipiellen Aufbau dieser Planungssoftware schematisch dar.

6.4.2 Einbindung in den Planungsprozess des Unternehmens

Das vorgestellte System liefert wichtige Informationen und Ablaufentscheidungen für zwei Personengruppen: die Dispatcher im Reinraum und die Liniensteuerung im Büro. Die erste Gruppe, die direkt im Reinraum arbeitenden Nutzer, erwartet

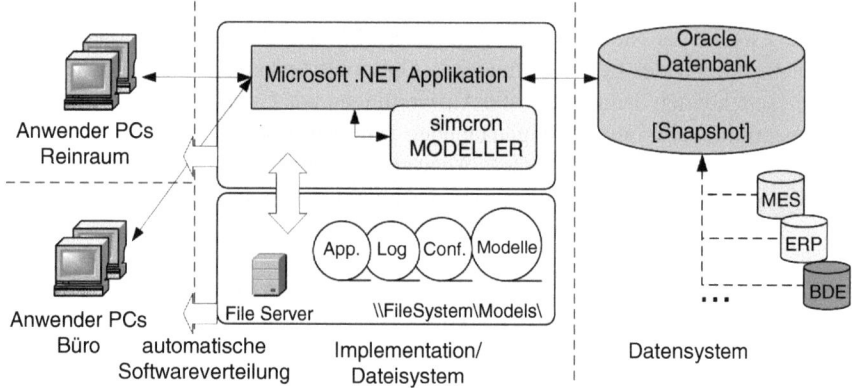

Abb. 6.3 Überblick über den Aufbau der „BackendPlanner"-Planungssoftware

dabei eher sehr kurzfristige Entscheidungshilfen über Losauswahl, Losreihenfolge, Losstartpunkt und Umrüstentscheidungen zwischen Produktgruppen. Die zweite Gruppe, die Liniensteuerer im Büro, prüft eher den Gesamtzusammenhang und hat wichtige Zielvorgaben wie das Erreichen der geplanten Wochenmenge oder das Fertigstellungsdatum einzelner wichtiger Lose im Auge. Beide Nutzergruppen arbeiten jedoch mit den gleichen Simulationsmodellen und Daten. Nur die Aufbereitung der Ergebnisse aus Simulation und Optimierung ist jeweils unterschiedlich.

Grundlage des Planungsprozesses sind periodische Aktualisierungen der zugrunde liegenden Daten aus Quellen wie MES, ERP oder BDE Systemen. Teilweise werden diese periodisch aktualisiert, ohne dass der Benutzer dies veranlasst oder bemerkt. Das betrifft vor allem Daten, die sich nicht zu oft ändern, wie Rüstzusammenhänge oder auch Produktstammbäume. Sind in einem Datenbereich Änderung sehr häufig, oder werden für die Planung stets absolut zeitnahe Daten benötigt, so wird diese Datenquelle bei jedem Planungsprozess erneut aktualisiert. Dies bemerkt der Nutzer als zusätzliche Laufzeit und muss von der akzeptierten Laufzeit des Gesamtplanungsprozesses abgezogen werden. Für eine Optimierung steht dann weniger Zeit zur Verfügung. Eine hohe Geschwindigkeit der Datenaktualisierungen ist also von entscheidender Bedeutung.

Zu welchen Zeitpunkten jeweils neu geplant wird, unterliegt wesentlich der Entscheidung der Dispatcher im Reinraum. Immer wenn dieser feststellt, dass sich wesentliche Parameter geändert haben oder eine größere Zeitspanne vergangen ist, wird er eine Neuplanung vornehmen. In der Erprobungsphase des Systems haben sich jedoch verschiedene zusätzliche Vorgaben bewährt. Beispielsweise kann es sinnvoll sein, eine Planung zu fordern, wenn:

- eine neue Schicht beginnt (neues Personal trifft ein)
- ein Eillos eintrifft
- eine Maschine ausfällt
- eine Wartung begonnen wird.

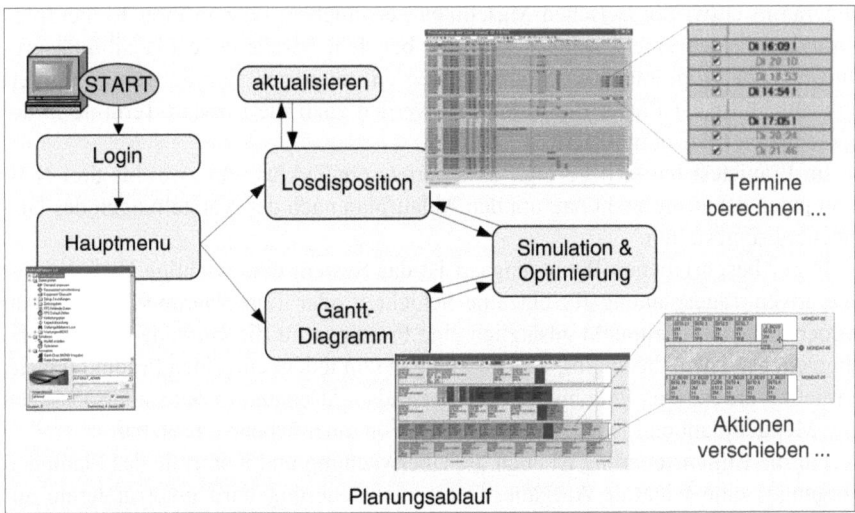

Abb. 6.4 Ablauf eines Planungsprozesses

Der Ablauf eines Planungsprozesses ist schematisch in Abb. 6.4 dargestellt. Der Dispatcher startet zunächst den BackendPlanner und meldet sich mit persönlichem Kennwort an.

Danach schließt sich eine halbautomatische Losdisposition an. Das heißt, der Dispatcher erhält eine Übersicht über die aktuell zu planenden/einzuschleusenden Lose und kann manuell (z. B. abhängig von Kommentaren der Liniensteuerung) zusätzlich Lose an- bzw. abwählen. Ist die Auswahl der Lose abgeschlossen, erfolgt die automatische Erstellung eines aktuellen Simulationsmodells. Dieses wird nach der Modellerstellung zyklisch heuristisch optimiert. Dabei sind algorithmenspezifische Parameter (Anzahl Zyklen, zu verwendender Algorithmus, usw.) über die graphische Oberfläche veränderbar. In der Regel arbeitet der Planer jedoch mit festen, voreingestellten Werten, die sich bereits bewährt haben.

Nach Abschluss der Optimierung werden dem Dispatcher sowohl ein Einschleusplan (Termine) als auch ein Gantt-Diagramm für die jeweiligen Engpassanlagen angezeigt. Gewöhnlich prüft der Nutzer anhand dieses Diagramms und der Termine einiger ausgewählter Lose mit Besonderheiten die Plausibilität des berechneten Ablaufplanes. Ist das Ergebnis zufriedenstellend, kann die Einschleusung der Lose nach der berechneten Terminliste vorgenommen werden, bis eine Neuplanung erforderlich wird.

Oft ist jedoch das berechnete Ergebnis zunächst noch unzureichend, da der Planer weitere Wünsche oder Vorstellungen zum Ablauf hat, die er berücksichtigt sehen will. Ein typisches Beispiel ist der Fall, dass ein einzelnes Los dem Planer besonders wichtig ist, da er über Zusatzinformationen zu dem Los verfügt, die jedoch die elektronischen Systeme nicht oder noch nicht übernommen haben. In einem solchen Fall wird er manuell in den Plan eingreifen und einzelne Lose im Gantt-

Diagramm entweder zwischen Maschinen verschieben, oder in ihrer Reihenfolge verändern. Nach einem solchen Eingriff, bei dem bereits erste Plausibilitätsprüfungen vom Programm vorgenommen werden, muss neu simuliert und optimiert werden. Führt der Planer dies durch, so werden auch die Losstart-Termine in der berechneten Liste aktualisiert.

Im Praxistest hat sich gezeigt, dass bereits ein Zyklus von zwei bis drei Neuplanungen oft ausgereicht hat, um den Ablaufplan nach den Vorstellungen des Dispatchers zu gestalten.

In der beschriebenen Benutzungsart ist das System eine wichtige Hilfe bei der operativen Tagesplanung für einzelne Schichten oder Tage. Darüber hinaus kann jedoch zu jedem Zeitpunkt zusätzlich eine Prognose für die laufende Lieferwoche abgeleitet werden, die angibt, welche Mengen von jedem einzelnen Produkt jeweils erreicht werden. Das Planungswerkzeug ist also durchaus für Kapazitätsaussagen und Mengenplanung bis zu einem Zeitraum von einer Woche einsetzbar.

Für die Liniensteuerung ist auch die Überwachung und Kontrolle des Planungsvorganges eine wichtige Aufgabe. Der Liniensteuerung wird unter anderem angezeigt, wann zuletzt geplant wurde, wie oft, und welche Werte die angestrebten Zielgrößen aktuell anstreben. Wichtig für die Akzeptanz ist auch, wie genau die berechneten Termine dann tatsächlich umgesetzt werden. Dies wird oft mit dem englischen Begriff *Compliance* bezeichnet. Das heißt, es muss ständig gemessen werden, wie genau die Lostermine und Reihenfolgen vom Reinraumpersonal eingehalten werden, und wenn Abweichungen auftreten, welche Gründe dafür anzugeben sind. Es hat sich auch bewährt, diese Ergebnisse wöchentlich mit dem Personal auszuwerten, um so eine kontinuierliche Verbesserung der Ausführungsgenauigkeit zu erreichen.

Auch aus anderen Projekten ist bekannt, dass eine hundertprozentige Befolgung der Planvorgaben in der Praxis nicht oder nur selten möglich ist. Insbesondere an Entwicklungsstandorten verhindern unerwartete Ereignisse oder schnelles Reagieren bei Problemen einen solchen Wert. Trotzdem sollte insbesondere gegenüber den Nutzern des Systems die exakte Befolgung des Planes eingefordert und überprüft werden. Im Praxistest stimmten die tatsächlichen Termine mit den Planvorgaben zu 93 % überein.

6.5 Bewertung des Verfahrens

6.5.1 Ergebnisse

Der Einsatz einer simulationsgestützten Optimierung zur Planung und Steuerung von Fertigungsprozessen in der Halbleiterindustrie ist möglich und hat folgende Vorteile:

- Erhöhte Planungssicherheit (Überblick über die Produktion, „Was ist wo?", „Was kommt wann wo an?")

- Frühzeitige Erkennung von Engpässen („Wenn man jetzt nicht gegensteuert, wird man morgen an dieser Anlagengruppe ein Problem bekommen.")
- Sicherung des Durchsatzes (Engpässe sind maximal ausgelastet)
- Minimierung der mittleren Durchlaufzeit durch niedrigere Bestände

Die gefundenen Lösungen (<5 min Laufzeit) sind praktisch umsetzbar und liefern bessere Ergebnisse als das manuelle Einschleusen, insbesondere in Bezug auf die Bestandsreduktion und die damit verbundene Minimierung der mittleren Durchlaufzeit (Horn et al. 2006b).

Erfahrungsgemäß ist jedoch ein Neuplanen im Abstand weniger Stunden notwendig bzw. sinnvoll, da unvorhersehbare Störungen (Maschinenausfälle, Wartung dauert länger, usw.) zu Abweichungen zwischen Planung und Realität führen. Da jedoch die Startlösung eines jeden neuen Planes auf der zuletzt gefundenen besten Lösung aufsetzt, ist dies für die Qualität des Planungsprozesses keinesfalls nachteilig (im Gegenteil, es hat sich herausgestellt, dass häufiges Neuplanen sinnvoll ist). Aufgrund der Komplexität des Optimierungsproblems (im Allgemeinen NP-schwer) ist das Auffinden des tatsächlichen Optimums durch die angewendeten Heuristiken keinesfalls garantiert. Dennoch reicht die Anzahl von berechneten Zyklen aus, um gute Lösungen zu finden.

6.5.2 Einschränkungen

Alle prozesstechnologischen Beschränkungen, die datentechnisch verfügbar sind, sind im Simulationsmodell abgebildet. Dennoch gibt es oftmals so genannte „weiche Restriktionen", wie z. B. „Anlage XY läuft heute für Produkt Z nicht so gut", oder „Ingenieur A braucht das Los B heute Mittag auf Anlage C". In diesem Fall hat der Nutzer die Möglichkeit, diese Einschränkungen manuell zu setzen (z. B. Fixierungen von Losen im Gantt-Diagramm), so dass diese Restriktionen beim nächsten Neuplanen berücksichtigt werden, was jedoch auch wieder eine erneute Optimierung erfordert.

6.5.3 Alternativverfahren

Anstelle der verwendeten Heuristiken könnten auch Verfahren der gemischt ganzzahligen Optimierung (MIP) zum Einsatz kommen. Da es sich jedoch meist um NP-schwere Probleme handelt, wird man damit nie den gesamten Produktionsprozess mit all seinen Restriktionen für die angegebene Anzahl von Maschinen und Losen abbilden können. Dennoch könnten diese Verfahren verwendet werden, um einzelne Fertigungsabschnitte bzw. Anlagengruppen (z. B. Engpässe) exakt zu optimieren. Deren Ergebnisse könnten dann wieder in die Simulation einfließen.

6.6 Projektaufwand, -erkenntnisse, Kosten/Nutzen

6.6.1 Herausforderungen

Die Installation des vorgestellten Planungs- und Steuerungssystems für den Industriepartner war ein sehr komplexer Vorgang, welcher als zeit- und ressourcenintensiv zu betrachten ist. Die Laufzeit des Projektes betrug mehrere Jahre.

Wichtigste Basis für die Umsetzbarkeit des Systems ist eine konsistente und vollständige Datenbasis. Des Weiteren ist eine Bewertung, Validierung und Verifikation der Simulationsmodelle durch ausgewiesene Experten in den jeweiligen Produktionsabschnitten unerlässlich. Erst mit dem Vorhandensein exakter Simulationsmodelle kann ein erster praktischer Vergleich erfolgen. Um eine simulationsgestützte Optimierung des Modells zu ermöglichen, ist es notwendig, die Zeit für den einzelnen Simulationslauf auf ein Minimum zu reduzieren. Hierbei ist unter anderem der Einsatz schneller Simulatoren unbedingt erforderlich. Modellspezifische Heuristiken können den Optimierungsprozess ebenfalls erheblich beschleunigen.

Die letzte und wahrscheinlich wichtigste Herausforderung ist die Schulung, Betreuung und Motivation der Mitarbeiter, die das System anwenden sollen. Der dafür notwendige Aufwand sollte nicht unterschätzt werden.

6.6.2 Erkenntnisse

Das Projekt hat gezeigt, dass es möglich ist, mit einem ereignisdiskreten Simulationssystem berechnete Ablaufpläne erfolgreich zur Steuerung von Produktionsprozessen in der Halbleiterherstellung einzusetzen. Auch eine heuristische Optimierung dieser Abläufe ist sinnvoll und in der Praxis bereits einsetzbar. Der dabei entstehende Rechenaufwand ist beherrschbar und führt nicht, wie oft befürchtet, zu einem Ausschluss solcher Verfahren für die tägliche Fertigungsplanung. Augenmerk muss jedoch auf eine geeignete Abbildung der Stellgrößen gelegt werden. Gelingt dies, ist auch mit vergleichsweise wenigen Zyklen eine Verbesserung des Ablaufergebnisses möglich.

Die Einführung eines Simulationssystems in einen etablierten Planungsprozess eines Unternehmens führt immer zu Widerständen und Ängsten seitens der Nutzer:

- Ängste vor eventuellem Versagen oder Nichtverstehen der Methodik
- Software macht „Vorschriften"
- Angesammeltes Wissen des Planers wird angezweifelt bzw. weggenommen
- Anfänglich hoher Aufwand für die Planung (Lernphase)

Diese Faktoren ziehen einen hohen Zeitaufwand für die Erprobungsphase nach sich. Vorteilhaft ist, wenn bereits eingesetzte Formulare und Methoden zunächst exakt nachgebildet werden. Dies führt zu einem schnellen Abbau von Hemmschwellen gegenüber dem neuen System.

6.6.3 Fazit und Ausblick

Das System wird gegenwärtig auf andere Fertigungsabschnitte transferiert. Dabei wird auch untersucht, ob hybride Optimierungsverfahren (heuristische simulationsgestützte Optimierung gekoppelt mit exakten mathematischen Verfahren) praktisch einsetzbar sind.

Literatur

Gupta AK, Sivakumar AL (2002) Semiconductor manufacturing: simulation based multiobjective schedule optimization in semiconductor manufacturing. In: Proceedings of the 2002 winter simulation conference on, S 1862–1870

Hopp WJ, Spearman ML (2001) Factory physics. McGraw-Hill/Irwin, New York

Horn S, Weigert G, Beier E (2006a) Heuristic optimization strategies for scheduling of manufacturing processes. In: Proceedings of the 29th international spring seminar on electronics technology, S 422–427

Horn S, Weigert G, Werner S, Jähnig T (2006b) Simulation based scheduling system in a semiconductor backend facility. In: Proceedings of the 2006 winter simulation conference, S 1741–1748

Klemmt A, Weigert G (2008) 3D-Visualisierung heuristischer Optimierungsalgorithmen. In: Proceedings of the 19th simulation and visualization conference, S 167–180

Klemmt A, Horn S, Beier E, Weigert G (2007) Investigation of modified heuristic algorithms for simulation-based optimization. In: Proceedings of the 30th international spring seminar on electronics, S 24–29

Potoradi J, Boon OS, Mason SJ, Fowler JW, Pfund ME (2002) Semiconductor manufacturing: using simulation-based scheduling to maximize demand fulfillment in a semiconductor assembly facility. In: Proceedings of the 2002 winter simulation conference, S 1857–1861

Sivakumar AL (1999) Optimization of cycle time and utilization in semiconductor test manufacturing using simulation based, on-line near-real-time scheduling system. In: Proceedings of the 1999 winter simulation conference, S 727–735

Weigert G, Horn S, Werner S (2005) Optimization of manufacturing processes by distributed simulation. In: Proceedings of the 18th international conference on production research

Weigert G, Horn S, Jähnig T, Werner S (2006) Automated creation of DES models in an industrial environment. In: Proceedings of the 16th international conference on flexible automation and intelligent manufacturing, S 311–318

Kapitel 7
Vorausschauende Produktionsregelung durch simulationsbasierte heuristische Optimierung

Matthias Gruber, Michael Rinner, Thomas Löscher, Christian Almeder, Richard Hartl und Stefan Katzensteiner

7.1 Einleitung

7.1.1 Unternehmen

In diesem Projekt sind zwei Industrieunternehmen als Partner involviert. Das ist einerseits die ABF Industrielle Automation als Systemintegrationsunternehmen und andererseits die voestalpine Schienen GmbH als produzierendes Unternehmen.

Die ABF Industrielle Automation wurde 1988 gegründet und hat seither zahlreiche Projekte im Bereich der industriellen Automation europaweit durchgeführt und erfolgreich abgeschlossen. Der Spezialist bietet ein breites Leistungsportfolio in Engineering, Steuerungstechnik sowie in der Prozess- und Fertigungsleittechnik an. Die Schwerpunkte liegen dabei sowohl auf diskreten als auch auf kontinuierlichen Produktionsanlagen, auf Materialfluss-Steuerungen sowie bei Montage- und Lagersystemen. Die Firma ABF ist für die Anbindung der Simulations- und Optimierungssoftware an die Vorsysteme der Voestalpine sowie für die Visualisierung der Ergebnisse verantwortlich.

Die voest*alpine* Schienen GmbH ist eine 100 %-ige Tochtergesellschaft der voestalpine Bahnsysteme GmbH & Co KG, dem europäischen Marktführer für stählerne Bahn-Fahrweg-Systeme (Schienen, Weichen, Services). Das Unternehmen steht in der langen Tradition von über 100 Jahren österreichischer Schienenerzeugung. Mit langjähriger Erfahrung und produkt- und entwicklungstechnischer Kompetenz ausgestattet, ist die voestalpine Schienen GmbH nicht nur Österreichs einziger Schienenerzeuger, sondern auch der bedeutendste Schienenproduzent Europas.

M. Gruber (✉)
PROFACTOR GmbH, Im Stadtgut A2, 4407 Steyr-Gleink, Österreich, www.profactor.at

7.1.2 Wissenschaftliche Partner

Das vorgestellte Projekt wurde in Kooperation von zwei wissenschaftlichen Partnern begleitet. Dies ist zum einen die PROFACTOR Gruppe, welche die Forschungs- und Entwicklungsarbeit insgesamt koordiniert und zum anderen der Lehrstuhl für Produktion und Logistik aus dem Institut für Betriebswirtschaftslehre der Universität Wien (kurz POM).

Die PROFACTOR Gruppe ist Österreichs führendes Forschungsunternehmen im Bereich der Produktion. Als unabhängige, private Forschungsorganisation hat sich PROFACTOR auf die interdisziplinäre Erforschung und Entwicklung innovativer Lösungen für die Industrie spezialisiert. Das Spektrum der Kunden und Partner reicht von lokalen KMU über die Spitzen der österreichischen Wirtschaft bis zu globalen Playern. Die innovative Charakteristik von PROFACTOR ist eine Paarung von wissenschaftlicher Kompetenz mit einem multidisziplinären und integralen Zugang zur produktionsrelevanten Problemstellungen. PROFACTOR bietet Forschung in den folgenden Bereichen an: Präzisions- und Mikromontage, Robotik und Automatisierung bis zu Losgröße 1, industrielle Bildverarbeitung, mechatronische Systeme und Komponenten zur Lärm- und Vibrationsreduzierung, Simulation und Optimierung, Fertigungstechnologie für neue Materialien, alternative Energiesysteme, Prozessentwicklung für funktionelle Oberflächen sowie die Produktion von Mikro- und Nanostrukturen. Die vollständige Bandbreite und nähere Informationen sind unter http://www.profactor.at zu finden.

Der Lehrstuhl für Produktion und Logistik (POM) ist eine von zehn Arbeitsgruppen am Institut für Betriebswirtschaftslehre an der Fakultät für Wirtschaftswissenschaften. Ein international anerkannter Forschungsschwerpunkt der Arbeitsgruppe ist die Entwicklung mathematischer Lösungsmethoden für Probleme in der Logistik. Ein aktuelles Thema ist auch die Entwicklung sogenannter „Matheuristiken", d. h. die geeignete Kombination von (Meta-) Heuristiken mit exakten Verfahren der mathematischen Optimierung. In praxisorientierten Projekten wird auch Simulation eingesetzt, wobei als interessantes Forschungsfeld die geeignete Kombination von Optimierung und Simulation untersucht wird. Die abgedeckten Anwendungsprobleme reichen von der Standortplanung, über Losgrößen- und Maschinenbelegungsplanung bis hin zu Problemen der Tourenplanung und des Supply Chain Management. Für weitere Informationen zur Universität Wien bzw. zum Lehrstuhl für Produktion und Logistik siehe http://www.univie.ac.at bzw. http://prolog.univie.ac.at/.

7.1.3 Ausgangssituation und Zielsetzung

Die Schienenproduktion bei der voest*alpine* wird abhängig von der Auftragslage wöchentlich von einem Expertenteam bestehend aus Mitarbeitern in der Produktion, Verkauf und internen Zulieferern geplant. Eine Vielzahl von Heuristiken, welche auf allen Ebenen der Planung zum Einsatz gelangen, sorgt bereits für sehr gute Performance der Anlage und einen flüssigen Ablauf. Grobe Abweichungen vom Plan oder unvorhergesehene Störungen können aber dennoch zu hohen Kosten (direkt und indirekt) und zu einer erhöhten Belastung des Personals führen. Dies ist aufgrund der hohen Komplexität und Volatilität des Produktionsprozesses nicht immer vermeidbar.

Um die Robustheit der Regelung zu erhöhen und damit das Risiko für grobe Abweichungen vom ursprünglichen Plan zu verringern und die Auswirkungen von Störungen zu mildern, soll die voestalpine mit einem Softwareprogramm unterstützt werden. Die Software soll in der Lage sein, hochwertige Vorschläge zur Vermeidung von Pufferüberläufen auf Basis der Auftragslage und unter Berücksichtigung weiterer Parameter zu erzeugen und es ermöglichen, mehrere Szenarien bewertend miteinander zu vergleichen. Die Erzeugung dieser Vorschläge berücksichtigt sowohl kurzfristige, operative als auch längerfristige, strategische Ziele. Als operatives Ziel sei etwa die Termintreue bei Lieferungen, als strategisches Ziel die gleichmäßige Auslastung des Walzwerks zu nennen.

7.2 Optimierungsaufgabe

7.2.1 Optimierungsziel

Die Zielgrößen in dieser Optimierungsaufgabe sind Termintreue, Lagerkosten und die Auslastung von entscheidenden Aggregaten und Puffern. Die Durchlaufzeit (in welcher sich u. a. auch Umrüstvorgänge widerspiegeln) wird je nach Optimierungsalgorithmus und -ziel eigens berücksichtigt. Die Zusammenführung der einzelnen Zielgrößen wird über die Gewichtung einer parametrierbaren Bewertungsfunktion gesteuert. Jede Zielgröße liefert über eine Transferfunktion virtuelle Kosten aus der simulierten Abarbeitung des zu beurteilenden Produktionsplans, welche zu einer Fitnesskennzahl akkumuliert werden. Die folgende Darstellung beschreibt und skizziert die verwendete Bewertungsfunktion sowie die verwendeten Parameter:

$$Fitness\,(parameters) = f\,(simulation\,(parameters)) \qquad (7.1)$$

$$f = w_1 \sum_i (f_1(c_i)) + w_2 k_2 d_1 + w_3 k_3 d_2 + w_4 \int_t f_4(b_1(t)) + w_5 \int_t f_5(b_2(t)) \quad (7.2)$$

w_1–w_5	Gewichtungen
i	Zählervariable für Lose
f_1	Bewertungsfunktion für Lieferverzug und Lagerkosten
c_i	Relativer Fertigstellungszeitpunkt
k_2	Konstante für Stillstandskosten im Walzwerk
d_1	Akkumulierte Stillstandszeit Walzwerk

k_3 Konstante für Stillstandskosten im Prüfzentrum
d_2 Akkumulierte Stillstandszeit Prüfzentrum
f_4 Bewertungsfunktion für virtuelle Kosten im Railman 1
b_1 Relativer Pufferfüllstand im Railman 1
f_5 Bewertungsfunktion für virtuelle Kosten im Railman 2
b_2 Relativer Pufferfüllstand im Railman 2

Eine detaillierte Beschreibung einer Transferfunktion folgt exemplarisch in Kap. 7.3.

7.2.2 Zusammenhänge

Abbildung 7.1 zeigt den Gesamtzusammenhang des betrachteten Optimierungsproblems. Das führende System stellt in diesem Fall das SiRO Optimierungsframework dar, das mit verschiedenen Optimierungsalgorithmen verwendet werden kann. Das Simulationsmodell ist in der Modellierungs- und Simulationsumgebung des schon erwähnten SiRO Frameworks (http://www.profactor.at/production/produkte/siro.html) umgesetzt und dient als Zielfunktion für das Optimierungsframework und die einzelnen Algorithmen. Die jeweilige Beschreibung der verschieden Größen ergänzt die nachstehende Graphik. Die verwendeten Parameter für die korrekte und realitätsnahe Abarbeitung des Modells werden ebenfalls aus dem bestehenden ERP System ausgelesen (vor allem Zeiten für die verschiedenen Arbeitsvorgänge). Eine genaue und detaillierte Betrachtung der Stellgrößen erfolgt im nächsten Abschnitt.

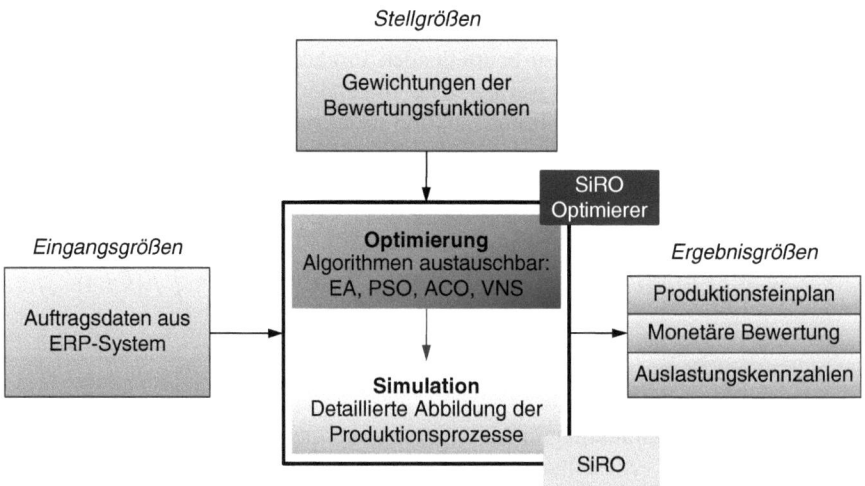

Abb. 7.1 Gesamtzusammenhang

7.2.3 Stellgrößen

Neben den Gewichtungen der Bewertungsfunktion und den Stützpunkten der Transferfunktionen, welche gemeinsam die Berechnung der virtuellen Kosten bestimmen, existieren noch eine Reihe weiterer Parameter. Diese können in zwei Gruppen eingeteilt werden: Modellparameter und Optimierungsparameter.

Die Modellparameter können wiederum unterteilt werden in globale (Planungshorizont, Schichtpläne, Produktionspläne u. a.) und Modellelement basierte Parameter (Taktzeiten, Umrüstzeiten, Fehlerwahrscheinlichkeiten, Puffergrößen, usw.). Eine vollständige Beschreibung würde den Rahmen dieses Beitrages sprengen, daher wird an dieser Stelle darauf verzichtet.

Die Optimierungsparameter hängen natürlich von der Wahl des einzusetzenden Optimierungsalgorithmus ab. Im Rahmen des vorgestellten Projektes wurden eine evolutionäre Strategie, eine Partikelschwarm-Strategie und eine „variable neighbourhood search" (VNS) gegenübergestellt. Diese wurden auch mit einer reinen Zufallssuche verglichen, welche abgesehen vom Zufallszahlen-Seed keine weiteren Parameter hat.

Für die eingesetzte *evolutionäre Strategie* können die allgemein üblichen Parameter (Seed, Generationsgröße, Mutations- und Crossover-Raten) eingestellt werden. Da die Anzahl der Lose innerhalb einer Walzkampagne unterschiedlich ist, wird die Generationsgröße endogen über die Losanzahl bestimmt. Die Mutationsoperatoren verfügen außerdem über Parameter, welcher das Ausmaß einer Mutation beeinflussen. Für die Crossover-Operatoren kann beeinflusst werden, wie groß der Crossover-Bereich im Schnitt ist und wie viele Abschnitte durchschnittlich vertauscht werden.

Der – neben der Anzahl der Partikel – wichtigste, allgemein bekannte Parameter für den *Partikelschwarm* ist der Trägheitskoeffizient. Außerdem gibt es einen so genannten Constrictor für die Maximalgeschwindigkeit von Partikeln und zwei Gewichtungsfaktoren, die bestimmen wie stark eine Partikelposition memoriert wird und wie stark sie in die Bewegungen der Nachbarpartikel eingeht.

Variable Neighborhood Search (*VNS*) ist eine Metaheuristik zur Lösung von kombinatorischen Optimierungsproblemen. Sie nutzt systematisch eine Reihe von Nachbarschaften, die typischerweise geschachtelt sind, sowohl zum Abstieg zu lokal optimalen Lösungen als auch um aus den Einzugsbereichen von lokal optimalen Lösungen zu entkommen. Durch die Änderung der Parameter „Anzahl und Größe der Nachbarschaften" kann man auf die Güte der Optimierung Einfluss nehmen.

7.2.4 Problemklasse(n) – Problemgröße

Das hier vorgestellte Problem fällt in mehrere Problemklassen. Zum einen stellt der Eingangsparametersatz für die Simulation ein Reihenfolgenproblem dar. Außerdem gibt es innerhalb der Produktionsstrasse mehrere Zuordnungsprobleme. Das

Problem ist dabei zugleich auch stochastischer Natur, was die Lösung erheblich anspruchsvoller macht. Allgemein betrachtet handelt es sich um ein Problem der kombinatorischen, simulationsbasierten Optimierung.

Folgende Freiheitsgrade in der simulierten Produktion stehen den Optimierungsalgorithmen zur Verfügung: Vertauschung der Reihenfolge innerhalb von Walzkampagnen und die Zuordnung von Schienen zu Sägebohrlinien. Außerdem bestimmen folgende Kennzahlen die Problemgröße mit: Es gibt einige hundert Schienentypen, der Planungshorizont kann zwischen 5 und 30 Tagen variiert werden und es treten ca. 3.500 Einzelereignisse pro simuliertem Tag auf.

Ohne Berücksichtigung der Umsortiermöglichkeiten innerhalb der Produktionsstraße und der genauen kombinatorischen Parameter wie Schienentypen und Einzelereignistypen lässt sich die Problemgröße im einfachsten Fall (sukzessive Optimierung der Kampagnen) wie folgt ungefähr angeben:

$$\left(\sum_{i=1}^{i=Anzahl(Kampagnen)} Größe(Kampagne_i)! \right) \cdot 2^{Anzahl(Blöcke)} \tag{7.3}$$

Bei gleichzeitiger Optimierung der Kampagnen wäre das Summenzeichen mit einem Produktzeichen zu vertauschen, wodurch das Problem noch einmal um viele Größenordnungen wachsen würde. Folgende Werte ergeben sich im sukzessiven Fall daraus bei einem Planungshorizont von einem Monat mit ca. 50 Kampagnen, einer durchschnittlichen Kampagnengröße von ca. 200 Blöcken und einer Gesamtanzahl von ca. 7000 Blöcken:

$$\text{Lower bound} \approx 10^{10^3} \approx 5 \uparrow\uparrow 6 \tag{7.4}$$

$$\text{Upper bound} \approx 10^{10^4} \approx 5 \uparrow\uparrow 7 \tag{7.5}$$

Dies überschreitet bei weitem ein Googol oder auch die geschätzte Anzahl an Elementarteilchen im bekannten Universum (ca. 10^{80}).

7.3 Lösungsansatz

7.3.1 Algorithmen/Systeme

Die vorgestellte Lösung basiert auf dem Simulations-, Bewertungs- und Optimierungswerkzeug „SiRO" (*Si*mulation, *R*ating, *O*ptimization) der Firma PROFACTOR, welches von Matthias Gruber und Thomas Löscher entwickelt wurde. Benutzt wurde die Java Ausprägung der ereignisdiskreten Simulationsumgebung und der Optimierungsengine.

Der *evolutionäre Algorithmus* wurde nach Mitchell (1997) in C# entwickelt, um einige Parametriermöglichkeiten und Operatoren erweitert und später auf Java portiert. Die Erbinformation unserer Variante ist nicht trivial, das heißt es handelt sich nicht um ein binäres Array sondern um ein Objekt.

Der *Partikelschwarm* (*PSO*) nach Engelbrecht – ebenfalls aus dem Hause PROFACTOR – wurde in Java für das Meta-Parametertuning eines Ant Colony Optimization (ACO) Algorithmus entwickelt, der unter anderem auch für Tourenplanung eingesetzt wird.

Die *Variable Neighbourhood Search* (*VNS*) wurde durch Hansen u. Mladenovic (2003) entwickelt und vom POM Team bereits in zahlreichen Projekten unterschiedlichster Anwendungsfelder wie zum Beispiel in Polacek et al. (2004, 2007, 2008a, b) angewendet.

Eine wesentliche Ausprägung des Werkzeuges „SiRO" ist die Möglichkeit der parametrierbaren Bewertung und die gewichtete Zusammenführung von Zielgrößen. Dadurch kann die für die Optimierung wesentliche Zielfunktion mit Hilfe der Simulation bereitgestellt werden. Exemplarisch wird im folgenden Abschnitt die Transferfunktion (Abb. 7.2) für die Termintreue am Beispiel der vorliegenden Optimierungsaufgabe detailliert vorgestellt.

Für die Bewertung der Abweichungen zwischen zugesagtem Liefertermin und der Fertigstellung des Auftrags wird die folgende Bewertungsfunktion verwendet:

Sie weist einem Lieferverzug bzw. einer verfrühten Fertigstellung einen eindeutigen monetären Wert zu. Um die jeweiligen Wertigkeiten widerzuspiegeln wurde die Gesamtfunktion in vier Segmente gegliedert.

Segment 1 Das Segment 1 beschreibt den Sachverhalt, dass Schienen vor dem als optimalem Fertigstellungsdatum angenommenen Zeitpunkt (3 Tage vor Lieferdatum) eingelagert werden. Ab einer zu frühen Fertigstellung von 30 Tagen, werden Strafkosten in Höhe von 1.000 Einheiten für das entsprechende Los berechnet. Der Strafkostenbetrag verringert sich mit steigendem Fertigstellungsdatum linear bis hin zum optimalen Fertigstellungszeitpunkt, welcher nicht pönalisiert wird.

Segment 2 Das Segment 2 bildet die Zeitspanne zwischen optimalem Fertigstellungszeitpunkt und dem vereinbarten Liefertermin ab. Die Fertigstellungstermine,

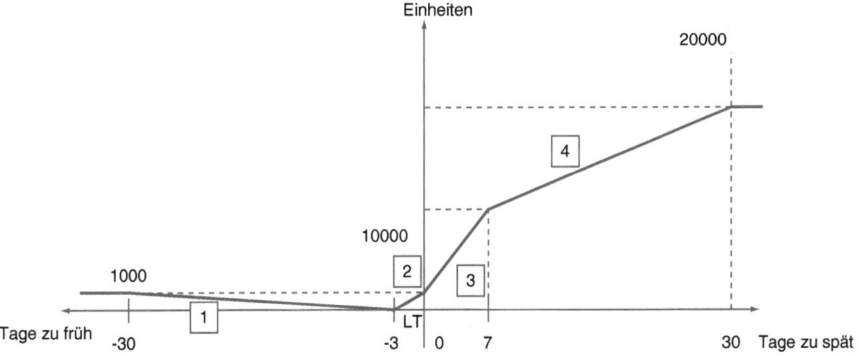

Abb. 7.2 Übertragungsfunktion Termintreue

die nach dem optimalen Zeitpunkt liegen werden bis hin zum Datum der Lieferung mit linear steigenden Kosten bestraft, die ihr Maximum von 1.000 Einheiten pro Los am Tag der vereinbarten Lieferung erreichen.

Segment 3 Ab dem im Auftrag vereinbartem Liefertermin führt eine verzögerte Fertigstellung zu einem tatsächlichen Lieferverzug, dessen Auswirkungen entsprechend zu quantifizieren sind. Segment 3 deckt hier den Zeitraum zwischen Liefertermin und einer Woche nach vereinbartem Lieferdatum ab. Im Intervall werden bei Erreichen einer Verzögerung von 7 Tagen die Strafkosten von 10.000 Einheiten für das betreffende Produktionslos angesetzt.

Segment 4 Das vierte Segment schließlich deckt die Zeitspanne von einer Woche bis zu 30 Tagen nach vereinbartem Liefertermin ab, bei dessen Erreichen die Strafkosten 20.000 Einheiten pro Los betragen.

7.3.2 Verfahrensablauf

Der Projektpartner ABF stellt Auftrags- und Maschinendaten sowie Schichtpläne u. a. aus dem ERP-System der voestalpine sowie eine Parametriermöglichkeit über MS Excel zur Verfügung. Es handelt sich abgesehen von den Auftragsdaten ausschließlich um längerfristig benutzte Parameter, welche in der Regel nicht zwischen Experimenten oder Optimierläufen geändert werden, aber im Zuge von jährlichen Auswertungen angepasst werden können. Diese Daten werden von SiRO eingelesen und zur Parametrierung des Simulationsmodells benutzt. Daraufhin wird ein Optimierungslauf gestartet, welcher eine den Gewichtungen entsprechend möglichst optimale Lösung berechnet. Eine GUI-Anwendung, dient zur Auswertung und zum Vergleich von Planungsszenarien, zur Auswahl einer Lösung und zur Rückführung der Ergebnisse in das ERP-System.

7.4 System- und Modellarchitektur

7.4.1 Systemarchitektur

Derzeit ist die vorgestellte Lösung nur lose an die Softwarelandschaft bei der voest*alpine* gekoppelt, da es sich um einen Evaluierungsprototypen handelt. In weiterer Folge soll aber durch den Systemintegrator ABF eine engere Koppelung an das ERP-System durchgeführt werden.

Abbildung 7.3 Systemarchitektur skizziert die momentan vorliegende Systemarchitektur des betrachteten Beispiels. Das Optimierungsframework startet als führendes System die notwendigen Prozesse zur Bereitstellung der benötigten Daten. Dadurch werden mittels proprietärer Zwischenschicht die Daten aus dem vorhan-

Abb. 7.3 Systemarchitektur

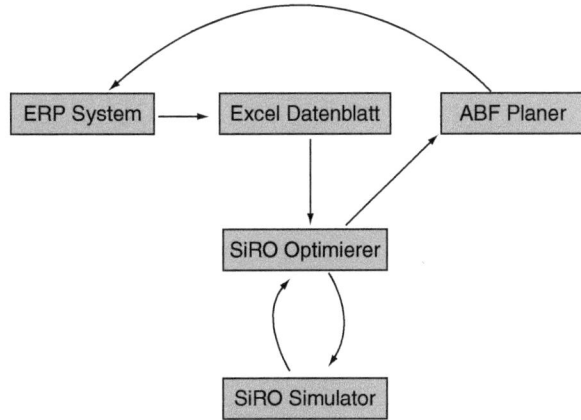

denen ERP-System ausgelesen und in aggregierter Form in vereinfachten Tabellen dargestellt und der Simulation als Input zur Verfügung gestellt. Anschließend kann der Optimierungskreislauf beginnen, in dem das Simulationsmodell als Zielfunktion dient, und der Optimierungsalgorithmus die entsprechenden Eingangsparameter verändert.

Wie schon eingangs erwähnt, basiert das Modell auf dem Simulationsframework SiRO. Die dahinterliegende Architektur baut auf einer klassischen diskreten Ereignisabarbeitung auf. In dem Simulator ist es neben der Verwendung von schon vorhandenen, vorgefertigten, problemspezifischen Templates und Vorlagen möglich, eigene Ereignisse auf dem höchsten Standard einer objektorientierten Hochsprache zu definieren. Dabei werden gezielt eigens definierte Eventklassen verwendet, um höchste Flexibilität und Usability zu garantieren und um benutzer- bzw. anwendungsspezifisch darauf reagieren zu können. Abbildung 7.4 Eventarchitektur zeigt die implementierte und verwendete Architektur der genannten Eventklassen.

7.4.2 Einbindung in den Planungsprozess des Unternehmens

Hauptnutzen des Systems besteht in der automatischen Erstellung von optimalen Produktionsplänen aus dem aktuellen Zustand der Produktionsanlage. Darüber hinaus kann die Simulation unabhängig vom Optimierer auch zur Prognose eingesetzt werden.

Wie eingangs erwähnt erfolgt die Planung beim Firmenpartner voestalpine bisher nur mit geringer IT-Unterstützung. Das hier vorgestellte Werkzeug ist noch nicht fest in den Planungsprozess eingebunden, sondern wird bis zum Jahresende von einem Team von Testbenutzern parallel zur bestehenden Planungsstrategie evaluiert. Da sich aber bereits in den ersten Experimenten deutliches Optimierungspotential abgezeichnet hat, ist eine feste Einbindung im nächsten Kalenderjahr sehr wahrscheinlich.

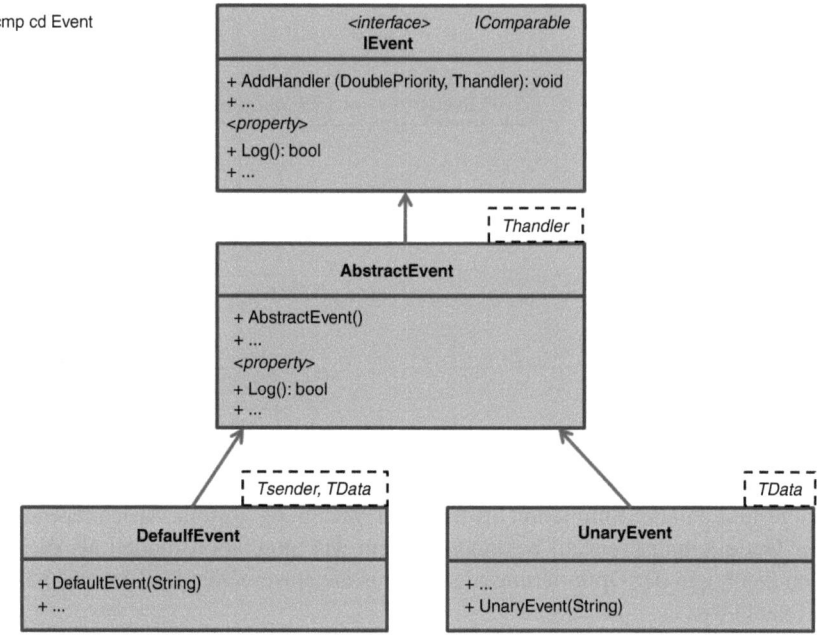

Abb. 7.4 Eventarchitektur

7.5 Bewertung des Verfahrens

7.5.1 Ergebnisse (Laufzeit, Qualität)

Die Laufzeit der Optimierung ist limitiert durch die recht komplexe Simulation, welche im Kern der Fitnessfunktion steht. Daher war von Beginn an klar, dass Einschränkungen bezüglich der Suchdauer in Kauf zu nehmen sein würden. Erste Prototypen der Simulation hatten eine Ausführungsdauer von mehreren Zehntelsekunden. Durch intensives Profiling der SiRO Engine und der eigentlichen Simulation konnten aber Engstellen identifiziert und beseitigt werden. Daraus ergaben sich signifikante Verbesserungen der Ausführungsdauer, welche dann doch noch eine Echtzeit-Optimierung realistisch möglich machten.

Die Ergebnisse des Verfahrens sind sehr detailliert und können dementsprechend genau mit der Realität verglichen und verifiziert werden. Dies wurde in eingeschränkter Form schon vorgenommen und wird im Detail nun beim Kunden durchgeführt. Bisher lässt sich schon sagen, dass zumindest die Ergebnisse der Simulation eine sehr gute Übereinstimmung mit der Realität aufweisen.

Das tatsächliche Einsparungs- und Verbesserungspotential unter Nutzung der Optimierungsalgorithmen kann noch nicht angegeben werden, da die Bewertung (Berechnung der Fitness-Kennzahl) auf virtuellen Kosten beruht, welche erst mit den tatsächlichen Kosten korreliert werden müssen. Somit kann die Qualität der Ergebnisse erst endgültig abgeschätzt werden, wenn der Endkunde diese über einen längeren Zeitraum evaluiert hat. Es lässt sich aber jetzt schon sagen, dass signifikante Verbesserungen erreicht werden.

7.5.2 Einschränkungen

Das erstellte Simulationsmodell stößt aufgrund des hohen Detailgrades schon knapp an die Grenzen der Echtzeit-Fähigkeit. Das Ausführen von hunderten bis tausenden Simulationsläufen über den geplanten Zeithorizont zum Zweck der Optimierung (das Modell ist Teil der Zielfunktion) dauert mehrere Sekunden. Aufgrund dieser hohen Laufzeitkomplexität kann das System nicht auf einem herkömmlichen Rechner zur Optimierung der Produktion über einen Zeitraum von mehreren Monaten eingesetzt werden. Dies ist aber aufgrund der häufigen Änderungen bei den Aufträgen (hohe Volatilität) ohnehin nicht praktikabel und war nicht Ziel des Forschungsprojekts. Sollte dies eines Tages doch relevant werden, so müssten zusätzliche Abstrahierungen im Modell vorgenommen werden und/oder ein spezielles Rechnersystem zum Einsatz kommen.

7.5.3 Alternativverfahren

Als Alternative zur ereignisbasierten Simulation hätte auch ein stark vereinfachtes, rein mathematisches Modell entworfen und numerisch gelöst werden können. Die Abbildung der Systemdynamik wäre in diesem Fall schwieriger gewesen, da das Verhalten des Systems eng mit der Losbelegung der Maschinen korreliert ist. Es ist anzunehmen, dass der Aufwand für eine solche Lösung in diesem Fall größer gewesen wäre, was von der Qualität der Ergebnisse nicht zu erwarten gewesen wäre.

7.6 Fazit und Ausblick

7.6.1 Herausforderungen

Die hauptsächliche Herausforderung war – wie in vielen Optimierungsprojekten – das Finden einer Optimierungsstrategie, welche keine *Constraints* des Anwenders verletzt. Dass eine solche gefunden werden konnte ist vor allem der starken Kooperation und der kreativen Denkfähigkeit der voestalpine und deren Systemintegrator (dem hier vorgestellten Projektpartner ABF) zu verdanken, welche ihr Know-How über den Produktionsprozess sehr gut zu vermitteln in der Lage waren.

Eine weitere, nicht zu unterschätzende Herausforderung war auch das Erstellen einer sinnvollen Benutzungsoberfläche die es erlaubt, zwei oder mehrere Planungsszenarien graphisch miteinander zu vergleichen. Der Rahmen eines Forschungsprojektes bietet grundsätzlich Freiraum, um eine prototypische Visualisierung zu erstellen, wobei der zentrale Fokus in diesem Projekt auf dem Modellieren, Bewerten und der automatisierten Optimierung gelegen ist.

7.6.2 Erkenntnisse

Abgesehen von der großen Praktikabilität des Verfahrens, eine Produktion anhand ihres virtuellen Modells zu optimieren, hat sich ein weiterer Vorteil der Vorgehensweise gezeigt: Die Entwicklung einer solchen Lösung kann sehr gut in mehreren Schritten (Analyse zur Abbildung und Modellierung, Optimierung und Analyse der Produktion, Integration und Unterstützung der Planung oder Regelung) durchgeführt werden, wobei jeder einzelne Teilschritt für das beauftragende Unternehmen verwertbare Ergebnisse produziert, da das Unternehmen mehr über die eigenen Prozesse und insbesondere die nicht direkt sichtbaren Abhängigkeiten zwischen diesen erfährt. In der virtuellen Welt kann mit der Realität insoweit gespielt werden, dass Szenarien mit geringen Verletzungen von physikalisch vorhandenen Einschränkungen und Nebenbedingungen durchaus ihre Berechtigung haben, falls dadurch optimale Ergebnisse erzielt werden können. Es könnte daher ein Umdenken beginnen, bestehende starre Systeme im Rahmen der Möglichkeiten anzupassen, und so das reale an das virtuelle Modell anzugleichen und nicht umgekehrt. Darüber hinaus hat sich gezeigt, dass die benutzten Optimierungsalgorithmen in diesem Fall bei entsprechender Parametrierung annähernd gleich gute Resultate liefern.

7.6.3 Weitere Schritte

Nach einer gründlichen Evaluationsphase durch den Endkunden wird das weitere Vorgehen gemeinsam beschlossen. Die Forschungs- und Industriepartner sind zuversichtlich, dass die Ergebnisse aus dem Projekt verwendet werden können, um den Produktionsprozess des Endkunden zu verbessern. Was sich auf jeden Fall bewährt hat war die Vorgangsweise, zuerst eine Simulation der Produktion zu erstellen, dann das Optimierungspotential zu erheben und schließlich einen Optimierungsalgorithmus direkt mit der Simulation zu koppeln. Bereits während dem vorgestellten Projekt wurde begonnen, weitere Lösungen nach demselben Prinzip zu entwickeln. Einzige Voraussetzung dazu ist eine äußerst schlanke und performante Simulationsengine, wie SiRO, und eine Auswahl an effizienten Optimierungsalgorithmen, die miteinander verglichen werden können.

Literatur

Hansen P, Mladenovic N (2003) Variable neighborhood search. In: Glover F, Kochenberger G (Hrsg) Handbook of metaheuristics. Kluwer Academic Publisher, New York, S 145–184

Mitchell T (1997) Machine learning. Mc Graw-Hill, New York

Polacek M, Hartl RF, Doerner K, Reimann M (2004) A variable neighborhood search for the multi depot vehicle routing problem with time windows. J Heuristics 10:613–627

Polacek M, Doerner KF, Hartl RF, Kiechle G, Reimann M (2007) Scheduling Periodic Customer Sisits for a traveling salesperson. Eur J Oper Res 179:823–837

Polacek M, Benkner S, Doerner KF, Hartl RF (2008a) A cooperative and adaptive variable neighborhood search for the multi depot vehicle routing problem with time windows. Bus Res 1(2):207–218

Polacek M, Doerner KF, Hartl RF, Maniezzo V (2008b) A variable neighborhood search for the capacitated arc routing problem with intermediate facilities. J Heuristics 14(5):405–423

Kapitel 8
Modellierung und Optimierung von Montageprozessen

Thomas Henlich, Gerald Weigert und Andreas Klemmt

8.1 Einleitung

Der folgende Beitrag beschreibt eine Machbarkeitsstudie zur Anwendung der simulationsgestützten Optimierung in Montageprozessen. Von den gewöhnlichen Fertigungsprozessen unterscheiden sich Montageprozesse vor allem durch eine höhere technologische Flexibilität, die auch das Austauschen von Montageschritten (Montagealternativen), ausgedrückt in einer entsprechenden Stellgröße, ermöglicht. Da es sich um eine reine Bedarfsproduktion handelt, ist die Einhaltung der Liefertermine das wichtigste Ziel. Für den operativen Einsatz der Optimierungsmethoden ist die automatische Generierung der Simulationsmodelle von entscheidender Bedeutung. Aus diesem Grund wird auch den mit der Modellierung von Montageprozessen im Zusammenhang stehenden Fragen breiter Raum gewidmet.

8.1.1 Unternehmen

Das Unternehmen entwickelt und produziert universelle Fräsmaschinen und Zerspanungszentren. Bezogen auf die Wertschöpfungskette hat sich das Unternehmen auf die Vor- und Endmontage der Maschinen und Anlagen spezialisiert, wobei es auf ein engmaschiges Netz von Zulieferern setzt. Die Montageplanung wird durch IT-Werkzeuge mannigfaltig unterstützt, aber im Wesentlichen manuell ausgeführt. Das Lieferprogramm umfasst sowohl Low-Cost-Maschinen, die in großen Stückzahlen auf den Weltmärkten verkauft werden, als auch hochpräzise Maschinen für komplexe Fertigungsaufgaben.

T. Henlich (✉)
Fakultät Elektrotechnik & Informationstechnik, Institut für Aufbau- und Verbindungstechnik der Elektronik, Technische Universität Dresden, 01062 Dresden, Deutschland
www.avt.et.tu-dresden.de/rosi/

8.1.2 Wissenschaftlicher Partner

Das Institut für Aufbau- und Verbindungstechnik der Elektronik (Fakultät Elektrotechnik und Informationstechnik) der Technischen Universität Dresden besitzt langjährige Erfahrungen bei der Steuerung und Planung von Fertigungsabläufen, insbesondere im Bereich Elektronik- und Halbleiterproduktion. Die dort vorherrschenden Fertigungsabläufe können, im Unterschied zu den hier betrachteten Montageabläufen, überwiegend als einfache Prozessfolgen beschrieben werden. Dennoch konnten viele Details aus der bisherigen Arbeit, besonders die Optimierung betreffend, in dieses Projekt übertragen werden.

8.1.3 Ausgangssituation und Zielsetzung

Das vorgestellte Projekt zur Optimierung von Montageprozessen war Bestandteil eines Verbundprojektes mit dem Ziel, die Logistik in der Montage insgesamt zu verbessern. Dabei spielte die elektronische Erfassung von Lagerbewegungen mittels RFID ebenso eine Rolle, wie die Entwicklung geeigneter Graphen- und Datenmodelle zur Beschreibung der Montageabläufe.

Das Unternehmen seinerseits verfügte bereits über ein ausgefeiltes IT-gestütztes Monitoringsystem, mit dessen Hilfe der Status eines Montageauftrages jederzeit abgefragt werden konnte. Die Ablaufplanung erfolgte auf Basis eines einfachen Kapazitätsmodells. Da die zeitliche Ressourcenverfügbarkeit nicht bzw. nicht ausreichend berücksichtigt wurde, wurden die Fertigstellungstermine tendenziell zu optimistisch eingeschätzt. In der Folge mussten besonders gegen Monatsende oft Zusatzschichten eingelegt werden, um die Auftragsüberhänge abzubauen.

Durch Simulation der Montageabläufe sollte die Vorhersagegenauigkeit entscheidend verbessert werden. Leider reichte jedoch die Granularität der Daten nicht aus, um das Simulationsmodell mit dem erforderlichen Input zu versorgen. So wurde z. B. im ERP-System die gesamte Vormontage als ein einziger Arbeitsgang abgebildet. Ein erheblicher Aufwand in dem Projekt richtete sich daher auf die Vervollständigung der Datenbank sowie die Abbildung der Montageabläufe in einem geeigneten Simulationsmodell. Die folgenden Ausführungen beziehen sich dabei nur auf einen Ausschnitt des Montageprozesses – die bereits erwähnte Vormontage des so genannten NC-Rundtisches der Fräsmaschine. Die Optimierung im Sinne einer heuristischen simulationsgestützten Optimierung war zunächst im Projektumfang nicht vorgesehen, wurde dann aber als Studie realisiert, um das Optimierungspotential abschätzen zu können.

Operative Planung und Steuerung setzt Online-Fähigkeit voraus, d. h., die erforderlichen Daten sollen ohne manuelle Eingriffe und ohne Zeitverzögerung in das Planungssystem übernommen werden können. Das heißt aber auch, dass die Modelle zur Beschreibung der Montageprozesse letztlich automatisch generiert werden müssen. Das geschieht auf der Basis eines Metamodells, das sowohl die statischen als auch die dynamischen Merkmale des Montageprozesses eindeutig und hinreichend formal erfasst. Als geeignet haben sich dabei Petri-Netze herausgestellt, da sie im Gegensatz zu den häufig verwendeten Vorranggraphen keine Mehrdeutigkeiten enthalten. Um Missverständnissen vorzubeugen, sei ausdrücklich darauf hingewiesen, dass die Petri-Netze nicht als Simulationsmodell, sondern nur zur graphentheoretischen Beschreibung des Montageprozesses herangezogen wurden.

8.2 Optimierungsaufgabe

8.2.1 *Optimierungsziel*

Fräsmaschinen werden in der Regel im Auftrag gefertigt, d. h., für jedes Endprodukt existiert ein Liefertermin, den es möglichst genau einzuhalten gilt. Da es sich bei dem Produkt um ein mehr oder weniger großes Objekt handelt, spielt die vorhandene Stellplatzkapazität ebenfalls eine Rolle. Eine verfrühte Fertigstellung kann daher ebenso unerwünscht sein wie eine verspätete. Aus diesem Grund sollte das Minimum der Terminabweichungen (in beide Richtungen) das Optimierungsziel sein. Für die vorliegende Studie wurden jedoch nur die Verspätungen berücksichtigt, da sie häufiger auftraten und ihre wirtschaftlichen Auswirkungen stärker ins Gewicht fielen. Als konkrete Zielfunktion wurde schließlich die Summe aller Verspätungen gebildet, und zwar bezogen auf einen fiktiven Liefertermin am Ende der Vormontage.

8.2.2 *Zusammenhänge*

Montageprozesse werden in der Praxis häufig mit Hilfe sogenannter Vorranggraphen beschrieben (Prenting u. Battaglin 1964). Einzelteile, Zwischenprodukte sowie das Endprodukt werden als Knoten im Graphen, die Beziehungen, in der die einzelnen Objekte zueinander stehen, durch gerichtete Kanten dargestellt. In Abb. 8.1 ist der (vereinfachte) Vorranggraph für den NC-Rundtisch, der aus den 5 Vorprodukten Motor (A), Tischplatte (B), Getriebe (C), Ölwanne (D), und Messsystem (E) besteht, dargestellt. Der Motor wird an die Tischplatte montiert, daher führt je eine Kante vom Knoten „Motor" bzw. vom Knoten „Tischplatte" zum Knoten „Tisch+Motor" (AB), dem gleichnamigen Zwischenprodukt. Auf diese Weise lässt sich der gesamte Montageprozess bis hin zum Endprodukt darstellen.

Die Montage- bzw. Vorranggraphen sind sehr anschaulich; die Bedeutung der Knoten und Kanten erschließt sich auch dem Nichtexperten. Das erklärt, warum sie in der Praxis noch immer weit verbreitet sind (siehe u. a. Niu et al. 2003), obwohl sie einige strukturelle Nachteile aufweisen. Da im Knoten des Vorranggraphen stets eine UND-Verknüpfung stattfindet, lassen sich Montageschritte nicht eindeutig von

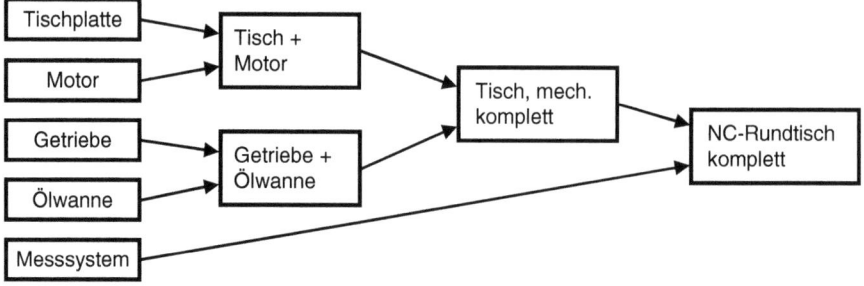

Abb. 8.1 Montagegraph für den NC-Rundtisch (Vormontage)

Montagealternativen unterscheiden. Gerade die alternativen Montagefolgen stellen aber eine wichtige Stellschraube für die Optimierung dar. Für den NC-Rundtisch können fünf verschiedene Alternativen definiert werden:

- Alternative 1: (((Motor *UND* Getriebe) *UND* Ölwanne) *UND* Tischplatte) *UND* Messsystem
- Alternative 2: ((Motor *UND* Getriebe *UND* Ölwanne) *UND* Tischplatte) *UND* Messsystem
- Alternative 3: ((Motor *UND* Tischplatte) *UND* (Getriebe *UND* Ölwanne)) *UND* Messsystem
- Alternative 4: ((Motor *UND* Getriebe) *UND* Ölwanne) *UND* (Tischplatte *UND* Messsystem)
- Alternative 5: (Motor *UND* Getriebe *UND* Ölwanne) *UND* (Tischplatte *UND* Messsystem)

Jeder Montagealternative ist jeweils ein eigener Vorranggraph zugeordnet. Alternative 3 entspricht dem Vorranggraph aus Abb. 8.1. Ebenso könnte der NC-Rundtisch auch entsprechend Alternative 1 montiert werden, d. h., zuerst wird der Motor mit dem Getriebe zusammengefügt, danach werden die Ölwanne und danach die Tischplatte befestigt. Zuletzt wird das Messsystem montiert. Die Montage kann entsprechend Alternative 1 oder Alternative 3 erfolgen. Abbildung 8.2 zeigt den Vorranggraphen, der aus der einfachen Überlagerung der beiden Vorranggraphen von Alternative 1 und 3 entsteht. Da es keine Möglichkeit gibt, eine ODER-Beziehung im Graphen darzustellen, kommt es zu Mehrdeutigkeiten. So besteht das Zwischenprodukt „Tisch, mech. komplett" nicht etwa aus den Teilen „Tischplatte", „Tisch+Motor", „Getriebe+Ölwanne" und „Antriebseinheit", sondern entsteht entweder aus „Antriebseinheit" und „Tischplatte" oder aus „Tisch+Motor" und „Getriebe+Ölwanne".

Will man auf zusätzliche Beschreibungen verzichten, muss man auf sogenannte bipartite Graphen, die zwei zueinander disjunkte Knotenmengen (Knotentypen) enthalten, zurückgreifen. Als bipartit gilt ein Graph genau dann, wenn keine Knoten gleichen Typs durch Kanten miteinander verbunden sind. Definiert man für die UND- und die ODER-Operation jeweils einen eigenen Knotentyp, erhält man den

8 Modellierung und Optimierung von Montageprozessen

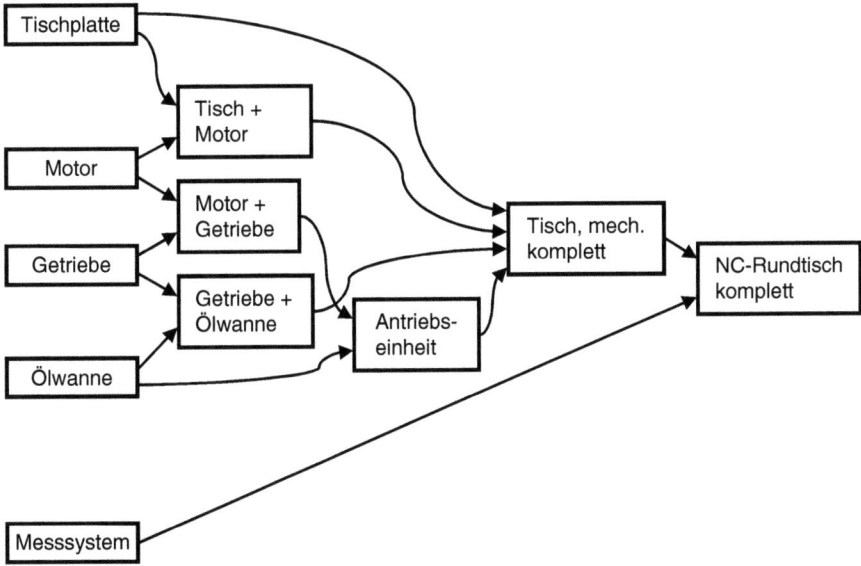

Abb. 8.2 Mehrdeutigkeit bei der Abbildung von Montagealternativen

so genannten AND/OR-Graphen, mit dem sich prinzipiell auch technologische Alternativen abbilden lassen (Homem de Mello u. Sanderson 1990). Die praktische Anwendbarkeit von AND/OR-Graphen in Optimierungsverfahren wurde nachgewiesen (Lambert 2006).

Ein weiterer Vertreter der bipartiten Graphen ist das allgemein bekannte Petri-Netz mit seinen beiden Knotentypen „Stelle" und „Transition". Petri-Netze bieten alle Voraussetzungen, um Montageprozesse strukturell eindeutig abbilden zu können (Zhou u. Venkatesh 1999; Mînzu et al. 2001). Die Unterscheidung von Montage- und Demontageschritten allein aus der Graphenstruktur ist ebenso möglich wie die Abbildung von Parallelität, Nebenläufigkeit und verschiedener Synchronisationsprinzipien. Petri-Netze eignen sich daher als Metamodell für Montageprozesse, insbesondere dann, wenn es sich um zeitbewertete Petri-Netze handelt (König u. Quäck 1988). In Weigert u. Henlich (2007) ist ein Metamodell beschrieben, das auf einem Petri-Netz mit zeitbewerteten Transitionen und Vorwärtsreservierung von Stellen beruht. Abbildung 8.3 zeigt das Petri-Netz (hier ohne Zeitbewertung), das alle 5 Montagealternativen für den NC-Rundtisch definiert.

Auf der Grundlage dieses Petri-Netzes wird eine Datenbank befüllt, die sämtliche für die Simulation erforderlichen Daten des Montageprozesses enthält. Für die Simulation wurde das ereignisdiskrete Simulationssystem simcron MODELLER verwendet. Es handelt sich dabei nicht um ein Petri-Netz-System, vielmehr verfügt der Simulator über den üblichen Bausteinkasten aus Maschinen, Warteschlangen, Jobs usw. Stellen und Transitionen werden in die zur Verfügung stehenden Bausteine übertragen. Der Anwender bemerkt davon nichts, da das Simulationsmodell

Abb. 8.3 Montageprozess mit 5 Montagealternativen, dargestellt als Petri-Netz

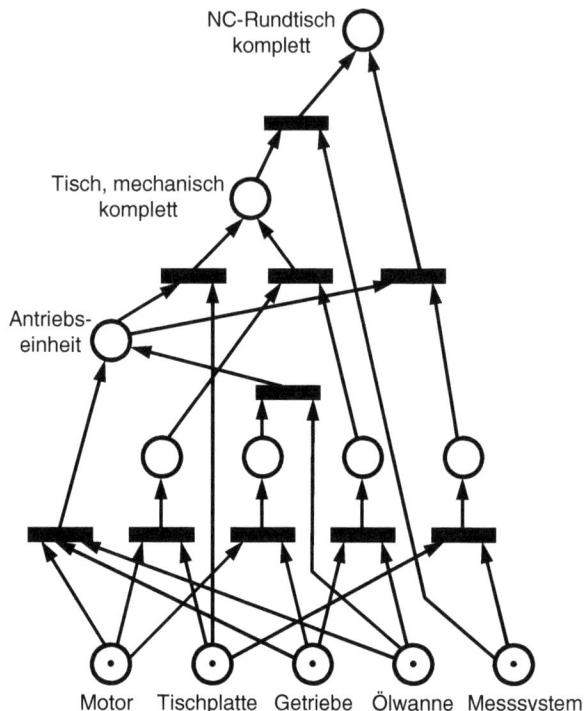

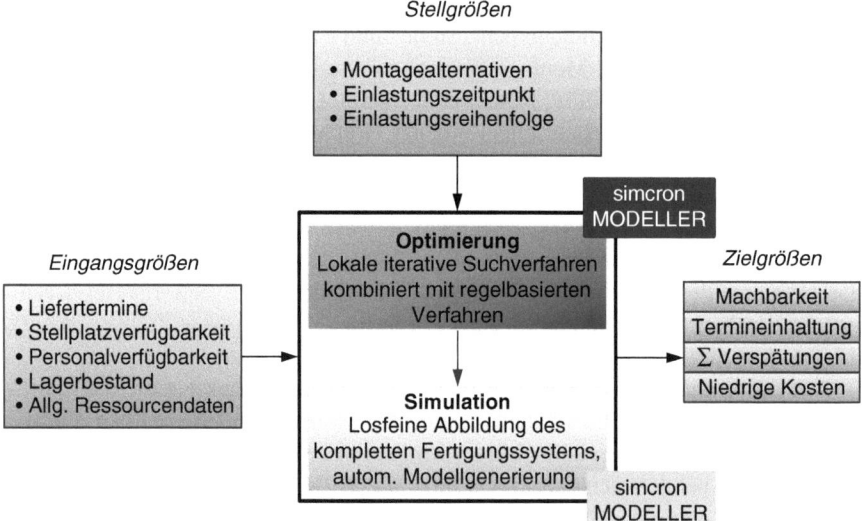

Abb. 8.4 Einordnung des Fallbeispiels

8 Modellierung und Optimierung von Montageprozessen 85

automatisch aus der Datenbank generiert wird. Abbildung 8.4 zeigt die Einordnung des Fallbeispiels.

8.2.3 Stellgrößen

Betrachtet man das Petri-Netz in Abb. 8.3 genauer, dann zählt man insgesamt zehn Montageschritte (Transitionen), von denen jeweils drei bzw. vier pro Alternative in unterschiedlicher Kombination aktiviert werden. Jeder Montageschritt benötigt eine spezifische Zeit. Da die Vor- und Zwischenprodukte in jeder Alternative in unterschiedlicher Reihenfolge verbaut werden, werden auch die Ressourcen wie Monteure, Werkzeuge oder Stellplätze zu unterschiedlichen Zeiten belegt. Somit hat die ausgewählte Montagealternative einen großen Einfluss auf die Gesamtdauer des Montageprozesses sowie auf die Fertigstellungstermine. Folgende Stellgrößen werden betrachtet:

1. *Montagealternativen*: Für jeden Montageauftrag (zu fertigender NC-Rundtisch) wird eine Montagealternative (1 … 5) ausgewählt.
2. *Einlastungszeitpunkte*: Bestimmt den frühesten Startzeitpunkt eines Montageauftrages.
3. *Einlastungsreihenfolge*: Bestimmt die Reihenfolge, mit der die Montageaufträge gestartet werden.

Die Stellgrößen 2 und 3 haben ähnliche Wirkung. Mit der Stellgröße 2 lässt sich aber die Auftragseinlastung zusätzlich gezielt verzögern. Alle drei Stellgrößen wurden im Modell angelegt, für die folgenden Untersuchungen wurde allerdings nur die Stellgröße 1 aktiviert.

8.2.4 Problemklasse und Problemgröße

Es handelt sich um ein typisches Zuordnungsproblem: Jeder Auftrag wird einer Montagealternative zugeordnet. Bei zusätzlicher Berücksichtigung der Einsteuerung von Aufträgen wird ein Reihenfolgeproblem überlagert. In der Optimierungsstudie wurden bis zu zehn zu planende Montageaufträge berücksichtigt, was einem Planungshorizont von etwa einer Woche entspricht.

Die Größe des Problems hängt von der Anzahl n der Aufträge und der Anzahl m der zu berücksichtigenden Montagealternativen ab. Da die Montagealternative für jeden Auftrag unabhängig voneinander vergeben wird, erhält man insgesamt m^n mögliche Stellgrößenkombinationen. Bei zehn Aufträgen und fünf Montagealternativen müsste man bereits fast zehn Millionen Varianten untersuchen. Bezieht man darüber hinaus die Einlastungszeitpunkte und die Auftragsreihenfolgen ein, erhöht sich der Suchaufwand drastisch. Das Problem ist aber auch dann NP-schwer, wenn nur die Montagealternativen berücksichtigt werden.

8.3 Optimierungsansatz und Problemcodierung

8.3.1 Algorithmen/Systeme

Für die Optimierung wurden verschiedene heuristische Algorithmen getestet, die durch das erweiterte Simulationssystem simcron MODELLER bereitgestellt werden. Untersucht wurden folgende Heuristiken:

- *Blinde Suche*: Die Suchpunkte werden rein zufällig und unabhängig voneinander ausgesucht.
- *Greedy*: Die Umgebung des aktuellen Bestwertes wird durchsucht, wobei nur Verbesserungen akzeptiert werden.
- *Old Bachelor*: Ein modifizierter Schwellenwertalgorithmus, der, abhängig vom Suchverlauf, auch Verschlechterungen akzeptiert (Hu et al. 1995).
- *Genetischer Algorithmus:* Mehrere Suchpunkte werden zu einer so genannten Population zusammengefasst, aus der durch Kreuzung und Mutation Nachkommen erzeugt werden.

Durch die jeweilige Heuristik werden Suchpunkte (Kombination der Montagealternativen) ausgewählt, denen durch Simulation Zielwerte (Summe der Verspätungen) zugeordnet werden. Die Anzahl der Iterationen ergibt sich im Wesentlichen aus der für eine mögliche Online-Anwendung zur Verfügung stehenden Zeit.

8.3.2 Verfahrensablauf

Mit der Optimierungsstudie wurde das Ziel verfolgt, den Online-Einsatz simulationsgestützter Optimierungsmethoden vorzubereiten. Alle Schritte wurden daher so konzipiert, dass sie ohne große Änderungen später in der operativen Planung und Steuerung des Montageprozesses übernommen werden können. Das drückt sich nicht nur in der automatischen Erstellung der Simulationsmodelle aus einer Datenbank aus, sondern auch in der Zeitbegrenzung. Die Optimierung wurde stets nach 60 s abgebrochen, unabhängig vom erreichten Optimierungsstatus.

Die Darstellung des Montageprozesses als Petri-Netze ist die Grundlage für die Definition der Datenbank. Das Simulationsmodell selbst hat jedoch nur wenig mit dem Petri-Netz gemeinsam, das hier lediglich als Metamodell dient (Weigert u. Henlich 2007).

8.4 System-/Modellarchitektur

8.4.1 Systemarchitektur

Das Simulations- und Optimierungssystem wurde als Webservice-Komponente implementiert und ist mit weiteren Komponenten, wie etwa der Anbindung an das ERP-System oder dem Verwaltungsmodul für die Arbeitspläne, in eine serviceorientierte Architektur (SOA) eingebunden, welche mit dem GlassFish Application Server realisiert wurde.

Die Simulations- und Optimierungsfunktionalität wurde durch den simcron MODELLER bereitgestellt. Die Umwandlung des projektspezifischen XML-Datenmodells in die Datenwelt des Simulators sowie die Steuerung von Simulation und Optimierung wurde seitens des Webservice-Moduls in Java realisiert, der simulatorseitige Teil wurde in der im simcron MODELLER implementierten Skriptsprache Tcl programmiert.

8.4.2 Einbindung in den Planungsprozess des Unternehmens

Die Optimierung soll insgesamt die Planungsqualität verbessern. In der Informationskette Planer-Meister-Monteur spielen dabei unterschiedliche Aspekte eine Rolle:

- Dem Planer soll sie einen Gesamtüberblick über einen mittleren Zeitraum (zwei bis acht Wochen) und die in diesem Zeitraum (nach optimalem Plan) abzuarbeitenden Aufträge geben.
- Der Meister ist für die Abstimmung zwischen benötigten und tatsächlich vorhandenen Ressourcen zuständig. Ihm sollen Aussagen über eine möglichst günstige Eintaktung der Aufträge und eine effiziente Zuordnung der Ressourcen, einschließlich der Monteure, gegeben werden.
- Dem Monteur soll sie für den aktuellen Auftrag eine Montagealternative vorschlagen, die unter den konkreten Umständen (Liefertermine, Materialverfügbarkeit) optimal ist. Gegebenenfalls sollen Probleme, wie nicht vorhandenes Material oder drohende Überlastung von Ressourcen, aufgezeigt werden.

Die Simulation und Optimierung wird auf „Knopfdruck" in regelmäßigen Zyklen (einmal täglich) oder bei Neuplanungsbedarf gestartet. Letztendlich stellt das Optimierungsergebnis keine unumstößliche Arbeitsanweisung dar, sondern nur ein Planungshilfsmittel; es muss vom Anwender bewertet werden und kann auch von diesem nachträglich modifiziert werden. Das ist z. B. immer dann von Bedeutung, wenn dem Anwender Umstände bekannt sind, die im Simulationsmodell nicht berücksichtigt wurden, etwa akuter Personalmangel wegen Erkrankung.

8.5 Bewertung des Verfahrens

8.5.1 Ergebnisse (Laufzeit, Qualität)

Ein Gantt-Diagramm, welches einen optimalen Montageplan für sechs Aufträge repräsentiert, ist in Abb. 8.5 dargestellt. Es enthält alle wichtigen Informationen wie Bereitstellungstermine der einzelnen Vorprodukte und die geforderten Fertigstellungstermine der Aufträge. Die einzelnen Montageschritte innerhalb desselben Auftrages wurden durch Linien miteinander verknüpft. Wie man erkennen kann, werden in der optimalen Lösung vier verschiedene Montagealternativen verwendet. Hier wird deutlich, welches Optimierungspotential durch die flexible Verwendung unterschiedlicher Montagealternativen erschlossen werden kann.

In Tab. 8.1 wurden die Optimierungsalgorithmen miteinander verglichen. Untersucht wurden Beispiele mit fünf bis maximal zehn Aufträgen. In allen Fällen wurde die Optimierung nach Ablauf einer Minute abgebrochen. Der jeweils erreichte Wert für die Zielfunktion (Summe der Verspätungen, gemessen in Stunden) kann der Tabelle entnommen werden. Es zeigt sich, dass die Unterschiede zwischen den einzelnen Heuristiken nicht gravierend sind.

8.5.2 Einschränkungen

Die Methode der simulationsgestützten Optimierung bietet zweifellos ein Höchstmaß an Flexibilität, auch und gerade im Bereich Montage. Da sich, wie gezeigt, die Montageprozesse ohne weiteres im Simulationsmodell abbilden lassen, gibt es prinzipiell keine nennenswerten Einschränkungen. Allerdings werden bei dem hier angewendeten Verfahren konstante Montagezeiten angenommen. Da es sich bei der Montage überwiegend um manuelle Tätigkeiten handelt, muss in jedem konkreten Fall über die Tauglichkeit deterministischer Modelle entschieden werden.

8.5.3 Alternativverfahren

Eine Alternative zur simulationsbasierten Ablaufplanung besteht in der Erstellung eines mathematischen Modells für Montageprobleme. In Weigert et al. (2008) wird ein solches Modell für das eingeführte Montageproblem vorgestellt und untersucht. Die Modellierung erfolgt dabei in Form eines gemischt ganzzahligen Optimierungsproblems (engl. Mixed Integer Programming, MIP). Anders als bei der simulationsbasierten Ablaufplanung bzw. Optimierung, wo die Einhaltung der Nebenbedingungen (wie z. B. Monteur- und Artikelverfügbarkeit) implizit durch das Simulationsmodell abgedeckt wird, müssen im mathematischen Modell alle Restriktionen formalisiert werden. Dies führt neben den verwendeten Stellgrößen

8 Modellierung und Optimierung von Montageprozessen

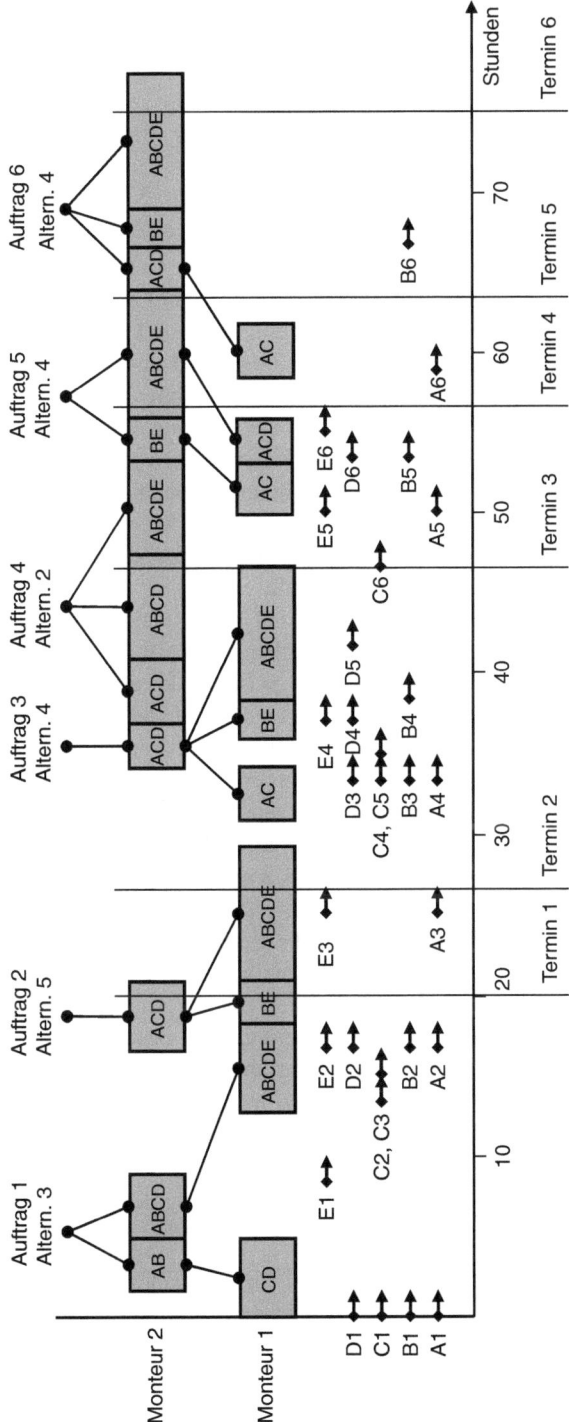

Abb. 8.5 Optimaler Montageplan für die NC-Rundtisch-Montage. (Weigert et al. 2008)

Tab. 8.1 Darstellung der Optimierungsergebnisse in Abhängigkeit von der Problemgröße (Anzahl Aufträge) bei Begrenzung der Optimierungsdauer auf eine Minute. (nach Weigert et al. 2009)

Anzahl der Aufträge→ Summe Verspätung/h ↘	5	6	7	8	9	10
Blinde Suche	5,00	7,50	14,16	18,30	20,83	23,33
Greedy Search	5,83	8,33	13,33	17,50	20,00	22,50
Old Bachelor	5,00	7,75	13,92	18,67	22,67	25,83
Genetischer Algorithmus	5,00	7,58	12,50	16,75	19,50	22,00

des simulationsbasierten Ansatzes (Montagealternativen) zu weiteren Unbekannten im mathematischen Modell, die z. B. zur Abbildung von Vorrangbeziehungen bzw. zur Ressourcenzuweisung benötigt werden. Des Weiteren sind alle Start- bzw. Endzeiten eines Montagevorgangs als Unbekannte zu definieren.

Ablaufplanungsprobleme bzw. Reihenfolgeprobleme sind bis auf wenige Ausnahmen der Problemklasse NP-schwer zuzuordnen. Dies gilt auch für das beschriebene Montageproblem. Durch die Hinzunahme von Montagealternativen wird die Lösungskomplexität weiter erhöht. Die Ergebnisse in Weigert et al. (2008) zeigten daher, dass eine exakte Lösung des beschriebenen Montageprozesses nur für sehr kleine Probleme (sechs Aufträge) innerhalb einer max. Optimierungsdauer von einer Minute möglich ist (Tab. 8.2). Eine Analyse des mathematischen Modells ergab, dass das schnelle Anwachsen der Problemgröße primär auf die Vorrangvariablen (abgebildet durch binäre Unbekannte) zwischen den einzelnen Auftragsstellen zurückzuführen ist. Es wurden daher verschiedene Dekompositionsansätze vorgeschlagen, die diesen, teils unnötigen, Definitionen binärer Unbekannter entgegenwirken. Ein sehr vielversprechender Dekompositionsansatz besteht dabei in einem Zeitscheibenverfahren (zyklischer MIP-Ansatz). Dessen Grundidee lässt sich wie folgt skizzieren: Anstatt alle n Aufträge zu verplanen, werden dem mathematischen Modell zunächst nur die nächsten $k < n$ (z. B. $k = 6$) Aufträge zur Verfügung gestellt. Die Zuordnung, welche die wichtigsten bzw. nächsten k Aufträge sind, wird dabei zielgrößenabhängig entschieden (z. B. Ordnung nach kürzester Zeit zum Fertigstellungstermin). Nun wird das entsprechende mathematische Modell mit genau diesen k Aufträgen optimal gelöst und deren Ressourcenzuweisung festgehalten. Innerhalb einer nächsten Zeitscheibe sind diese Fixierungen zu beachten und es können die nächsten k Aufträge mittels des exakten Verfahrens verplant werden. Problemspezifisch kann des Weiteren auch entschieden werden, dass nur die ersten $l < k$ der aktuell verplanten Aufträge festgehalten werden und Zuordnungen der restlichen

Tab. 8.2 Vergleich verschiedener Verfahren zur Minimierung der Summe der Verspätungen (simulationsgestützt, MIP) in Abhängigkeit von der Problemgröße (Anzahl Aufträge). (nach Weigert et al. 2008)

Anzahl Aufträge→ Summe Verspätung/h ↘	5	6	7	8	9	10
Blinde Suche	5,00	7,50	14,16	18,30	20,83	23,33
Exakter MIP – Ansatz	*3,33	*5,83	11,66	63,33	135,80	259,10
Zyklischer MIP – Ansatz	3,33	5,83	10,83	15,00	17,50	20,00

($k - l$) Aufträge in der nächsten Zeitscheibe erneut berechnet werden. Tabelle 8.2 zeigt die Effizienz dieser Dekomposition ($n = 6$, $l = 3$) im Vergleich zu einem simulationsbasierten Verfahren bzw. zum exakten MIP-Ansatz (Weigert et al. 2009). Die Optimierungsdauer wurde wieder begrenzt auf eine Minute. Die mit * markierten Werte bedeuten, dass innerhalb dieser Zeit das Optimum bewiesen werden konnte.

8.6 Projektaufwand, -erkenntnisse, Kosten/Nutzen

8.6.1 Herausforderungen

Die hauptsächliche Herausforderung besteht darin, das Optimierungswerkzeug für den operativen Einsatz zu befähigen. Dazu gehört nicht nur eine konsistente Datenbank, sondern auch die Möglichkeit, die erforderlichen Daten einschließlich der Montageprozesse auf benutzerfreundliche Weise eingeben bzw. editieren zu können. Zum Projektumfang gehörten daher auch die Gestaltung der Datenschnittstellen und die (hier nicht beschriebene) Entwicklung geeigneter Werkzeuge wie z. B. ein Montageplaneditor.

Da die manuelle Datenerfassung generell unsicher ist, wäre eine vollautomatische Erfassung von Bewegungs- und Lagerdaten, etwa durch moderne RFID-Technologien, wünschenswert. Allerdings hat sich in dem Projekt gezeigt, dass die RFID-Tags in metallreichem Umfeld sehr störanfällig sind.

Der Montageprozess des NC-Rundtisches wurde für die Studie vereinfacht, indem einzelne Montageschritte zusammengefasst wurden. Für eine praktische Anwendung sollte eine Modellierung im Detail erfolgen. Das hat zur Konsequenz, dass mindestens 16 Montageschritte pro Alternative und wenigstens 20 Vorprodukte berücksichtigt werden müssen. Möglicherweise muss dann über Vereinfachungen an anderer Stelle neu nachgedacht werden.

8.6.2 Erkenntnisse

Dass sich Montageprozesse, wie alle anderen Fertigungsprozesse auch, durch simulationsgestützte Methoden optimieren lassen, stand von Anfang an nicht in Frage. Interessanter war dagegen der Modellierungsaspekt. Offenbar werden Montageprozesse immer noch weitgehend durch einfache Vorranggraphen beschrieben, was auch die Denkhaltung des Praktikers bestimmt. Für eine formale Datenerfassung sind die Vorranggraphen, wie sich gezeigt hat, ungeeignet. Die Umstellung auf bipartite Graphen war jedoch nicht so einfach, wie anfangs gedacht, da die gesamte Datenstruktur im ERP-System nicht darauf ausgerichtet war. Nicht jedes Zwischenprodukt verfügte z. B. über eine eigene Sachnummer, die daher zusätzlich definiert und erfasst werden mussten. Darüber hinaus stellte sich heraus, dass die Qualität der Daten aus der Lagerhaltung nicht immer den hohen Qualitätsanforderungen genügte, die Simulationsanwendungen ganz allgemein stellen.

8.6.3 Fazit und Ausblick

Zukünftig ist zu untersuchen, ob und wie eine Kombination mit analytischen Methoden möglich ist. Erste Ergebnisse haben gezeigt, welches Potential in diesem Ansatz steckt. Eine Möglichkeit wäre, einen MIP-Solver für Teilmodelle zu verwenden und die Lösung in heuristische simulationsgestützte Systeme zu implementieren.

Literatur

Homem de Mello LS, Sanderson AC (1990) AND/OR graph representation of assembly plans. IEEE Trans Rob Autom 6(2):188–199

Hu TC, Kahng AB, Tsao CA (1995) Old bachelor acceptance: a new class of non-monotone threshold accepting methods. ORSA J Comput 7(4):417–425

König R, Quäck L (1988) Petri-Netze in der Steuerungstechnik. Verlag Technik, Berlin

Lambert A (2006) Generation of assembly graphs by systematic analysis of assembly structures. Eur J Oper Res 168(3):932–951

Mînzu V, Cernega D, Henrioud JM (2001) Linguistic model and a control problem for assembly workstation. In: Proceedings of the 4th IEEE international symposium on assembly and task planning, S 381–386

Niu X, Ding H, Xiong Y (2003) A hierarchical approach to generating precedence graphs for assembly planning. Int J Mach Tools Manuf 43(14):1473–1486

Prenting TO, Battaglin RM (1964) The precedence diagram: a tool for analysis in assembly line balancing. J Ind Eng 15(4):208–213

Weigert G, Henlich T (2007) Simulation-based scheduling of assembly operations and logistics. In: Proceedings of the 17th international conference on flexible automation and intelligent manufacturing, S 124–131

Weigert G, Henlich T, Klemmt A (2008) Methoden zur Modellierung und Optimierung von Montageprozessen. Tagungsband zur 13. ASIM-Fachtagung „Simulation in Produktion und Logistik" S 479–488

Weigert G, Henlich T, Klemmt A (2009) Modeling and optimization of assembly processes. In: Proceedings of the 20th international conference on production research

Zhou M, Venkatesh K (1999) Modeling, simulation, and control of flexible manufacturing systems: a petri net approach series in intelligent control and intelligent automation, Bd 6. World Scientific Publishing Company, Singapore

Kapitel 9
Personaleinsatz- und Ablaufplanung für komplexe Montagelinien mit MARTA 2

Oliver Rose, Martin F. Majohr, Evangelos Angelidis, Falk S. Pappert und Daniel Noack

9.1 Einleitung

Der folgende Bericht beschreibt eine prototypische Implementierung für eine simulationsbasierte Personaleinsatzplanungsheuristik für komplexe Montagelinien. Der Ansatz wurde bereits bei verschiedenen Unternehmen getestet und wird hier für die Flugzeugmontage vorgestellt.

9.1.1 Unternehmen

Ein europäischer Flugzeugbauer stellt in einem Werk Flugzeugsektionen her. Die hergestellten Sektionen sind stark an Kundenwünsche angepasst und werden unter hohem Mitarbeitereinsatz in bauplatzorientierter Montage gefertigt. Die wesentlichen Ressourcen der Produktion sind Mitarbeiter, die möglichst effizient auf die in Bearbeitung befindlichen Aufträge verteilt werden sollen. Gleichzeitig müssen die Liefertermine eingehalten werden. Ähnliche Aufgabenstellungen gibt es auch bei mittelständischen Werkzeug- und Druckmaschinenherstellern.

Vom Industriepartner liegen Montagepläne und Planungsdaten für zahlreiche Aufträge vor, aus denen Simulationsmodelle für die Optimierung erstellt werden können. Diese dienen der Entwicklung der Optimierungssoftware MARTA 2 (*Ma*nufacturing *R*esource-Optimization and *T*ime-Scheduling *A*lgorithm). Die Software selbst wird noch nicht im Unternehmen eingesetzt.

O. Rose (✉)
Institut für Angewandte Informatik, Technische Universität Dresden,
01062 Dresden, Deutschland, www.simulation-dresden.de
E-Mail: oliver.rose@inf.tu-dresden.de

9.1.2 Wissenschaftliche(r) Partner

Das Projekt wird in Zusammenarbeit mit Lehrstühlen unterschiedlicher Fakultäten der Technischen Universität Dresden bearbeitet. Die Fakultät Informatik ist vertreten durch den Lehrstuhl für Modellierung und Simulation, der unter der Leitung von Prof. Dr. rer. nat. O. Rose über langjährige Erfahrung in der Simulation und Optimierung von Fertigungsanlagen verfügt. Die Fakultät Maschinenwesen ist Vertreten durch Arbeitsgruppen um Dr.-Ing. V. Flemming und Dr.-Ing. M. Völker.

9.1.3 Ausgangssituation und Zielsetzung

Die Einplanung von neuen Kundenaufträgen wird in der beteiligten Firma derzeit getrennt von der operativen Personaleinsatzplanung vorgenommen. Beide Planungsaufgaben werden von Mitarbeitern ohne algorithmische Entscheidungsunterstützung vorgenommen. Die erstellten Pläne beruhen im Wesentlichen auf der Erfahrung der Mitarbeiter und deren Fähigkeit, die aktuelle Produktionssituation richtig einzuschätzen.

Während der operativen Planung sollen die Kundenaufträge, die aus zahlreichen Montagevorgängen bestehen, zeitlich unter Einhaltung von wichtigen Nebenbedingungen eingeplant werden. Weiterhin soll entschieden werden, welche Bauplätze und welche Mitarbeiter mit welchen Qualifikationen welchen Aufträgen zugeordnet werden sollten.

Die Ziele der Planung lassen sich wie folgt zusammenfassen:

- Planungssicherheit
- Automatisierung des Planungsprozesses bei der Vorgangseinplanung
- Minimierung des Bestandes an teilmontierten Baugruppen in der Montage
- Abbau von Überkapazitäten bei den Ressourcen
- Gleichmäßige Auslastung der Ressourcen
- Einhalten von Nebenbedingungen (z. B. Zeitgrenzen)

9.2 Optimierungsaufgabe

9.2.1 Optimierungsziel

Das Optimierungsverfahren verfolgt zu unterschiedlichen Zeitpunkten der Optimierung unterschiedliche Ziele. Dabei haben die einzelnen Stufen folgende aufeinander aufbauende Zielfunktionen.

- Machbarkeit bei maximalen Ressourceneinsatz prüfen:
    - Gültigkeit von Nebenbedingungen feststellen
    - Grobe Eingabefehler erkennen

- Kundenaufträge termingetreu fertigstellen (kurz vor Ablauf des Liefertermins)
  - Schlupfzeit eines Auftrags (Differenz zwischen Liefertermin und Fertigstellungstermin) minimieren
  - Terminüberschreitungen vermeiden
  - Mitarbeitereinsatz ohne Berücksichtigung des konkreten Mitarbeiterangebots minimieren
- Abgleich der Mitarbeiterressourcen
  - Mitarbeiterbedarf an das Mitarbeiterangebot anpassen
  - Starke Schwankungen im Mitarbeiterbedarf vermeiden

9.2.2 Zusammenhänge

Durch Veränderung der Anzahl der zugewiesenen Mitarbeiter zu einzelnen Vorgängen verändert sich die Vorgangsdauer. Je weniger Mitarbeiter zugewiesen werden, desto länger dauert die Abarbeitung der Vorgänge eines Auftrags und desto länger dauert die Abarbeitung des Gesamtauftrags. Die Schlupfzeit bis zum Liefertermin wird dabei verringert. Die unterschiedlichen Mitarbeiterkonstellationen, mit denen ein Vorgang bearbeitet werden kann, werden als (Vorgangs-)Modi bezeichnet.

Durch Verschiebung, d. h. Verzögerung der Starttermine einzelner Vorgänge verändert sich der Bestand in der Montagelinie. Bei Bestandsminimierung wird die Gefahr von Blockierung von Ressourcen minimiert, da nur eine begrenzte Anzahl von Pufferplätzen vorhanden ist. Die Durchlaufzeit wird insgesamt verringert.

Die zur Ablaufplanung eingesetzte Steuerungsregeln (Dispatching) haben einen großen Einfluss auf alle Zielgrößen in der Optimierung (Abb. 9.1). Durch Priori-

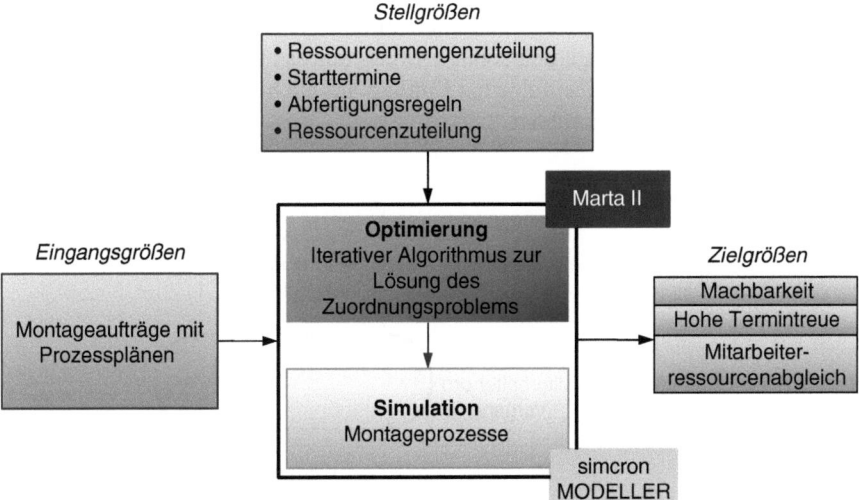

Abb. 9.1 Einordnung des Fallbeispiels

sieren einzelner Vorgänge eines Auftrags verändert sich die Restdurchlaufzeit des zugehörigen Auftrags. Durch Priorisieren einzelner Bauplätze oder Mitarbeiterressourcen verändert man den Mitarbeiterbedarf. Manche Regeln haben sogar zur Folge, dass der erstellte Plan nicht gültig ist, da Nebenbedingungen oder Liefertermine verletzt werden.

9.2.3 Stellgrößen

- Anzahl der Mitarbeiter pro Vorgang (je Qualifikationsgruppe): Die Einstellung erfolgt über die Auswahl von diskreten Modi für jeden einzelnen Vorgang. Dieser Parameter ist die Hauptstellgröße.
- Verschiebung der Starttermine einzelner Vorgänge innerhalb der Termingrenzen des jeweiligen Auftrags.
- Auswahl der Steuerungsregeln für die Simulation: Reihenfolge der Abarbeitung der Aufträge und der Ressourcenbelegung.

9.2.4 Problemklasse(n)

Im Rahmen von Marta 2 werden zwei Hauptprobleme behandelt:

- Reihenfolgeproblem (Sequenz der Vorgänge, wird in der Simulation ermittelt)
- Zuordnungsproblem (Anzahl der für die Vorgänge zugewiesenen Arbeiter, wird in der Optimierung bestimmt)

Es findet eine gegenseitige Wechselwirkung der einzelnen Problemstellungen statt (Abb. 9.2). Die Änderung der Mitarbeiterzuordnung hat Einfluss auf die Fertigstellungsdauer der Vorgänge und somit Einfluss auf das Reihenfolgeproblem. Die Änderung der Vorgangsreihenfolge hat Einfluss auf die benötigten Mitarbeiter und somit auf das Zuordnungsproblem.

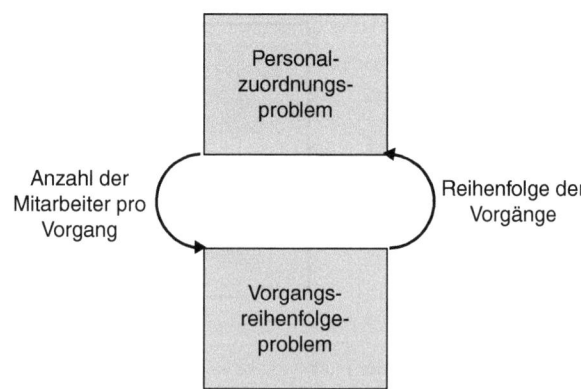

Abb. 9.2 Wechselwirkung zwischen den Problemstellungen

9.2.5 Problemgröße

Die Optimierung wählt für ca. 500–1,000 Vorgänge deren Vorgangsmodi. Es werden für ca. 100 Vorgänge Starttermine verändert. Es stehen fünf verschiedene Abfertigungsregeln zur Auswahl.

Weitere Zahlen für ein Optimierungsszenario:

- Vorgangsdauer: 0,5 bis 100 h
- Auftragsdauer: zwei Wochen bis zwei Monate bis zur Fertigstellung
- Ein Auftrag beinhaltet bis zu 50 Vorgänge
- Planungshorizont: mehrere Monate
- Etwa 40 Kundenaufträge mit Start und Endtermin im Planungshorizont vorhanden
- Mehrere tausend Vorgänge im Planungshorizont
- Für einzelne Vorgänge stehen bis zu zehn Modi mit unterschiedlicher Anzahl an Mitarbeiter zu Verfügung
- Behandlung von zahlreichen Nebenbedingungen (Maximal/Minimalzeit, begrenzter Pufferplatz & Bauplatzblockierung)

9.3 Optimierungsansatz und Problemcodierung

9.3.1 Algorithmen/Systeme

Simulationsbasierte Optimierung ist eine sehr leistungsfähige Heuristik zur Berechnung von Lösungen von schweren Problemen. Dabei wird das Produktionssystem mit seinen begrenzten Ressourcen und zahlreichen Nebenbedingungen als Simulationsmodell abgebildet. Der Optimierungsalgorithmus nutzt das Simulationsmodell zur Auswertung einzelner Parameterszenarien. Da das Planungsproblem NP-vollständig ist, lässt sich eine optimale Lösung nicht effizient berechnen. Das Verfahren nähert sich iterativ den Optimum und wird durch ein geeignetes Abbruchkriterium beendet.

Die Implementierung der Lösungsstrategie erfolgt als Eigenentwicklung in der Programmiersprache Java.

9.3.2 Verfahrensablauf

Die Optimierung findet in 3 Stufen statt. Für jede Stufe gibt es unterschiedliche Zielstellungen:

1. Machbarkeit
2. Restzeitminimierung
3. Ressourcenabgleich

Der Verfahrensablauf wird von der Optimierungskomponente verwaltet. Ihre Hauptaufgabe ist die Durchführung der drei Stufen mit ihren Schleifen. In jeder Schleife

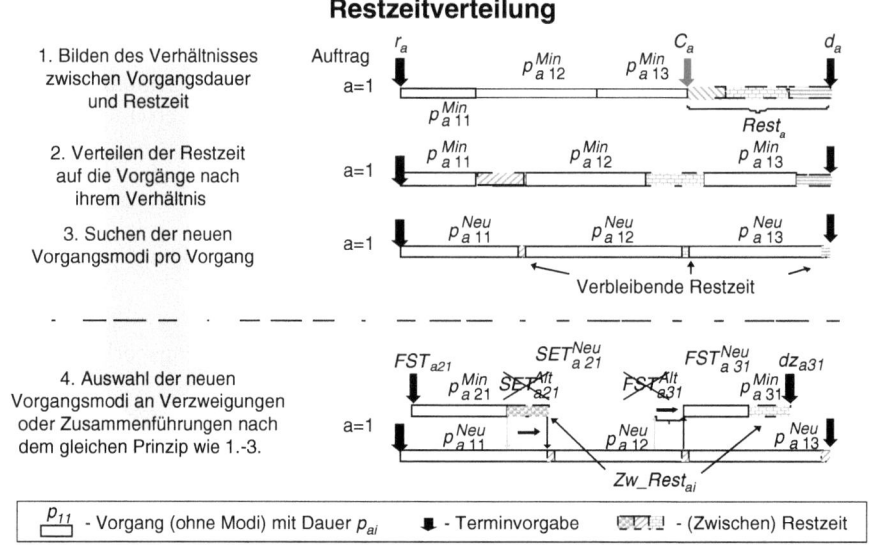

Abb. 9.3 Prinzipieller Ablauf des Verfahrens. (Majohr u. Rose 2008)

wird das Fabrikmodell angepasst, simuliert und bewertet. Auf Basis der erzielten Ergebnisse/Informationen beginnt die nächste Schleife oder das Verfahren geht zur nächsten Stufe über (Abb. 9.3).

Die wesentlichen Änderungen der Modelldaten im Optimierer sind:

- Änderung der Anzahl der Ressourcen (u. a. Personal) pro Vorgang (Modi).
- Verschieben des Bereitstellungstermins pro initialisiertem Vorgang.
- Wechseln der Prioritätsregeln für die Simulation.

In den folgenden Absätzen werden die Aufgaben der einzelnen Stufen kurz beschrieben (Abb. 9.4):

Erste Stufe Um potenzielle Lösungen schneller zu finden, ist es vorteilhaft, zuerst Grenzwerte für die Parameter zu suchen, um daraus Informationen über die Lage

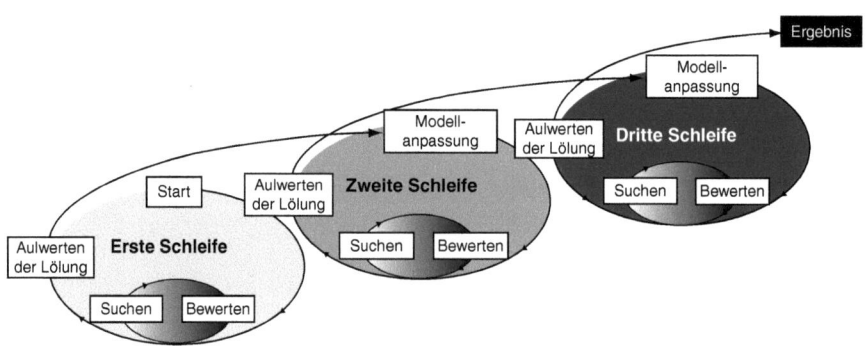

Abb. 9.4 Ablauf des Restzeitverteilungsalgorithmus

der Lösung zu gewinnen. Dazu wird zuerst das Modell mit den maximalen Mitarbeiterzahlen und folglich minimalen Durchlaufzeiten berechnet. Bei der ersten Stufe wird demnach getestet, wie sich das Montagesystem bei minimaler Durchlaufzeit verhält und ob dabei überhaupt die Terminvorgaben erfüllt werden können. Alle Vorgänge starten somit zum frühesten Starttermin. Wenn dabei einige Aufträge nicht in ihrer vorgegebenen Lieferzeit durchführbar sind und daher schon die erste Stufe keine gültige Lösung besitzt, so kann die Untersuchung abgebrochen werden, da keine gültige Lösung gefunden werden kann. Es muss in diesem Fall mit der Planungsabteilung Rücksprache gehalten werden, da offensichtlich die Liefertermine zu eng gewählt worden sind.

Zweite Stufe Werden alle Aufträge des Modells gemäß der ersten Stufe bei maximalem Mitarbeitereinsatz vor ihren Lieferterminen fertiggestellt, dann startet die zweite Stufe mit einer neuen Zielfunktion. Diese dient der Berechnung minimaler Mitarbeiterzahlen für alle Aufträge. Der Optimierer hat dabei mehrere Algorithmen zur Verfügung, die problemspezifisch ausgewählt werden können. Als Beispiel wird deren Funktion am Algorithmus der Restzeitverteilung erläutert:

Dieser startet mit einer geeigneten Bewertung des in der ersten Stufe erzeugten Plans. Auf Basis dieses Plans erfolgt die Berechnung der Differenzen zwischen den Liefer- und den Fertigstellungsterminen. Bei Aufträgen mit großen Differenzen werden sodann sukzessive die Mitarbeiterzahlen der einzelnen Arbeitsgänge reduziert. Die Höhe der Senkung hängt von der Größe der festgestellten Differenz ab. Nach jeder Änderung der Mitarbeiterzahl wird ein neuer Produktionsplan berechnet und geprüft, ob immer noch die Abgabetermine eingehalten werden. Ist dies nicht mehr der Fall, wird die Änderung rückgängig gemacht und getestet, ob an anderer Stelle im Auftrag oder bei einem anderen Auftrag Mitarbeiter reduziert werden können. Sind alle Restzeiten verteilt, endet die zweite Optimierungsstufe. Das Ergebnis kann aber ein Plan sein, der mit teilweise erheblichen Schwankungen der Mitarbeitereinsatzzahlen und -zeiten verbunden ist. Er stellt zwar eine sehr gute Lösung in Bezug auf die Anzahl der eingesetzten Mitarbeiter dar, ist aber so nicht umsetzbar, da das jeweilige Mitarbeiterangebot nicht berücksichtigt wurde.

Dritte Stufe Die dritte und letzte Stufe dient abschließend der Berechnung des endgültigen Ergebnisses des Personalsteuerungsproblems. Darin erfolgt die Anpassung des Mitarbeiterbedarfs an das Angebot. Durch die Hinzunahme der realen Angebotskennlinien für die einzelnen Mitarbeitergruppen unterscheidet sich die dritte Stufe fundamental von den vorherigen beiden Stufen. Als neue Zielfunktion wird hier die minimale Summe der Abweichung zwischen dem Mitarbeiterbedarf und dem Angebot aller Qualifikationsgruppen angestrebt. Dies entspricht gleichzeitig der Maximierung der Personalauslastung. Zur Lösung dieses ressourcenbeschränkten Problems wird für jede einzelne Personalressource die Kapazitätsangebots- der Bedarfskennlinie aus der zweiten Stufe gegenübergestellt. Ein optimaler Plan wäre erreicht, wenn der Bedarf jeder Ressource so angeglichen wird, dass unter Einhaltung der Terminrestriktionen die Abweichung zwischen beiden Kennlinien in jeder Schicht über den gesamten Planungszeitraum gleich null ist. Das Angebot bleibt dabei unverändert. Zusammenfassend sind die ersten beiden Stufen nochmals in Abb. 9.5 dargestellt.

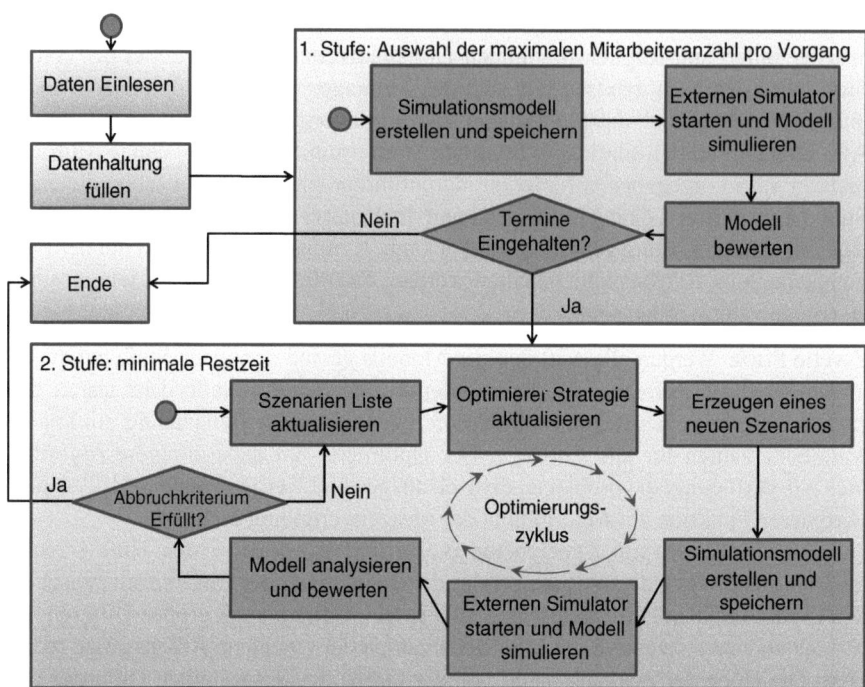

Abb. 9.5 Detaillierter Ablauf von Stufe 1 und 2

9.4 System-/Modellarchitektur

9.4.1 Systemarchitektur

Die Planungssoftware ist modular aufgebaut und wird direkt an die entsprechenden Datenbanken der Firmendatenhaltung angekoppelt (Abb. 9.6).

Die einzelnen Bestandteile des Verfahrens sind in den folgenden Modulen gekapselt:

- Datenhaltung
- Datenimport
- Optimierer
- Simulatorschnittstelle
  - Modellgenerator
  - Analyser
- Datenaufbereitung
- Visualisierung

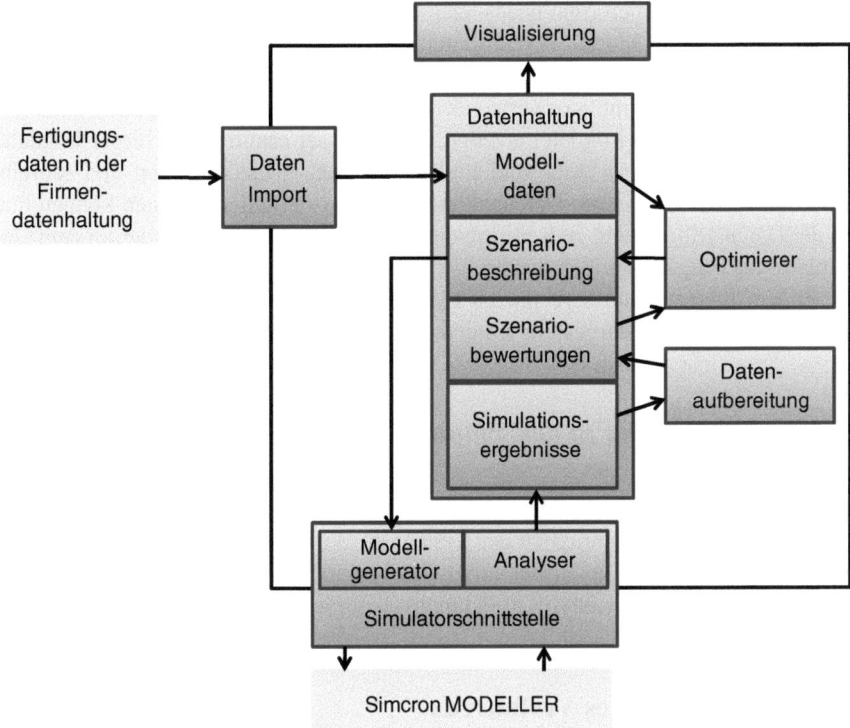

Abb. 9.6 Marta 2 Architekturübersicht

Die Aufgabe der Datenhaltung ist es, sämtliche Informationen zu speichern, die zum Modell und zu den einzelnen Szenarien vorhanden sind. Sämtliche andere Module arbeiten auf den hier gehaltenen Daten und schreiben Ergebnisse und neue Werte zurück, damit sie im gesamten System zur Verfügung stehen.

Durch das Datenimportmodul werden sämtliche relevante Stamm-, Bewegungs- und Planungsdaten aus der Firmendatenhaltung gelesen und in die Datenhaltung des Optimierungssystems übertragen. Dabei wird bereits eine Plausibilitätsprüfung durchgeführt, damit der Optimierungsvorgang nicht durch offensichtlich falsche Daten gestört wird.

Der Optimierer erstellt auf der Basis aller bisherigen Szenarien und Informationen die direkt aus dem Fertigungsplan gewonnen werden können neue Szenarien und versucht, sich schrittweise dem Optimum der aktuellen Zielfunktion anzunähern. Die Stellschrauben, die dem Optimierer hierfür zur Verfügung stehen, sind:

- Verschieben des Bereitstellungstermins der Produkte
- Wählen der Pausen und Schichten der jeweiligen Ressourcen
- Verändern der zugeteilten Ressourcenmenge
- Auswahl der Prioritätsregeln

Nachdem der Optimierer ein neues Szenario erstellt hat, wird der Modellgenerator gestartet. In diesem Modul wird das interne Modell in ein äquivalentes Modell umgewandelt, das der Simulator nutzen kann. Das erzeugte simulatorspezifische Modell wird nun vom Simulator verwendet, um ein Planungsszenario ablaufen zu lassen. Dabei wird eine Logdatei erzeugt. Der Analyser ermittelt aus dieser Logdatei Maschinenbelegungen, Start- und Endtermine von Arbeitsschritten und schreibt diese Informationen in die Datenhaltung. Die zuvor erhaltenen Daten können nun in der Datenaufbereitung zu Kennzahlen aggregiert werden, die wiederum dem Optimierer als Eingangsgrößen dienen.

Zudem könnend die berechneten Pläne und Kennzahlen durch das Visualisierungsmodul passend dargestellt werden.

9.4.2 Einbindung in den Planungsprozess des Unternehmens

Da es bisher noch keine direkte Anbindung an eine Unternehmensdatenhaltung gibt ist es bisher noch nicht möglich das System im Wirkbetrieb innerhalb eines Unternehmens zu nutzen. Die bisher möglichen manuellen Modellerzeugungsschritte sind zu aufwändig um sinnvoll in Planungsprozessen genutzt werden zu können.

9.5 Bewertung des Verfahrens

9.5.1 Ergebnisse (Laufzeit, Qualität)

Die Stufen eins und zwei sind erfolgreich implementiert und die dritte Stufe befindet sich in Entwicklung. Das System wurde mit realen komplexen Montagesystembeispielen getestet. Auch bei umfangreichen Modellen werden Laufzeiten von unter fünf Minuten erreicht. Ein Vergleich der Ergebnisse mit einem Produktivsystem konnte bisher aufgrund von mangelnden Vergleichsdaten nicht vorgenommen werden.

9.5.2 Einschränkungen

Ein der schwierigsten Aufgaben eines Produktionsplaners ist es, eine Ressourcengruppe in verschiedene Qualifikationsgruppen zu teilen. Die Teilung hat signifikante Auswirkungen auf die Planungsergebnisse, die im Voraus wegen der Komplexität der Zusammenhänge nicht erkennbar sind.

Die Möglichkeit, dass jeder Vorgang eine Reihe von Modi besitzt, ist sehr hilfreich für die Optimierung des Modells. Leider fehlen in der Realität häufig die Detailinformationen über die Länge der Arbeitsgänge in Abhängigkeit von der Ressourcenzuteilung. Diese Zeiten sind für externe Berater praktisch nicht konstruierbar.

Da die Optimierung auf einem iterativen Vorgehen basiert, um sich dem Optimum zu nähern, ist eine Parallelisierung der Arbeitsschritte bisher noch nicht möglich.

Im Datenmodell sind derzeit noch keine Kostendaten hinterlegt. Dies führt dazu, dass bisher nur eine Einplanung aufgrund von Materialflussinformationen möglich ist und somit die Kostenberechnung für den ermittelten Plan erst nach der Optimierung stattfinden kann.

9.5.3 Alternativverfahren

Eine manuelle Einplanung der Aufträge und Mitarbeiter ist möglich, wird aber wegen der Komplexität des Problems nur zufällig zu guten Ergebnissen führen. Andere rechnergestützte Planungswerkzeuge sind nur dann einsetzbar, wenn sie unbestimmte Pufferzeiten und schwankende Vorgangszeiten durch unterschiedlichen Ressourceneinsatz berücksichtigen können.

9.6 Projektaufwand, -erkenntnisse, Kosten/Nutzen

9.6.1 Herausforderungen

Der größte Aufwand neben der Entwicklung und Implementierung der Optimierungsmodule bestand in der Aufbereitung der Firmendaten. Die in der Arbeitsvorbereitung vorhandenen Plandaten für die einzelnen Vorgänge waren zu grob, um direkt eingesetzt zu werden. Außerdem beinhalteten diese Daten bereits Sicherheitsaufschläge und waren somit für eine Optimierung ungeeignet, die auf möglichst exakte Vorgangszeiten angewiesen ist. Durch die manuelle Erfassung dieser genauen Daten ergaben sich durch Fehleingaben zusätzliche Probleme. Basierend auf diesen Erfahrungen sind bei anderen Anwendern des Optimierungswerkzeugs auch erhebliche Aufwände bei der Aufbereitung der Firmendaten zu erwarten.

Eine weitere Herausforderung besteht in der korrekten Abbildung des aktuellen Zustands der Fertigungsprozesse. In den meisten Betrieben werden erst fertige Vorgänge gemeldet und erfasst. Zum Zeitpunkt der Optimierung ist somit unbekannt, welche Restbearbeitungszeiten die Aufträge an den einzelnen Arbeitsplätzen haben. Es muss in diesem Fall mit Schätzwerten gearbeitet werden, um das Datenmodell für den Optimierer zu initialisieren.

9.6.2 Erkenntnisse

Genaue Erkenntnisse, wie signifikant die Verbesserungen zum aktuellen Vorgehen in der Fertigung sind, können noch nicht beurteilt werden, da es bisher noch an

Vergleichsdaten aus den realen Fertigungssystemen mangelt. Eine Schätzung an einem exemplarischen Planungsfall führte zu einer Verringerung des Mitarbeiterbedarfs von mehr als 10 %.

9.6.3 Fazit und Ausblick

Durch die Entwicklung des Optimierungswerkzeugs für komplexe Montagelinien wurde deutlich, dass es durch den Einsatz eines geeigneten Modellierungsansatzes in Kombination mit einem mehrstufigen simulationsbasiertem Ansatz möglich ist, praktische Personalplanungsprobleme mit industrietypischem Umfang und Nebenbedingungen in überschaubarer Rechenzeit sehr gut zu lösen.

Die Einbindung des Optimierungswerkzeugs in die tägliche Planung im Unternehmen ist der nächste große Schritt. Durch die Integration in die IT-Landschaft der Zielumgebung besteht dann die Möglichkeit zur Bewertung und zur kontinuierlichen Anpassung an die Erfordernisse des Produktionssystems.

Literatur

Majohr M, Rose O (2008) A simulation-based workforce scheduling heuristic for complex assembly lines. Proceedings of the 2008 Operational Research Society Simulation Workshop

Kapitel 10
Simulationsbasierte Reihenfolgeoptimierung in der Produktionsplanung und -steuerung

Wilfried Krug und Markus Schwope

10.1 Einleitung

10.1.1 Unternehmen

Ein Automobilzulieferer in Deutschland stellt komplette PKW-Achsen für verschiedene Automobilhersteller auftragsbezogen her. Täglich werden hunderte von Achsen produziert und ausgeliefert. Das Unternehmen hat außerdem Tochterunternehmen in Österreich, Australien und China, die vor Ort Achsen produzieren und liefern.

Für alle Firmen erfolgt die Auftragsplanung mit dem System SAP ERP über einen längeren Zeitraum. Bei kurzfristigen Auftragsänderungen ist deshalb eine zeitnahe Reihenfolgeoptimierung notwendig, die mit Simulations- und Optimierungswerkzeugen erfolgen soll.

10.1.2 Wissenschaftliche Partner

Zur Lösung des Problems wurde DUALIS und SAP beauftragt, weil einerseits DUALIS auf dem Gebiet der Simulation und Optimierung langjährige Erfahrungen und Referenzen in der Industrie vorweisen kann. Andererseits verfügt SAP über mehrjährige Erfahrungen bei der Planung und Steuerung von Produktionssystemen, und es ist damit eine gute Integration von operativer und strategischer Planungsoptimierung gegeben.

W. Krug (✉)
DUALIS GmbH IT Solution Dresden, Tiergartenstraße 32, 01219 Dresden, Deutschland
www.dualis-it.de
E-Mail: wkrug@dualis-it.de

10.1.3 Ausgangssituation und Zielsetzung

Bisher planen die Autozulieferer die Kundenaufträge mit SAP ERP langfristig in den Auftragsbestand ein. Bei kurzfristigen Änderungen von Aufträgen ist eine operative Planung mit dem PP-Modul nicht möglich. Durch eine Reihenfolgeoptimierung soll diese Planungslücke geschlossen werden, indem die ursprünglich mit SAP langfristig geplante Reihenfolge mittels Simulations- und Optimierungswerkzeugen von DUALIS punkt-, zeit- und zielgenau korrigierbar ist. Mit dieser integrierten Lösung entsteht also eine neue Auftragsreihenfolge, die eine maximale Termintreue unter Beachtung minimaler Kosten berücksichtigt.

10.2 Optimierungsaufgabe

10.2.1 Optimierungsziel

Bei der Betrachtung der komplexen Prozesse, welche direkt oder indirekt die Fertigung und Logistik der Zulieferteile beeinflussen, werden folgende primäre Zielgrößen lokalisiert:

- Kosten minimieren
- Lagerbestände senken
- Ressourcen bestmöglich auslasten
- Durchlaufzeiten senken
- Termintreue halten

Daraus können für die Fertigungssteuerung die Zielgrößen

- *optimale Sequenz* der Fertigungsaufträge und
- *optimale Schichtpläne*

abgeleitet werden. PPS-Systeme bzw. MES-Module in ERP-Systemen bieten vielfältige Möglichkeiten zur Unterstützung der Zielerreichung, indem der MES-Modul als Add-On in vorhandene ERP-Systeme integriert wird, wie von Krug (2002) näher beschrieben wurde. Die Erfahrungen der letzten Jahre haben aber gezeigt, dass reine Produktionsplanungs- und Steuerungssysteme ein technisch umsetzbares Planungsergebnis liefern, das unter wirtschaftlichen Gesichtspunkten jedoch noch nicht optimal ist. Die gelieferten Planungsvarianten sind oft längerfristig bzw. strategisch angelegt und beinhalten teilweise erhebliche Reserven. Entscheidend dabei ist, dass sich die einzelnen im Vorfeld genannten Zielkriterien zum Teil gegenläufig verhalten.

Einen ersten Schritt zur besseren Entscheidungsfindung stellen bereits erhältliche Werkzeuge zur Simulation betriebswirtschaftlicher Prozesse dar. Mit deren Hilfe kann die Struktur eines Unternehmens in einem Modell mit allen auftretenden Restriktionen abgebildet werden. Bei gezielter Veränderung von Eingangsparametern wird ersichtlich, welche Ergebnisse das System mit den neuen Bedingungen liefert. Somit kann auf dem Computer ein Test des späteren Betriebszustandes erfolgen.

10.2.2 Zusammenhänge

Den Durchbruch zum optimalen Planungsergebnis kann nur der Einsatz leistungsfähigerer Simulations- und Optimierungswerkzeuge erbringen. Diese sind in der Lage, mit mathematischen Optimierungsalgorithmen und anfangs definierten Zielkriterien aus den simulierten Zuständen durch gezielte Veränderung der Eingangsparameter optimale Planungslösungen zu finden. Diese dynamische Herangehensweise liefert in jedem Fall ein für das Unternehmen günstigeres Planungsergebnis, als die statische Berechnung herkömmlicher PPS-Module.

Eine Integration von Systemen zur Simulation und Optimierung in die bestehenden Planungssysteme ermöglicht es, die Vorteile der dynamischen Optimierung mit den Funktionalitäten der ERP-/PPS-Systeme zu verbinden, wie Abb. 10.1 bei den Eingangsgrößen erkennen lässt.

Im Gegensatz zu den großen Softwarepaketen für die Synchronisation und Optimierung der gesamten Logistikkette – jedoch zumeist nur für größere Unternehmen erschwinglich – wird mit der vorgestellten Lösung ein kostengünstiger Ansatz gerade für kleinere und mittlere Unternehmen als Entscheidungshilfe in der dynamischen Produktionsplanung geboten.

Der Mehrwert des hier beschriebenen und realisierten Ansatzes von PPSIMOPT (Integriertes System von Produktionsplanung, Simulation und Optimierung) liegt hauptsächlich darin, dass neben dem im Unternehmen notwendigerweise vorhandenen PP-Modul des SAP ERP inklusive der zusätzlichen Simulations-/Optimierungssoftware nur Standardsoftware verwendet wird. Daraus resultiert ein für den Kunden äußerst günstiges Aufwand/Nutzen-Verhältnis für die Einführung dieses Systems.

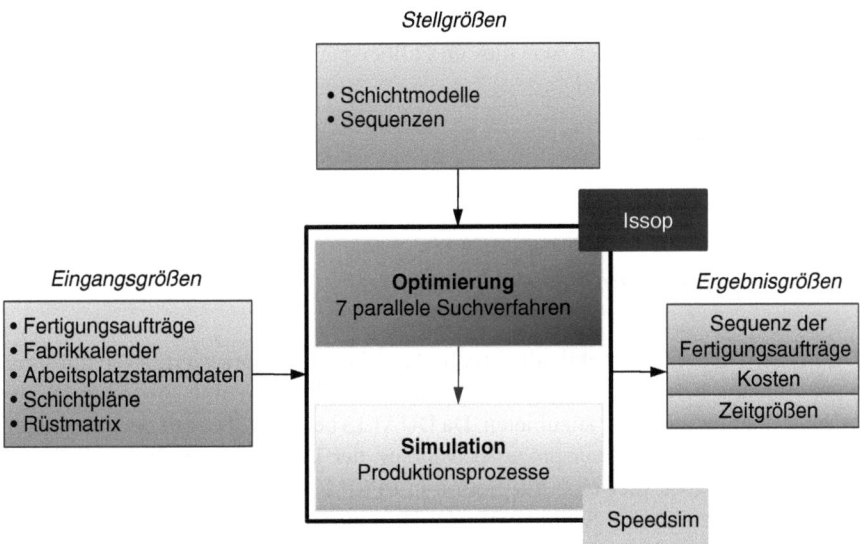

Abb. 10.1 Überblick Gesamtzusammenhang

10.2.3 Stellgrößen

Da es sich bei der aktuellen Aufgabenstellung um eine Reihenfolgeoptimierung der Aufträge unter Berücksichtigung der Schichtpläne handelt, sind die Stellgrößen (oder auch veränderlichen Parameter bzw. Variablen) die Sequenzen des bestehenden Auftragsbestands und die Schichtpläne. Bei neu einzuordnenden zeitnahen Auftragseingängen ist die neue Sequenz so zu bestimmen, dass die oben genannten Ziele als Pareto-optimale Lösungen (auch Kompromisslösungen genannt) sichtbar werden.

10.2.4 Problemklasse und Problemgröße

Damit liegt als Problemklasse ein ganzzahliges, nichtlineares, dynamisches Optimierungsproblem in Verbindung mit einer Simulation des Planungsprozesses vor. Wobei sinnvoller Weise der Optimierer den Simulator steuert und die Stammdaten und die operativen Planungsdaten als Eingangsgrößen über eine Schnittstelle aus SAP ERP generiert werden.

Das Optimierungsproblem ist abhängig von der Größe der zu betrachtenden Aufträge für einen Zeitraum, der bei langfristigem Auftragsbestand schnell eine Sequenz von einigen hundert Aufträgen betragen kann. Dies bestimmt somit die Größe des Parameterraumes unter Beachtung aller Restriktionen und in Verbindung mit der Simulation kann damit eine hohe Rechenzeit für eine Pareto-optimale Lösung notwendig werden. Eine sinnvolle Verringerung der Sequenz ist daher durch Clusterung oder Sensitivitätsuntersuchungen angebracht. Weiterhin kann die Optimierungszeit in Verbindung mit der Simulation durch eine Konformitätsanalyse wesentlich reduziert werden, wie dies im Fallbeispiel Kap. 16 zur Anwendung kam und näher beschrieben wird.

10.3 Lösungsansatz

10.3.1 Systemlösung und Algorithmen

Die Forderung der Automobilzulieferer bestand darin, eine integrierte Systemlösung unter Nutzung bereits vorhandener Algorithmen und Programme sowie bereits gepflegter Stammdaten u. a. anzubieten. Da DUALIS bereits früher mit dem Simulator SPEEDSIM die Produktionsprozesse während der Fabrikplanung bei Zulieferern gestaltete, war auch hier eine Integration in PPSIMOPT nahe liegend. Schließlich existierte wiederum eine Schnittstelle (DLL) zum Optimierungsprogramm ISSOP, das einen leistungsfähigen Optimierungsalgorithmus für die ganzzahlige Optimierungslösung unter Beachtung multikriterieller Zielstellungen ermöglichten (Krug

2002). Für die grafische Darstellung der optimierten Auftragsreihenfolge während des operativen Planungsprozesses konnte schließlich das Leitstandssoftwaresystem QuickGANTT integriert werden (Schwope 2000).

10.3.2 Verfahrensablauf

Die einzelnen Arbeitsschritte innerhalb von PPSIMOPT werden in folgende acht Schritte unterteilt, wie in aus Abb. 10.2 ersichtlich ist.

Schritte 1–2 Dies ist die Phase des Datendownloads, sie stellt die erforderlichen Daten bereit.

Schritte 3–6 In dieser Arbeitsphase erfolgt die eigentliche Optimierung bis hin zur Visualisierung der Ergebnisse (Schritt 6) und der Möglichkeit der manuellen Nachbearbeitung mit der interaktiven grafischen Plantafel.

Schritte 7–8 Die optimierten Ergebnisse werden in dieser Abschlussphase in das Online-System zurückgeladen. Diese finalen Pläne werden anschließend in der Produktion umgesetzt.

Mit diesen acht Prozessschritten ist der Kreislauf des integrierten Systems geschlossen.

10.4 System– und Modellarchitektur

10.4.1 Integration der Softwarekomponenten

In Abb. 10.3 ist die Architektur zur integrierten Planungslösung dargestellt, die für eine tägliche oder wöchentliche operative Planung zum Einsatz kommt.

Es ist zusätzlich zum ERP-System lediglich ein PC-Arbeitsplatz erforderlich, auf welchem normale Office-Standardsoftware installiert ist. Außerdem werden der Simulator SPEEDSIM, die Optimierungs-Software ISSOP und QUICKGANTT benötigt.

SAP bietet für die Zwecke der externen Optimierung eine Standardschnittstelle (das Production Optimization Interface POI) an. Dieses Standard-Interface bildet die Basis des Datentransfers von PPSIMOPT. Verfügbare Informationen aus POI sind dabei:

- *Stammdaten:* Materialstamm, Stücklisten, Arbeitspläne, Arbeitsplätze, Hierarchien, Netzpläne, Fabrikkalender, Klassifikationen, Produktgruppen, Übergangsmatrix
- *Bewegungsdaten:* Planaufträge, Fertigungsaufträge, Bedarfs- und Bestandsliste, Serienauftragskopf, Lagerortbestand Material, Produktionskampagne

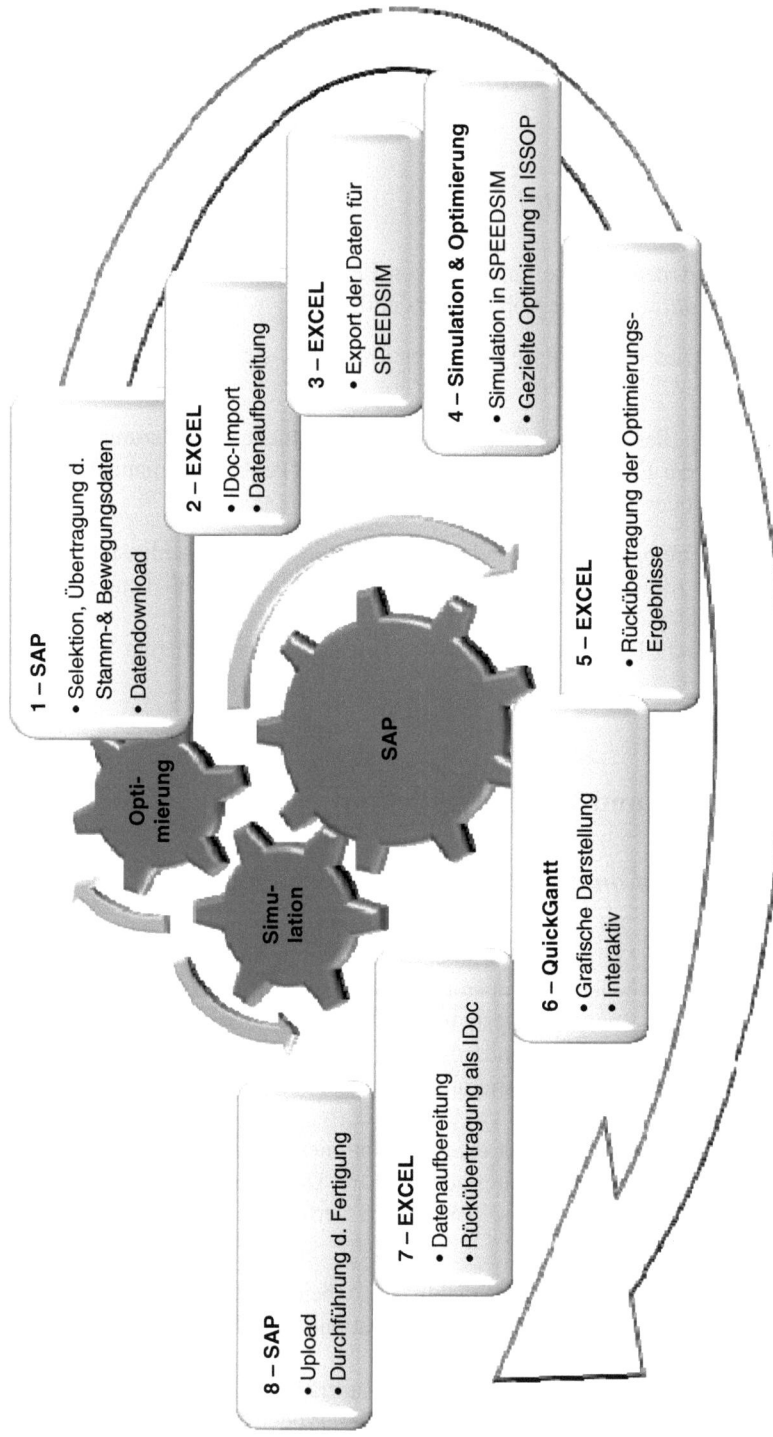

Abb. 10.2 Schritte im PPSIMOPT

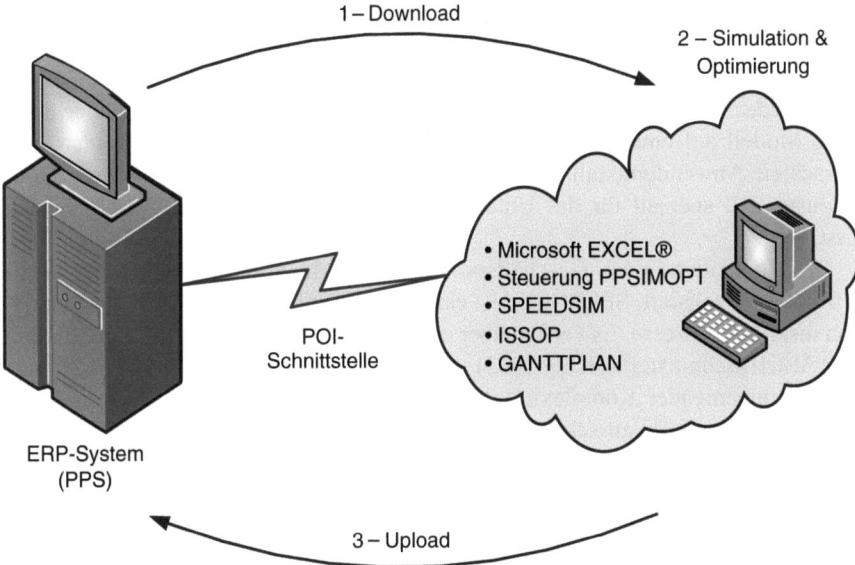

Abb. 10.3 Systemarchitektur

Diese Informationen liegen im SAP-Standardformat Idoc (Intermediate Document) vor. Die für das Production Optimization Interface notwendige Konfiguration im SAP-System ist über ein eigens dafür vorgesehenes User-Interface ansteuerbar. Der Datenaustausch zwischen dem Optimierungsrechner und dem SAP-System erfolgt mittels FTP-Zugriff oder direkten Dateizugriff auf ein spezielles Verzeichnis des SAP-Servers.

Die Schnittstelle in SAP kann so konfiguriert werden, dass nur Fertigungsaufträge mit dem Status „geplant" wieder in das ERP zurückgeladen werden können. Natürlich erfolgt in der Praxis die Optimierung der Produktionsplanung im zukünftigen Zeitfenster. Da jedoch die externe Bearbeitung von Fertigungsaufträgen eine potenzielle Fehlerquelle darstellt, bietet die Berücksichtigung des Status beim Upload zusätzliche Sicherheit.

10.4.2 Optimierter Planungsprozess

Bereits die Simulation betriebswirtschaftlicher Zusammenhänge ist ein wirksames Hilfsmittel zur Entscheidungsfindung bei administrativen Problemstellungen. Dabei findet die Betrachtung von Ursache-Wirkungs-Zusammenhängen eines bestimmten realen Systems außerhalb desselben und somit ohne dessen Beeinflussung statt. Daher ist es möglich, die Auswirkung von Entscheidungen schon vor ihrer Umsetzung in die Praxis abzuschätzen. Unter Nutzung von computergestützten Simulationsmethoden im Planungsprozess kann man so in relativ kurzer Zeit zu neuen Erkenntnissen über das modellierte System kommen und somit mögliche Fehlentscheidungen mit entsprechenden finanziellen Auswirkungen vermeiden.

Für jede Simulation liegt eine spezielle Problembezogenheit vor. Daher muss jedes Modell auf einen speziellen Anwendungsfall hin ausgerichtet werden. Der betrachtete Anwendungsfall bei den Automobilzulieferern wird folglich im Simulationsmodell speziell für das Unternehmen dargestellt, wie Abb. 10.4 erkennen lässt.

Die Simulation eines Geschäftsprozesses innerhalb PPSIMOPT wird durch SPEEDSIM realisiert. SPEEDSIM ist ein Produkt der DUALIS GmbH zur Simulation diskreter Prozesse. Es verfügt über eine Schnittstelle zu Microsoft EXCEL und eine ASCII-Schnittstelle (Krug 2002).

Mit zunehmender Komplexität des Optimierungsproblems wird es immer unwahrscheinlicher, bei ausschließlichem Einsatz von Simulationswerkzeugen ohne gleichzeitige Nutzung rechnergestützter Optimierungswerkzeuge eine optimale (kostengünstigste) Lösung zu finden.

Die Modellierung des konkreten Systems wird deshalb nun regelmäßig zur Verbesserung der Pläne genutzt und die Optimierung als ein aktives Instrument der täglichen Planung gemäß Abb. 10.4 eingesetzt.

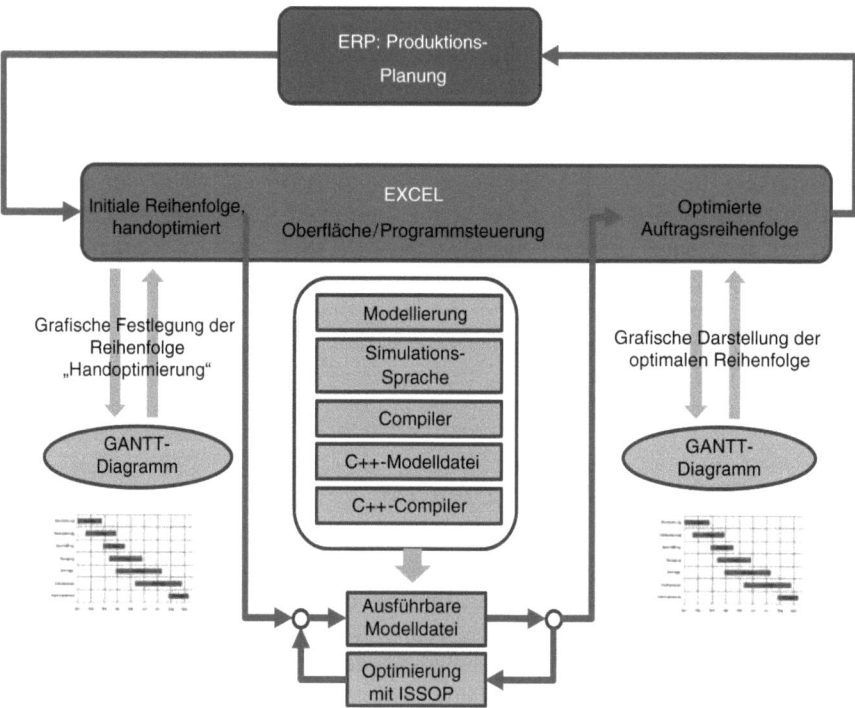

Abb. 10.4 Detailablauf PPSIMOPT

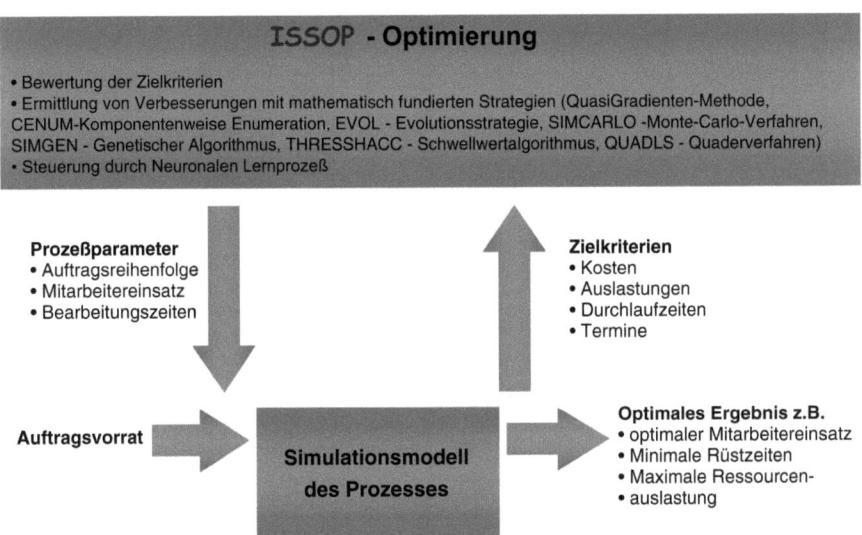

Abb. 10.5 ISSOP Arbeitsweise in Kopplung mit Simulation

Das Zusammenspiel von ISSOP im laufenden Planungsprozess mit der Simulation ist in Abb. 10.5 dargestellt. Es ist sichtbar, dass ISSOP den Simulationsprozess steuert, indem mehrere adaptiv arbeitende Optimierungsstrategien ständig neue Vorschläge von Prozessparametern an den Simulator übergeben, bis ein optimales Ergebnis vorliegt. Eine Vorauswahl von Strategien ist bei ISSOP nicht notwendig, da durch eine hybride Arbeitsweise der Strategien die Optimierungszeit durch einen Lernprozess intern minimiert wird.

10.5 Bewertung des Verfahrens

Die Optimierungsergebnisse werden bei mehreren Zielkriterien als Pareto-optimale Lösung von ISSOP intern berechnet und grafisch dem Nutzer präsentiert, wie Abb. 10.6 zeigt. Beispielhaft ist hier der Gewinn über den Servicegrad dargestellt. Es ist sichtbar, dass mit zunehmenden Servicegrad der Gewinn des Unternehmens parabolisch abnimmt und umgekehrt. Falls im Fertigungsprozess Störungen auftreten, so wird der Gewinn zusätzlich geschmälert. Also ist eine störungsfreie Produktion (als normaler Prozess in Abb. 10.6 bezeichnet) das eigentliche Ziel. Zum besseren Verständnis filtert also ISSOP alle dargestellten Kurvenpunkte aus einer Vielzahl von strategischen Suchschritten heraus, was mit „nur" Simulation einen riesigen Aufwand bedeutet und außerdem ist eine sichere Lösung sehr unwahrscheinlich.

Eine weitere Bewertung der Optierungsergebnisse ist mit QUICKGANTT möglich, indem der Nutzer sehr anschaulich die optimierten Fertigungsaufträge in einem

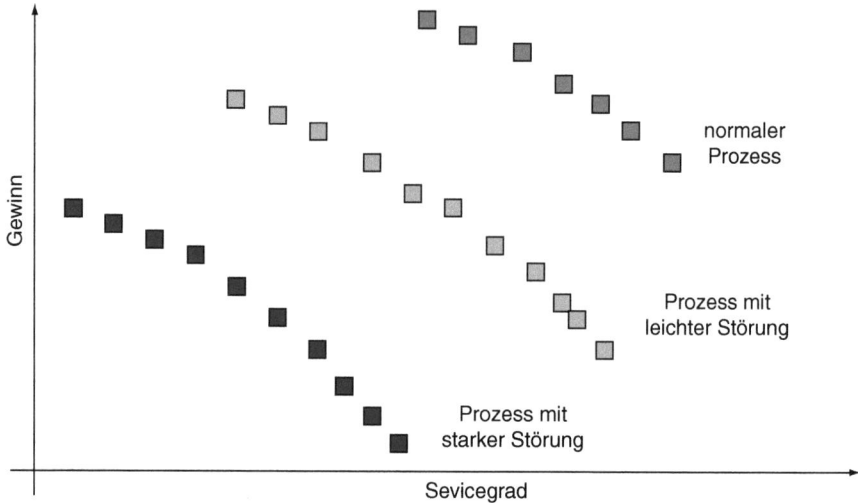

Abb. 10.6 Beispiel grafische Lösungsdarstellung (ISSOP)

Gantt-Chart, entsprechend Abb. 10.7, darstellen und auch manuell nachbearbeiten kann.

QuickGANTT bietet also dem Nutzer:

- schnelle, flexible und übersichtliche grafische Planung
- einfache Bedienbarkeit und
- eine ideale Ergänzung für EXCEL-basierte Planung

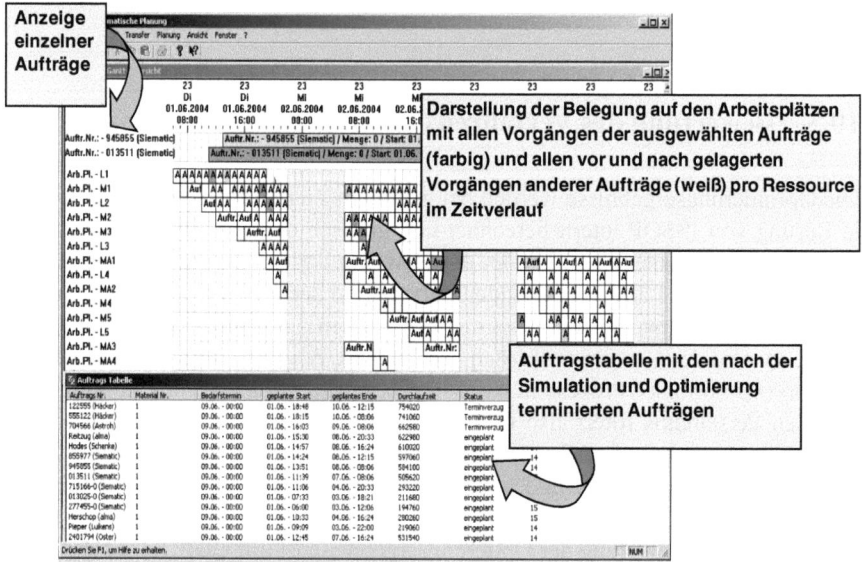

Abb. 10.7 Interaktive Planung mit Quick Gantt

Es ist ein wichtiger Aspekt dieser grafischen Ergebnisdarstellung der optimierten Fertigungsaufträge, dass der Anwender nicht blind den Simulations- und Optimierungstools vertrauen muss, sondern immer die Hoheit über die Planergebnisse behält. Dies ist für die Akzeptanz der Lösung PPSIMOPT von großer Bedeutung. Nach der Prüfung der Optimierungsergebnisse werden die Daten wieder an das PP-Modul zurückgegeben.

PPSIMOPT bietet eine gut aufeinander abgestimmte Palette von Funktionen für die Erweiterung der statischen Produktionsplanung. Microsoft EXCEL® wird zur Programmsteuerung verwendet. Ausgangs- und Zielpunkt ist das PP-Modul im SAP-System, welches das zentrale System für die Fertigungssteuerung darstellt. Die externen Komponenten greifen lediglich in den Planungsprozess ein, optimieren die ursprüngliche Planung und geben diese optimalen Pläne an das ERP-System zurück.

10.6 Fazit und Ausblick

Aufgrund der verwendeten Standard-Lösungen ist die Beherrschbarkeit der Schnittstellen gesichert. Für den Kunden ergeben sich aus dem vorliegenden Lösungsansatz sowohl finanzielle als auch funktionelle Vorteile, da sich eine Einführung von PPSIMOPT vor Ort lediglich auf das Customizing der Schnittstelle SAP-System – Simulation/Optimierung und auf die Modellierung des speziellen Problems beschränkt. Die Funktionalitäten werden aus Standardlösungen übernommen, getreu dem Gedanken „Das Ganze ist größer als die Summe seiner Teile".

Beim Einsatz von PPSIMOPT im operativen Planungsprozess der Zulieferer werden aus dem SAP-System sowohl Fertigungsaufträge als auch Arbeitspläne stets aktuell eingelesen. Nach erfolgter Simulation und Optimierung hinsichtlich der Zielkriterien Durchlaufzeit und Kosten erfolgte der Daten-Upload der veränderten Fertigungsaufträge in das PPS System. Somit konnte ein geschlossener Kreislauf des Datenflusses realisiert werden. Diese Vorgehensweise stellt sicher, dass die veränderten Daten nach Abschluss der Optimierung im Quellsystem aktualisiert werden und für eine weitere Arbeit und für die Dokumentation zur Verfügung stehen.

Mit dem Einsatz von PPSIMOPT ist es künftig möglich, das PP-Modul im SAP ERP um eine dynamisch optimierte Planung der Produktionsabläufe zu ergänzen. Der Anwender kann entscheiden, welche Zielkriterien für seine spezielle Arbeit wichtig sind und kann die statisch geplanten Ergebnisse des ERP durch eine Optimierung nach diesen Kriterien wesentlich verbessern. Der jeweilige Verbesserungsgrad der Planungsergebnisse hängt dabei von den im Unternehmen anzutreffenden Restriktionen und Einflussgrößen ab.

Die Entwicklung von PPSIMOPT zielte auf die Anwendung in Unternehmen der Automobilzulieferindustrie mit SAP-Planung ab, um ihnen eine preiswerte und doch leistungsfähige Softwarelösung zur Unterstützung der täglichen Planungsarbeiten zu bieten. Dieses Tool hilft, Liefertermine zu sichern, den Produktionsdurchsatz zu erhöhen, Lagerbestände zu minimieren, Überstunden zu vermeiden mit dem Ziel, das Betriebsergebnis zu verbessern und die Kundenzufriedenheit zu erhöhen.

Die Einführung von PPSIMOPT ist auch in anderen produzierenden Industrieunternehmen, bei denen die Reihenfolgeoptimierung eine ständige Herausforderung ist, mit folgenden Projektphasen möglich:

- Analyse des Reihenfolgeproblems in einem Planungsprozess
- Modellierung der Fertigungs- und Logistikprozesse
- Customizing der POI-Schnittstelle im SAP ERP
- Anpassung der Steuerungsprogramme
- Test des Systems
- Integration des funktionsfähigen Tools in den laufenden Planungsprozess

Literatur

Krug W (2002) Modelling, simulation and optimization for manufacturing, organisational and logistical processes. SCS Publishing House, Erlangen

Schwope M (2000) Integration von Simulations- und Optimierungstools in der Produktionsplanung und -steuerung, In: Tagungsband der 14. ASIM-Tagung, S 187–197

Kapitel 11
Simulationsbasierte Optimierung der Einsteuerungsreihenfolge für die Automobil-Endmontage

Lutz Iltzsche, Peter-Michael Schmidt und Sven Völker

11.1 Einführung

11.1.1 Unternehmen

Gegenstand des im vorliegenden Beitrag beschriebenen Projekts war die Entwicklung einer kundenspezifischen Lösung zur Reihenfolgeplanung in der Automobil-Endmontage auf der Basis des Simulationssystems Tecnomatix Plant Simulation. Auftraggeber und Anwender der Lösung ist ein amerikanisches Werk eines deutschen Automobilkonzerns. Im Projektteam waren sowohl die für die operative Steuerung der Montagelinie verantwortliche Planungsabteilung als auch die zentrale System- und Methodenstelle vertreten.

11.1.2 Wissenschaftlicher Partner

Als externer Berater für Simulations- und Optimierungstechnologie wurde die Siemens Industry Software GmbH & Co. KG in das Projekt einbezogen. Dieses Unternehmen gehört zur Siemens AG und ist Anbieter von Softwarelösungen auf den Gebieten des Produktdesigns, des Product Lifecycle Managements und der Digitalen Fabrik. Zur Produktpalette gehört das ereignisorientierte Simulationssystem Tecnomatix Plant Simulation.

L. Iltzsche (✉)
Siemens Industry Sector, Siemens Industry Software GmbH & Co. KG, Haus Grün, 3.OG West, Weissacher Str. 11, 70499 Stuttgart, Deutschland, www.siemens.com/plm

11.1.3 Ausgangssituation und Zielsetzung

Das betrachtete Werk des Automobilherstellers produziert fünf Fahrzeugtypen. Die Produktionsanlage umfasst die typischen Fertigungsbereiche Karosseriebau, Lackiererei und Endmontage (Abb. 11.1). Es existieren zwei Montagelinien, die für zwei beziehungsweise drei Fahrzeugtypen ausgelegt sind. Der Fahrzeugtyp bestimmt also, auf welcher der beiden Montagelinien das Fahrzeug montiert wird.

Jedes zu bauende Fahrzeug entspricht einem Fertigungsauftrag. Die Reihenfolge, in der die Fertigungsaufträge in die Lackiererei eingesteuert werden, basiert neben dem Liefertermin vor allem auf der gewünschten Farbe: Um Rüstzeiten zu minimieren und die Qualität der Farbschichten zu sichern, werden Sequenzen von 12 bis 15 gleichfarbigen Fahrzeugen gebildet. Die Reihenfolge, in der die Fertigungsaufträge anschließend in die Endmontage eingesteuert werden, muss nach anderen Gesichtspunkten festgelegt werden. Daher sind Lackiererei und Montage durch ein Hochregallager mit wahlfreiem Zugriff entkoppelt. Die Ein- und Auslagerungen erfolgen sequenziell mit Hilfe eines Regalbediengeräts. Das logistische System zwischen dem Lager und den beiden Montagelinien realisiert die Zuordnung der Fahrzeuge zu den Linien.

Die Einsteuerungsreihenfolge für die Endmontage muss sich an den Zielen der Fertigungssteuerung ausrichten. Zu diesen Zielen gehört insbesondere eine gleichmäßige Auslastung aller Arbeitsstationen. Dadurch werden Überlastungen des Personals, Materialabrisse aufgrund ungleichmäßigen Verbrauchs und andere Störungen des Produktionsprozesses vermieden.

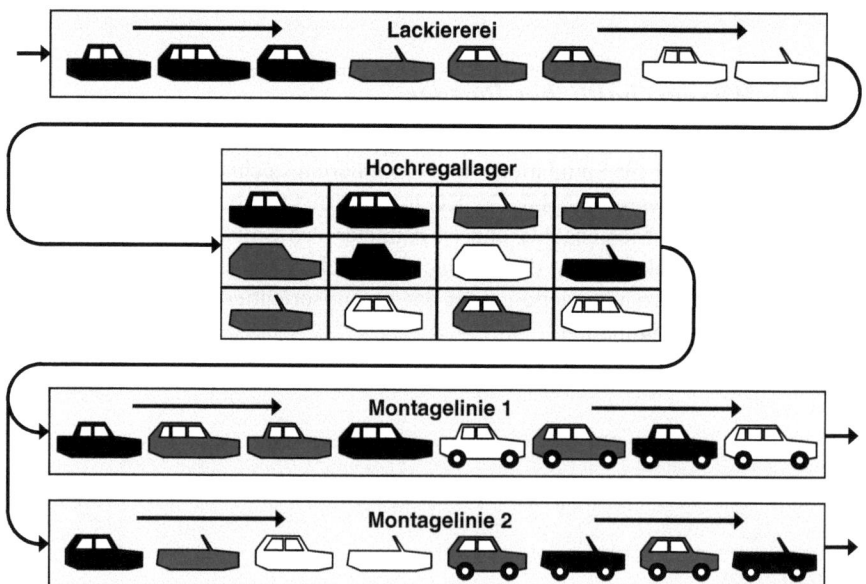

Abb. 11.1 Struktur des Fertigungssystems

Bereits vor Projektbeginn hatten die Planungsingenieure ein Einsteuerungsverfahren entwickelt und in Microsoft Excel unter Verwendung von Visual Basic implementiert. Es beruht auf einer zufälligen Erzeugung von Montagereihenfolgen, die manuell nachbearbeitet und auf der Grundlage eines Satzes von Kriterien bewertet werden. Die Kriterien werden einzeln auf jeden Fertigungsauftrag der Montagereihenfolge angewandt. Ausgehend vom aktuell betrachteten Fertigungsauftrag wird dabei jeweils die Teilsequenz der zwei bis zehn unmittelbar vorangegangenen Fertigungsaufträge analysiert. Die Länge dieser Teilsequenz wird im Folgenden als Reichweite des Kriteriums bezeichnet. Auf der Grundlage der Attribute der Fertigungsaufträge innerhalb der Reichweite wird bestimmt, ob das jeweilige Kriterium für den aktuell betrachteten Fertigungsauftrag erfüllt ist oder nicht. Wenn ein Kriterium nicht erfüllt ist, wird der Fertigungsauftrag mit einem Strafwert belegt. Die Summe der Strafwerte für alle Fertigungsaufträge und alle definierten Kriterien beschreibt die Güte einer Reihenfolge.

Die Kriterien repräsentieren die Erfahrungen und Kenntnisse der Planungsingenieure und bilden die Grundlage für die Definition der Zielfunktion in einem zu entwickelnden Optimierungswerkzeug. Durch die Kombination mehrerer Kriterien kann ein Zielsystem aus mehreren gleichzeitig verfolgten Teilzielen abgebildet werden. Die Bewertung beruht auf einfachen numerischen Berechnungen und erfordert keine Simulation. Bei der vorliegenden Lösung wurden die gefundenen Verbesserungen manuell in Microsoft Excel verwaltet.

Die bisherige Lösung ist mit einer Reihe von Nachteilen verbunden:

- Die Qualität der Planungsergebnisse ist ungenügend. In der Regel gelingt es nicht, eine Reihenfolge zu finden, die allen Kriterien genügt.
- Der Aufwand für einen einzelnen Planungslauf ist relativ hoch, da der Fertigungsplaner jede Verletzung eines Kriteriums in der zufällig generierten Einsteuerungsreihenfolge durch Umsortieren der Aufträge manuell beheben muss.
- Die Verwaltung der Kriterien erfordert erheblichen manuellen Aufwand. Eine Änderung der in den Kriterien zu berücksichtigenden Attribute und Änderungen in deren Wertebereichen erfordern eine Anpassung des Visual-Basic-Quellcodes.
- Komplexe Kriterien können nicht oder nur schwierig abgebildet werden.
- Die Arbeit mit mehreren gleichzeitig anzuwendenden Kriterien ist sehr unübersichtlich.

Um die genannten Nachteile der Excel-basierten Planungsumgebung zu beheben, sollte eine neue Lösung entwickelt werden.

11.2 Optimierungsaufgabe

11.2.1 Optimierungsziel

Bei der Fertigungssteuerung werden mehrere Zielfunktionen zur Bewertung des Produktionsablaufs herangezogen. Als Hauptziel wird eine Nivellierung der Arbeitsinhalte an den Montagestationen verfolgt. Dadurch können etwaige Überschreitungen der Taktzeit kompensiert werden, ohne dass es zu Produktionsunterbrechungen kommt. Der Produktionsablauf wird robuster gegenüber kleinen Störungen. Kosten, die durch eine zeitlich schwankende Auslastung der Arbeitsstationen entstehen, werden vermieden. Zu den Nebenzielen der Reihenfolgeplanung gehört zum einen die termingerechte Auslieferung der bestellten Fahrzeuge. Zum anderen sollen die Durchlaufzeiten minimiert werden, was in diesem Fall der Minimierung der mittleren Verweilzeit der Fahrzeuge im Lager entspricht.

Ein weiteres Ziel beim Entwurf des neuen Einsteuerungsverfahrens bestand darin, dass dieses eine langfristig annähernd gleichbleibende Planungsqualität ermöglicht. Dies ist insbesondere deshalb von Bedeutung, weil sich die äußeren Bedingungen durch die Entwicklung und Einführung neuer Fahrzeugmodelle sowie die fortlaufende Optimierung des Produktionssystems im Zeitverlauf ändern.

11.2.2 Zusammenhänge

Abbildung 11.2 gibt einen Überblick über das Planungsproblem und seine Lösung mit Hilfe von Simulations- und Optimierungswerkzeugen: Eingangsgröße der Planung ist eine Liste von anstehenden Fertigungsaufträgen, die das Fertigungssteuerungssystem aus der Lagerverwaltung erhält. Diese Liste beschreibt jeden Fertigungsauftrag (also jedes zu bauende Fahrzeug) durch einen Datensatz, der die planungsrelevanten Charakteristika des Fertigungsauftrags in Form von numerischen oder Zeichenketten-Attributen enthält.

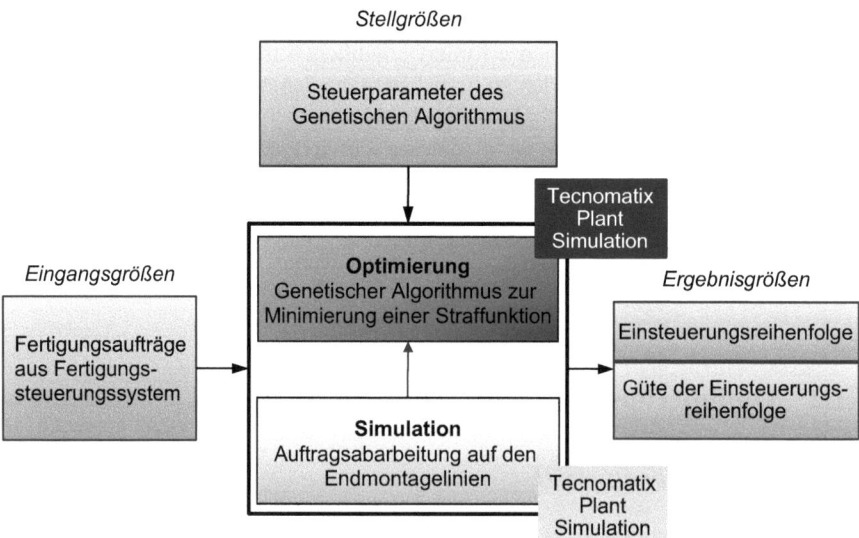

Abb. 11.2 Kontext des Optimierungsproblems

Die Abarbeitung der Fertigungsaufträge auf den Montagelinien wird mit Hilfe von Tecnomatix Plant Simulation simuliert. Simulationsrelevant sind dabei insbesondere das Abzugsverhalten der Montagelinien und die Entwicklung des Auftragsbestandes im Lager.

Zu Beginn des Simulationslaufs wird mittels eines Genetischen Algorithmus (GA) die Einsteuerungsreihenfolge derjenigen Fertigungsaufträge festgelegt, die sich zu diesem Zeitpunkt im Lager befinden. Während die eingesteuerten Fertigungsaufträge abgearbeitet werden, treffen neue Fertigungsaufträge aus der Lackiererei im Lager ein. Bei Bedarf initiiert das Simulationsmodell rollierend neue Planungsläufe, die die Einsteuerungsreihenfolge der zwischenzeitlich im Lager eingetroffenen Fertigungsaufträge bestimmen. Die Optimierungsläufe werden also vom Simulationsmodell angestoßen und durch den GA ausgeführt. Während eines einzelnen Optimierungslaufs ist keine Simulation erforderlich, und die Simulationsuhr läuft nicht weiter. Die Zielfunktion des Optimierungsmodells basiert ausschließlich auf den Attributen der zu sortierenden Fertigungsaufträge.

Im Zuge eines Simulationslaufs wird der GA mehrfach ausgeführt und bildet mehrere Einsteuerungsreihenfolgen, die zur Gesamtreihenfolge der Fertigungsaufträge verkettet werden. Auf deren Grundlage wird der Fertigungsprozess simuliert. Die Simulationsergebnisse geben Auskunft über die Güte der gefundenen Reihenfolge.

Die Systemarchitektur erlaubt den Vergleich unterschiedlicher Auslegungen des GA und ist offen für den Einsatz alternativer Planungsverfahren (Kap. 11.5.3).

11.2.3 Stellgrößen

Primäre Stellgröße – also unabhängige Variable des Optimierungsproblems – ist die Einsteuerungsreihenfolge der Fertigungsaufträge. Diese Reihenfolge wird durch ein Optimierungsverfahren (in diesem Fall einen GA) festgelegt.

Die sekundären Stellgrößen bestimmen das Verhalten des GA und die Steuerung des Aufrufs der Optimierung. Beispiele für eine sekundäre Stellgröße sind die Anzahl der bei einem Optimierungslauf freigegebenen Fertigungsaufträge und die zur Bewertung einer Einsteuerungsreihenfolge verwendeten Kriterien, die in einer Bibliothek hinterlegt sind. Anwender, die Erfahrungen mit dem Einsatz von GA haben, können die Parametrisierung von GA experimentell untersuchen.

11.2.4 Problemklasse

Im Rahmen der Fertigungssteuerung müssen zwei Teilaufgaben gelöst werden. Zunächst muss jeder eintreffende Fertigungsauftrag einer der beiden Montagelinien zugeordnet werden. Diese Teilaufgabe ist trivial: Die von einem Fertigungsauftrag zu belegende Montagelinie ergibt sich aus dem zu fertigenden Fahrzeugtyp.

Die zweite Teilaufgabe besteht darin, für beide Montagelinien separat die Reihenfolge festzulegen, in der die Fertigungsaufträge abgearbeitet werden. Da die Arbeitsstationen innerhalb der Montagelinien fest verkettet sind, handelt es sich hierbei um eine Variante des Handlungsreisendenproblems (Davis 1996, S 350 ff; Domschke u. Drexl 2005, S 142 ff).

Prinzipiell sind sämtliche Permutationen der auf einer Linie abzuarbeitenden Fertigungsaufträge zulässig. Die bei der Bildung der Einsteuerungsreihenfolge einzuhaltenden Restriktionen sind also lediglich schwache Nebenbedingungen, so genannte „Soft Constraints". Daher kann die Planungsaufgabe auch als Fuzzy Constraint Optimization Problem aufgefasst werden (Kap. 11.5.3).

11.2.5 Problemgröße

Das gemeinsame Lager enthält durchschnittlich einen Bestand von 100 lackierten Karosserien. Diese Karosserien werden zur Endmontage auf die beiden Montagelinien verteilt, wobei die Auslastung der Linien ungefähr gleich hoch ist. Der im Lager enthaltene mittlere Arbeitsvorrat für eine Montagelinie beträgt daher etwa 50 Fahrzeuge. Die Montagelinien arbeiten mit einer Taktzeit von 2 min. In einer Schicht werden auf jeder Linie etwa 200 Fahrzeuge produziert. Im gleichen Zeitraum trifft die gleiche Menge an lackierten Karosserien in einem kontinuierlichen Strom im Hochregallager ein. Zusammen mit dem mittleren Lagerbestand von 50 Fahrzeugen stehen damit im Laufe einer Schicht 250 Fertigungsaufträge zur Auswahl, aus denen 200 ausgewählt, sequenziert und abgearbeitet werden.

Die Größe des Lösungsraums ergibt sich aus folgender Überlegung: Zu Beginn des Planungszeitraums muss einer der 50 im Lager befindlichen Fertigungsaufträge ausgewählt werden. Einen Takt später muss der nächste Auftrag ausgewählt werden. Da in der Zwischenzeit eine Karosserie aus der Lackiererei im Lager eingetroffen ist, geben es wiederum 50 Wahlmöglichkeiten. Insgesamt sind im Laufe einer Schicht 200 Fertigungsaufträge zu selektieren, wobei für jede Entscheidung 50 Alternativen zur Auswahl stehen. Bezogen auf eine Schicht hat der Lösungsraum damit eine theoretische Größe von $50^{200} \approx 6{,}2 \cdot 10^{339}$ verschiedenen Einsteuerungsreihenfolgen.

11.3 Lösungsansatz

11.3.1 Optimierung mit Genetischen Algorithmen

Das Festlegen der Einsteuerungsreihenfolge ist ein komplexes Optimierungsproblem, das in der vorliegenden Größenordnung mit vertretbarem Aufwand nur näherungsweise gelöst werden kann. Dabei haben sich stochastische Verfahren bewährt – beispielsweise GA (Davis 1996). GA gehören zu den sogenannten Evolutionären

Algorithmen und sind iterative Suchverfahren, die auf den Prinzipien der biologischen Evolution beruhen. In jeder Iteration (Generation) wird eine Menge (Population) von Lösungen (Individuen) betrachtet. Die Zielfunktionswerte (Fitness) dieser Lösungen werden bestimmt. Anschließend werden aus den Individuen der aktuellen Generation die Individuen der nächsten Generation (Nachkommen) gebildet. Dies geschieht in drei Schritten:

- Selektion: Aus der aktuellen Generation werden diejenigen Individuen ausgewählt, aus denen die Individuen der nächsten Generation abzuleiten sind. Diese Wahl ist zwar stochastisch, erfolgt aber so, dass Individuen mit hoher Fitness mit einer größeren Wahrscheinlichkeit selektiert werden. Die Eigenschaften dieser Individuen finden sich daher in der nächsten Generation vermehrt wieder.
- Rekombination: Aus zwei Eltern-Individuen werden zwei neue Individuen gebildet, die jeweils Eigenschaften beider Eltern besitzen.
- Mutation: Die neuen Individuen werden zufällig lokal modifiziert. Dadurch können völlig neue Eigenschaften entstehen, die es in der Population bisher nicht gab.

Zu Evolutionären Algorithmen im Allgemeinen und ihrer Anwendung in der Produktionsplanung und -steuerung im Besonderen existiert eine reichhaltige Literatur (z. B. Davis 1996; Nissen 2000). Entscheidend für den Erfolg ihres Einsatzes sind die Wahl einer geeigneten Kodierung der Lösungen, die verwendeten Rekombinations- und Mutationsoperatoren sowie die Werte der Verfahrensparameter (Populationsgröße, Mutationsrate usw.). Letzteres wird ausführlich in Döring (2004) diskutiert.

11.3.2 *Genetischer Algorithmus zur Auftragseinsteuerung*

Werden GA zur Auftragseinsteuerung genutzt, so entspricht ein Individuum der Einsteuerungsreihenfolge einer Menge von Aufträgen. Codiert wird das Individuum als Vektor ganzer Zahlen. Das n-te Element des Vektors enthält die Nummer des Fertigungsauftrags, der als n-tes Fahrzeug auf der Montagelinie bearbeitet werden soll. Zur Bildung der Nachkommen werden die Crossover-Operatoren „Order Crossover" und „Partially Matched Crossover" verwendet, als Mutationsoperatoren kommen Inversion und Austausch zum Einsatz (zur Definition der Operatoren s. z. B. Sivanandam u. Deepa (2008, S 86 ff).

Der GA minimiert eine zusammengesetzte Zielfunktion, die einerseits Termintreue und kurze Durchlaufzeiten als klassische Ziele der Fertigungssteuerung abbildet und andererseits eine gleichmäßige Kapazitätsauslastung fördert. Um das komplexe Zielsystem abbilden und das Expertenwissen der Planer bei der Festlegung der Einsteuerungsreihenfolge nutzen zu können, wurde bei der Umsetzung des GA auf das Konzept der Kriterien zurückgegriffen, das schon Grundlage der Excel-basierten Planungslösung war. Dabei wird jeder Fertigungsauftrag im Kontext seiner Position in der Einsteuerungsreihenfolge betrachtet und hinsichtlich einer Menge von Kriterien bewertet. Bei Nichterfüllung eines Kriteriums wird der entsprechende

Fertigungsauftrag mit einem Strafwert belegt. Die Summe der Strafwerte über alle Kriterien und Fertigungsaufträge ist ein Maß für die Güte der Einsteuerungsreihenfolge.

Kriterien können direkt klassischen Zielen der Produktionsplanung und -steuerung entsprechen. Ein Beispiel dafür ist das Kriterium „Termintreue": Die aus der Position eines Fertigungsauftrags in der Einsteuerungsreihenfolge resultierende Verspätung ist direkt proportional zum Strafwert, mit dem der Auftrag belegt wird. Die im Zusammenhang mit der Reihenfolgeplanung wichtigeren Kriterien bilden jedoch nicht unmittelbar Ziele ab, sondern Regelwissen der Fertigungsplaner: Beispielsweise führt das Aufeinanderfolgen von zwei Fahrzeugen mit der gleichen Motorvariante zu einer Belastungsspitze und ist mit dem Risiko einer Taktzeitüberschreitung verbunden. Deshalb wurde als Kriterium definiert, dass ein Fertigungsauftrag nicht die gleiche Motorisierung aufweisen darf wie der unmittelbar vorausgehende Auftrag. Tut er es doch, wird er entsprechend bestraft. Die Höhe der Strafwerte der einzelnen Kriterien entspricht ihrer Wichtigkeit beziehungsweise dem wirtschaftlichen Nutzen, der ihnen beigemessen wird. Das Ziel der Optimierung besteht also in der Ermittlung einer Reihenfolge, die die Summe der Strafwerte minimiert.

11.4 System- und Modellarchitektur

11.4.1 Softwareumgebung

Als Plattform für die Umsetzung des Planungssystems wurde das Simulationssystem Tecnomatix Plant Simulation gewählt. Plant Simulation bietet eine Bibliothek von grundlegenden Objekten zur grafischen Modellierung des Material- und Informationsflusses in allgemeinen Produktions- und Logistiksystemen (Siemens 2009). Fertigungsaufträge werden durch bewegliche Elemente modelliert, die die charakterisierenden Fahrzeugattribute tragen. Überdies besitzt Plant Simulation eine integrierte Optimierungskomponente auf der Grundlage von GA. Anpassungen an geänderte Problemstellungen und die Parametrisierung des GA sind über Dialoge möglich und erfordern keine zusätzliche Programmierung. Da Plant Simulation unter Microsoft Windows läuft und eine Schnittstelle zu Microsoft Excel besitzt, war im Projekt die Übernahme der planungsrelevanten Daten aus den vorliegenden Datenquellen leicht möglich.

11.4.2 Modellierung des Fertigungssystems

Das Modell des gesamten Fertigungssystems besteht aus einer Komponente, die die Auftragsreihenfolge in der Lackiererei bestimmt, dem Lager, zwei Montagelinien, denen jeweils ein Montagepuffer vorgeschaltet ist, und dem Versand. Zwischen

11 Simulationsbasierte Optimierung der Einsteuerungsreihenfolge 125

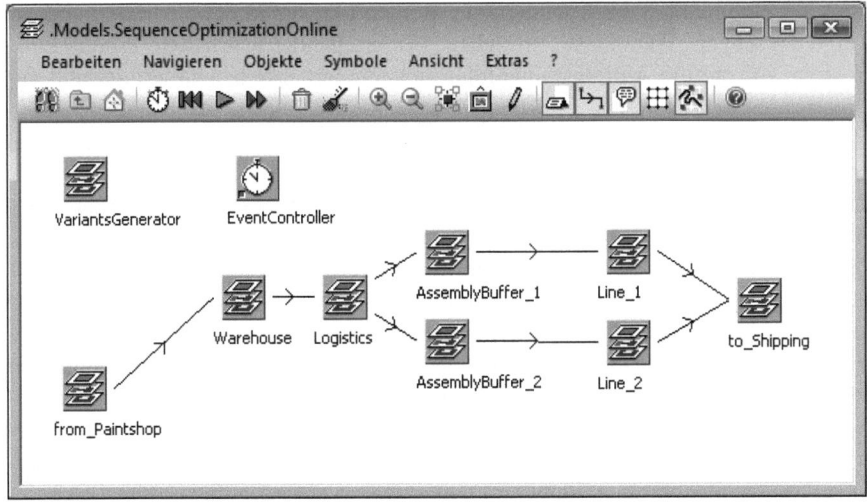

Abb. 11.3 Modell des Fertigungssystems

dem Lager und den Montagepuffern befindet sich der Baustein „Logistics", der die Fertigungsaufträge entsprechend des Fahrzeugtyps auf die Montagelinien verteilt. Zur Modellierung von Verteilstrategien verfügen die Materialflussobjekte in Plant Simulation über Ausgangssteuerungen, so dass der Materialfluss ohne Programmierung abgebildet werden kann.

Durch die Verwendung von hierarchischen Modellierungstechniken bleibt das Modell trotz seiner Komplexität sehr übersichtlich, wie Abb. 11.3. Modell des Fertigungssystems zeigt. Die als Symbole dargestellten Systemelemente sind sogenannte Netzwerke, die die detaillierte Modellierung der jeweiligen Systemkomponente beinhalten.

Die Montagepuffer „AssemblyBuffer_1" und „AssemblyBuffer_2" modellieren die Kapazitäten des Umlaufbestandes. Tritt auf einer Montagelinie eine Störung ein, so verhindern diese Puffer, dass der Baustein „Logistics blockiert". Unterschreitet der Bestand eines Montagepuffers einen gewissen Mindestbestand, so wird eine Sequenz von Aufträgen aus dem Lager freigegeben. Die freigegebene Auftragsreihenfolge wird an die bereits freigegebene Montagereihenfolge angehängt. Jeder Fertigungsauftrag entspricht einem beweglichen Element des Simulationsmodells, das alle Eigenschaften des Auftrags besitzt, den es repräsentiert. Für jeden Fahrzeugtyp gibt es verschiedene Ausstattungsvarianten, die durch weitere acht Attribute beschrieben werden. Abhängig vom Fahrzeugtyp haben einige Fahrzeugattribute bis zu 20 verschiedene Werte.

Die Reihenfolge, in der die Aufträge die Lackieranlage verlassen, wurde in zwei unterschiedlichen Detaillierungsgraden modelliert: Zunächst wurden der Rohbau und die Lackieranlage entsprechend der vorliegenden fahrzeugtypabhängigen Daten mit einem relativ hohen Abstraktionsgrad modelliert und im Netzwerk „from_Paintshop" gekapselt (Abb. 11.3). Bei dieser Modellierung kam es besonders auf eine realistische Abbildung der Reihenfolge an, in der die Fertigungsaufträge das Lager „Warehouse" erreichen. Hintereinander geschaltete Produktionsressourcen, die die Auftragsreihenfolge unverändert lassen, wurden deshalb zusammengefasst.

Um die Planungsqualität der bisherigen und der neu entwickelten Lösung zu vergleichen, wurden für die Simulation der Auftragsreihenfolge nur wenige Fahrzeugattribute betrachtet. Die Kenntnis der Werte der Attribute und deren Häufigkeiten reichen aus, um hinreichend realitätsnahe Auftragsreihenfolgen zu generieren. Zwar gibt es bedingt durch die Reihenfolgebildung in der Lackiererei im Strom der eintreffenden Fertigungsaufträge eine starke Autokorrelation bezüglich der Fahrzeugfarbe, die übrigen Attribute der Fertigungsaufträge sind jedoch nicht autokorreliert. Diese Tatsache eröffnet die Möglichkeit, realitätsnahe Auftragsreihenfolgen ohne explizite Modellierung von Rohbau und Lackierung zu generieren: Plant Simulation verfügt über den Assistenten „VariantsGenerator", mit dessen Hilfe Häufigkeitstabellen für Kombinationen von Attributausprägungen erzeugt werden können. Das Quellenobjekt in Plant Simulation wertet diese Häufigkeitstabellen beim Erzeugen der Fertigungsaufträge aus. Kombinationen von Attributausprägungen, die in der Praxis nicht vorkommen, kann der Anwender verbieten. Der Assistent „VariantsGenerator" unterstützt damit effizientes Experimentieren und Sensitivitätsanalysen.

Mit dem Assistenten „VariantsGenerator" können verschiedene Belegungen des Lagers erzeugt werden, die es erlauben, die Robustheit des Planungsverfahrens unter verschiedenen Anwendungsbedingungen zu untersuchen. Versuche zu Parametrisierung des GA können auf diese Weise effizient durchgeführt werden. Durch Umlegen der Materialflusskante zwischen den Objekten „Warehouse" und „VariantsGenerator" beziehungsweise „from_Paintshop" wird zwischen beiden Modellierungsvarianten umgeschaltet (Abb. 11.3).

11.4.3 Bewertung von Reihenfolgen

Die Fertigungsplaner haben die für die Einsteuerungsreihenfolge relevanten Kriterien identifiziert und gegeneinander gewichtet. Zur Bewertung einer Einsteuerungsreihenfolge werden alle betrachteten Regeln nacheinander auf alle Fertigungsaufträge angewendet. Die meisten Kriterien besitzen die logische Struktur einer Regel: Wenn das Kriterium für einen Fertigungsauftrag nicht erfüllt ist, dann wird der Strafwert erhöht. Ist die Bedingung der Regel nicht erfüllt, so gilt das Kriterium als erfüllt und der Strafwert des Fertigungsauftrags bleibt unverändert. Ein häufig verwendetes Kriterium verlangt, dass sich die Motorvarianten zweier unmittelbar aufeinander folgender Fahrzeuge voneinander unterscheiden. Es handelt sich also um ein Kriterium der Reichweite 2.

Es wurden generische Kriterien beliebiger Reichweite implementiert. Im Allgemeinen sind für solche Kriterien für jedes Attribut Paare von Werten hinterlegt, deren gemeinsames Auftreten innerhalb der Reichweite unerwünscht sind. Verbal könnte ein Kriterium der Reichweite 3 beispielsweise als folgende Regel formuliert werden: Wenn das aktuell betrachtete Fahrzeug die Motorvariante „1,4" besitzt und eines der vorangegangenen zwei Fahrzeuge mit einer der Motorvarianten „1,2" oder „1,4" ausgestattet ist, dann wird der Strafwert des betrachteten Fahrzeugs um den Wert 5 erhöht.

Eine Regel ist durch den Strafwert, die Reichweite und einen Satz von Attributen mit unerwünschten Wertekombinationen gekennzeichnet. Für den Aufbau eines adäquaten Regelsystems können Regeln einzeln aktiviert und parametrisiert werden. Die objektorientierte Simulationssoftware Plant Simulation unterstützt die Entwicklung und Wiederverwendung eines Regelsystems zur Reihenfolgeoptimierung: Die Regeln werden als Methoden in der Programmiersprache SimTalk definiert und inklusive ihrer Parameter in modellinternen Tabellen verwaltet.

11.4.4 Optimierung der Reihenfolge aller Aufträge einer Schicht

In den ersten Simulationsstudien wurde mit Hilfe des GA die gesamte Auftragsreihenfolge für eine Schicht in jeweils einem einzelnen Optimierungslauf bestimmt. In einer Schicht werden etwa 200 Fahrzeuge produziert. Wie bei der Excel-basierten Lösung werden im Rahmen der Optimierung mehrere Auftragsreihenfolgen zufällig erzeugt und entsprechend der Kriterien bewertet. Für die Bewertung einer Auftragsreihenfolge genügt eine numerische Berechnung, die die Kriterien nacheinander auf alle Fertigungsaufträge in der Einsteuerungssequenz anwendet. Nach Abschluss der Optimierung werden die Auswirkungen der ermittelten Auftragsreihenfolge auf den Fertigungsprozess durch den eigentlichen Simulationslauf ermittelt.

Da GA nicht in der Lage sind, optimale Lösungen als solche zu identifizieren, hilft eine grafische Auswertung, die Konvergenz des Verfahrens visuell zu erkennen und den Optimierungslauf zu beenden, wenn keine Verbesserungen mehr zu erwarten sind. Der Graph der Leistungsbewertung (Abb. 11.4 Graph zur Leistungsbewertung einer Optimierung) zeigt den Fortschritt der Verbesserung der besten, der mittleren und der schlechtesten Bewertung der Individuen in einer Population. Diese Auswertung zeigt ein typisches Verhalten der GA: Die bei einem Generationswechsel zufällig gefundene Verbesserung führt über mehrere Generationen zur Verbesserung aller Lösungen.

11.4.5 Rollierende Optimierung von Teilreihenfolgen

Die Einsteuerungsreihenfolge für alle Aufträge einer Schicht in einem einzigen Optimierungslauf festzulegen, führt bereits zu einer wesentlichen Verbesserung gegenüber dem bisherigen Verfahren. Für den produktiven Einsatz wurde jedoch ein Vorgehen gewählt, bei dem in einem Optimierungslauf nicht die Gesamtreihenfolge aller Fertigungsaufträge, sondern jeweils nur eine Teilsequenz der als nächstes

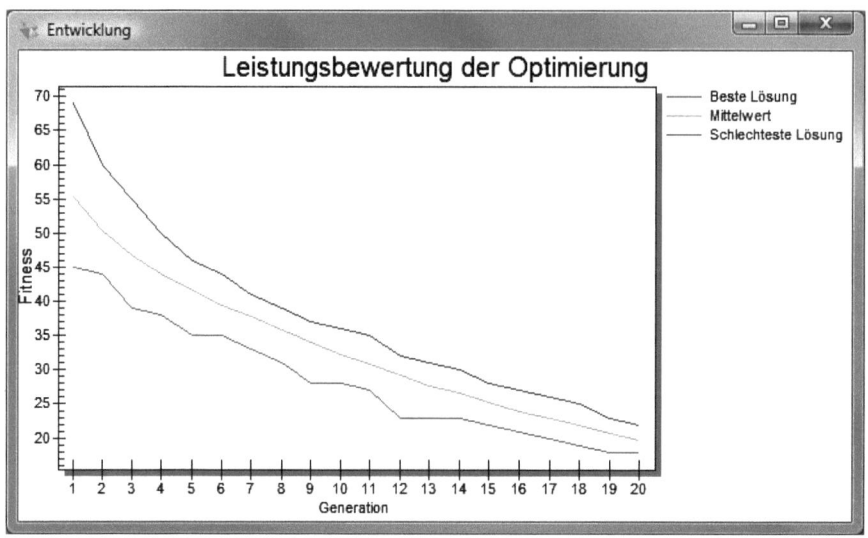

Abb. 11.4 Graph zur Leistungsbewertung einer Optimierung

freizugebenden Aufträge bestimmt wird. Die Anzahl dieser Aufträge ist ein Verfahrensparameter. Im Projekt wurde mit 10 Aufträgen gearbeitet, so dass 20 Optimierungsläufe pro Schicht und Montagelinie erforderlich sind, um die Einsteuerungsreihenfolge für alle 200 Fertigungsaufträge zu ermitteln.

Abbildung 11.5 zeigt die interne Modellierung der beiden Montagepuffer und des Lagers. Diese rollierende Optimierung wird folgendermaßen realisiert: Das Lager „Warehouse" registriert eingehende Fahrzeuge entsprechend ihrem Typ in einem der beiden Montagepuffer „AssemblyBuffer_1" oder „AssemblyBuffer_2". Die Liste „SequenceIn" enthält jeweils die Aufträge, die durch eine Optimierung für eine Montagelinie freigegeben werden sollen. Bereits freigegebene Aufträge sind in den Listen „SequenceOut" der Montagepuffer und „DeliveryQueue" des Lagers enthalten. Die Liste „DeliveryQueue" enthält Aufträge beider Montagepuffer und wird nach der Strategie FIFO (First In First Out) zyklisch geleert. Die entnommenen Aufträge werden dem Baustein „Logistics" zugeführt. Nach jedem Optimierungslauf hängen die Montagepuffer die freigegebenen Aufträge am Ende der Liste „DeliveryQueue" an. Die Liste „SequenceOut" enthält die Liste der freigegebenen Aufträge für die jeweilige Montagelinie. Die Fahrzeuge zu diesen Aufträgen befinden sich im Lager, im Baustein „Logistics" oder auf dem Baustein „BufferOut" des betroffenen Montagepuffers. Verlässt ein Fahrzeug den Puffer „BufferOut", so gelangt es in die Montage („Line_1" beziehungsweise „Line_2") und wird aus der Liste „SequenceOut" der freigegebenen Aufträge gestrichen.

Die Optimierung läuft bei angehaltener Simulationsuhr und für jede der beiden Montagelinien separat. Ist die Liste der freigegebenen Aufträge leer, so ist ein neuer Freigabeprozess notwendig und der nächste Optimierungslauf wird gestartet, der Aufträge aus der Liste „SequenceIn" auswählt.

11 Simulationsbasierte Optimierung der Einsteuerungsreihenfolge 129

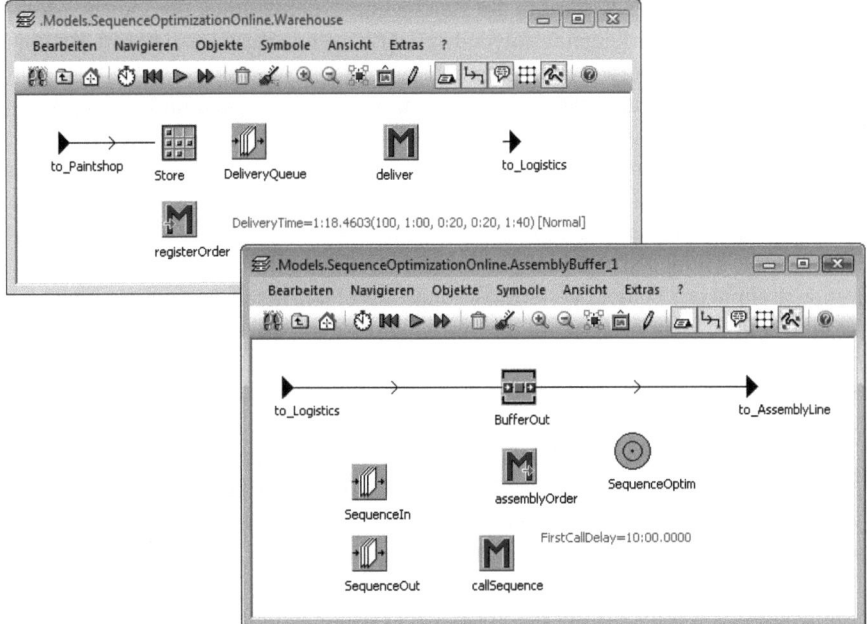

Abb. 11.5 Steuerung der Optimierung

Das Chromosom eines Individuums enthält die Reihenfolge aller Aufträge der Liste „SequenceIn", die Einhaltung der Kriterien wird jedoch nur für die im aktuellen Optimierungslauf freizugebenden 10 Fertigungsaufträge betrachtet (s. o.). In die Bewertung fließen einige der zuletzt freigegebenen Aufträge ein. Die Anzahl dieser Aufträge ist durch die maximale Reichweite aller betrachteten Kriterien bestimmt. Dadurch wird sichergestellt, dass die Kriterien auch an den Übergangsstellen untersucht werden.

Bei rollierender Optimierung steigt der Aufwand für das Ermitteln der Gesamtreihenfolge aller Fertigungsaufträge proportional zur Anzahl der betrachteten Fertigungsaufträge (also der Länge des Planungszeitraums). Da demgegenüber die Größe des Lösungsraums mit wachsendem Planungszeitraum exponentiell zunimmt (Kap. 11.2.5), ist die rollierende Optimierung für Probleme praxisrelevanter Größenordnung der überlegene Ansatz.

11.5 Bewertung des Verfahrens

11.5.1 Qualität der Planungsergebnisse

Um die Qualität des neuen Einsteuerungsverfahrens zu bewerten, wurden sowohl die Excel-basierte Lösung als auch der GA verwendet. Die Excel-basierte Lösung verwendet ein einziges Kriterium der Reichweite 2, demzufolge der gleiche Motorentyp nicht in zwei aufeinanderfolgenden Fahrzeugen verbaut werden soll. Bedingt durch die Art und Weise der Implementierung ist es schwierig, in der Excel-basierten Lösung Kriterien größerer Reichweite zu definieren oder mehrere Kriterien gleichzeitig zu berücksichtigen.

Als Testproblem dienten Vergangenheitsdaten einer Wochenproduktion. Das entspricht einem Planungszeitraum von zehn Schichten mit etwa 2.000 Fertigungsaufträgen. Insgesamt wurde das Kriterium im Planungszeitraum 15-mal nicht eingehalten, im Mittel also 1,5-mal pro Schicht. Im schlechtesten Fall wurde das Kriterium dreimal pro Schicht verletzt. Besonders problematisch für die Excel-basierte Lösung sind Schichtwechsel, da die einzelnen Planungsperioden vollständig separat betrachtet werden. Die ersten Fertigungsaufträge einer neuen Schicht werden also festgelegt, ohne die letzten Aufträge der vorangegangenen Schicht zu berücksichtigen.

Der GA verwendete eine Populationsgröße von 50. Die Optimierung lief über 20 Generationen. In jeder Generation wurden 100 neue Lösungen gebildet. Da bei jedem Generationswechsel 100 Individuen zu bewerten waren, erforderte ein Optimierungslauf $50 + 19 \cdot 100 = 1.950$ Bewertungen.

Das auf GA basierende Verfahren fand eine Einsteuerungsreihenfolge, die wesentlich besser war als die mit der vorherigen Lösung gefundene und das Kriterium gar nicht verletzte. Damit erwies sich der GA dem bisherigen Planungsverfahren bereits in der stark vereinfachten Konfiguration mit nur einem Kriterium der Reichweite 2 als deutlich überlegen. Von großer Bedeutung ist auch die Tatsache, dass es mit geringem Aufwand möglich ist, eine beliebige Zahl von Kriterien zu definieren, die auch eine Reichweite größer als zwei besitzen können. Um der Komplexität des realen Produktionsprozesses gerecht zu werden, ist das unerlässlich. Methodisch besitzt der entwickelte GA zudem den Vorteil, Kriterien auch über Schichtgrenzen hinweg auszuwerten.

11.5.2 Aufwand-Nutzen-Betrachtung

Der gesamte Projektaufwand belief sich auf etwa zehn Personentage. Innerhalb von sieben Tagen konnte unter Verwendung von GA eine Lösung präsentiert werden, deren Qualität die der manuell gefundenen Lösungen bei weitem übertraf. Die Implementierung der Optimierung mit GA in Plant Simulation erforderte nur wenig Programmieraufwand. Das erstellte Simulationsmodell ermöglicht den Fertigungsplanern, Reihenfolgeoptimierungen in der Produktionsanlage bei veränderlichen Attributkombinationen ohne zusätzliche Programmierung vorzunehmen. Der Erfolg des Projektes war nur möglich, weil Kenntnisse und Erfahrungen des Kunden einfließen konnten. Der im Vorfeld des Projektes von Kundenseite erbrachte, nicht unerhebliche Aufwand zum Aufbau dieses Wissens erschwert eine quantitative Kosten-Nutzen-Analyse.

11.5.3 Alternative Ansätze

Wie bereits erwähnt, verwendet die bisherige Excel-basierte Lösung ausschließlich Kriterien der Reichweite 2, das heißt, es werden jeweils nur der als nächstes freizugebende Fertigungsauftrag und sein unmittelbarer Vorgänger betrachtet. In diesem Spezialfall ist das Einsteuerungsproblem für einen gegebenen Planungshorizont (z. B. eine Schicht) identisch mit dem Problem, in einem gewichteten Graphen den kürzesten Pfad zu finden, der alle Knoten enthält. Dabei werden die Strafwerte für alle möglichen Paare aufeinanderfolgender Fertigungsaufträge als Bewertungen der Kanten eines Graphen interpretiert, dessen Knoten die Fertigungsaufträge repräsentieren. Der kürzeste Pfad durch alle Knoten dieses Graphen entspricht der optimalen Einsteuerungsreihenfolge.

Der genannte Spezialfall kann auch als Problem des reihenfolgeabhängigen Rüstens gedeutet werden: Die Strafwerte für alle möglichen Paare aufeinanderfolgender Fertigungsaufträge werden dann als Elemente der Rüstzeitmatrix gesehen. Das Planungsproblem besteht darin, eine Auftragsreihenfolge zu finden, für die die Summe der Rüstzeiten minimal wird.

Beide Interpretationen erlauben, alle Verfahren anzuwenden, die für die genannten Probleme entwickelt wurden. Letztendlich bleiben diese Ansätze jedoch unbefriedigend, weil die Beschränkung auf Kriterien der Reichweite 2 der realen Problemstellung nicht genügt.

Ein weiterer interessanter Ansatz zielt auf die Unschärfe der Beziehungen zwischen Auftragseigenschaften, Auftragsreihenfolge und dem resultierenden Kapazitätsbelastungsprofil ab. Felix u. a. berichten über den erfolgreichen Einsatz der Fuzzy-Logik zur Lösung des Einsteuerungsproblems in der Automobil-Endmontage (Felix et al. 1996; Felix 2008). Dabei werden die Beziehungen zwischen Entscheidungsalternativen und Zielen durch unscharfe Mengen repräsentiert. Da diese Beziehungen in der Regel nicht analytisch ableitbar sind, werden sie mittels statistischer Methoden aus Prozessdaten gewonnen, die entweder realen Vergangenheitsdaten oder protokollierten Simulationsläufen entsprechen.

11.6 Fazit und Ausblick

Bedingt durch den begrenzten Projektumfang konnten nicht alle Untersuchungen durchgeführt werden, die wünschenswert gewesen wären: Um die Qualität des neuen Planungsverfahrens realistisch einzuschätzen, müssen die Montagelinien in dem Simulationsmodell detaillierter abgebildet werden: Erst die explizite Modellierung der einzelnen Arbeitsstationen, der Schichtmodelle sowie des Ausfallverhaltens der Produktionsressourcen erlaubt eine umfassende und statistisch gesicherte Analyse. Nichtsdestotrotz konnte die Überlegenheit des GA gegenüber dem bisherigen Excel-basierten Verfahren eindrucksvoll gezeigt werden.

Zur weiteren Steigerung der Planungsqualität wurde im Anschluss an das Projekt der Satz der verwendeten Kriterien ausgebaut. Dies erfolgte durch einen Key-Anwender vor Ort. Das zur Implementierung weiterer Regeln notwendige Wissen über das Simulationssystem Plant Simulation wurde im Rahmen des Projektes vermittelt.

Ein kritischer Punkt bleibt zunächst die Identifikation der Kriterien, anhand derer Auftragsreihenfolgen bewertet werden. Bisher basieren sie auf dem Expertenwissen der Fertigungsplaner, die ihre Erfahrungen aus der Beobachtung des laufenden Produktionsprozesses gewinnen. Größere Änderungen des Produktionssystems (z. B. im Rahmen von Modell- oder Technologiewechseln) erfordern unter Umständen Änderungen der Kriterien. Um diese bereits in der Phase der taktischen Prozessplanung antizipieren zu können und nicht erst ex post nach dem Produktionsanlauf zu ermitteln, wird ebenfalls eine detaillierte Modellierung der Montagelinien benötigt. Ein solches Modell würde den Planern dabei helfen, geplante Neuauslegungen der Montagelinien zu analysieren.

Das im vorliegenden Beitrag beschriebene Projekt hat gezeigt, dass der Ansatz der Reihenfolgeoptimierung auf der Grundlage Genetischer Algorithmen ein erfolgreiches Konzept ist. Die von Tecnomatix Plant Simulation zur Verfügung gestellten Funktionen ermöglichen den effizienten und robusten Einsatz Genetischer Algorithmen, wobei kein oder nur geringer Programmieraufwand erforderlich ist.

Literatur

Davis L (1996) Handbook of genetic algorithms. International Thomson Computer Press, London

Domschke W, Drexl A (2005) Einführung in Operations Research. 5. Aufl. Springer, Berlin

Döring T (2004) Wissensbasierte Parametrisierung von Planungsverfahren. Dissertation, Technische Universität Ilmenau, Ilmenau

Felix R (2008) Real world applications of a fuzzy decision model based on relationships between goals for finance services and sequencing for the assembly of cars. Soft Computing – a fusion of foundations. Method Appl 12(2):129–135

Felix R, Kuhlen J, Albersmann R (1996) The optimization of capacity utilization with a fuzzy decision support model. In: Proceedings of the 5th IEEE international conference on fuzzy systems, Bd 2. S 997–1001

Nissen V (2000) Einführung in Evolutionäre Algorithmen. Vieweg, Braunschweig

Siemens AG (2009) Tecnomatix Plant Simulation Hilfe. Online-Hilfe zu Tecnomatix Plant Simulation 9.0

Sivanandam SN, Deepa SN (2008) Introduction to genetic algorithms. Springer, Berlin

Kapitel 12
Integrierte Programm- und Personaleinsatzplanung sequenzierter Produktionslinien

Lothar März, Thorsten Winterer, Walter Mayrhofer und Wilfried Sihn

12.1 Einleitung

Inhalt des Beitrages ist die Beschreibung einer integrierten Produktionsprogramm- und Personaleinsatzplanung für sequenzierte Produktionslinien. Dazu wurde das Sequenzierungswerkzeug der Fa. flexis AG mit einer ereignisdiskreten Simulation zur Bewertung der Reihenfolgebildung unter Berücksichtigung personeller und prozessoraler Restriktionen gekoppelt.

12.1.1 Unternehmen

Die flexis AG wurde 1997 durch Mitarbeiter des Fraunhofer-Institut für Produktionstechnik und Automatisierung IPA in Stuttgart gegründet und ist seit über zehn Jahren Lösungslieferant und Ansprechpartner für die Automobil- und die Zulieferindustrie. Flexis entwickelt und realisiert auf Basis von standardisierten Modulen kundenorientierte Lösungen, die sowohl einen schlanken Kundenauftragsprozess, als auch eine durchgängige und integrierte Vertriebs- und Produktionsplanung ermöglichen.

Die Produkte der flexis AG sind bei internationalen Unternehmen wie Daimler, MAN, oder einem führenden japanischen Automobilunternehmen seit Jahren erfolgreich im Einsatz: Von der langfristigen Bedarfs-Kapazitäts-Planung bis zur Sequenzierung im Kurzfristbereich bietet flexis ein ganzheitliches Lösungsspektrum zur Optimierung des Kundenauftragsprozesses.

L. März (✉)
LOM Innovation GmbH & Co. KG, Kemptener Straße 99, 88131 Lindau (Bodensee), Deutschland, www.lom-innovation.de
E-Mail: lothar.maerz@lom-innovation.de

Institut für Managementwissenschaften, Technische Universität Wien, Theresianumgasse 27, 1040 Wien, Österreich, www.imw.tuwien.ac.at

12.1.2 Wissenschaftlicher Partner

Die Technische Universität Wien wurde 1815 als k. k. polytechnisches Institut gegründet und hat sich in mehreren Schritten zur Technischen Universität (1975) entwickelt. In der Forschung setzt die TU Wien national und international wichtige Akzente. Das Zusammenwirken solider Grundlagenforschung mit ingenieurswissenschaftlicher Arbeit in unterschiedlichen Disziplinen an der TU Wien selbst, sowie in Gemeinschaftsprojekten mit anderen Universitäten und Forschungsstätten, erlaubt integrative Entwicklungsarbeiten. Die Offenheit für Anliegen der Wirtschaft und die hohe Qualität der Forschungsergebnisse machen die TU Wien zum begehrten Partner für innovationsorientierte Wirtschaftsunternehmen.

Das Institut für Managementwissenschaften der TU Wien und insbesondere der Bereich Betriebstechnik und Systemplanung befassen sich mit Aufgabenstellungen, die mit der Planung und Optimierung der Struktur, der Organisation und des Managements von Industrie- und Dienstleistungsunternehmen oder deren Logistiknetzwerken zusammenhängen. Dabei stehen die Erforschung, Entwicklung und Umsetzung intelligenter Lösungen sowie die Bereitstellung und Aufbereitung wissenschaftlicher Erkenntnisse und Methoden für die praktische Anwendung im Mittelpunkt der Forschungen.

Das Institut für Managementwissenschaften hat breite Erfahrung mit Forschungs- und Industrieprojekten im Bereich der Konzeption von Produktions- und Logistiknetzwerken sowie der Logistik-Prozessplanung und -gestaltung.

Im Rahmen des europäischen Forschungsprojekts „Advanced Production Programme and Personnel Assignment Planning" (AProPerPlan) konnten die in diesem Beitrag erörterten Inhalte und Ergebnisse in enger Kooperation mit dem Industriepartner flexis AG und unter Einbeziehung von zwei Automobilherstellern erarbeitet und validiert werden.

12.1.3 Ausgangssituation und Zielsetzung

Die europäische Automobilindustrie zeichnet sich durch komplexe Produkte aus, die hohe Kundenindividualität der Fahrzeuge ermöglichen. Dadurch ergibt sich für die Programmplanung die Aufgabe, die Varianten der zu montierenden Fahrzeuge im Tagesverlauf so zu verteilen, dass die eingesetzten Mitarbeiter gleichmäßig ausgelastet und Kapazitätsspitzen vermieden werden.

Der vorliegende Beitrag fokussiert auf die Planung der Endmontage in Fahrzeug- und Komponentenwerken, in welchen eine Variantenfließfertigung bei niedriger Automatisierung und hoher Arbeitsintensität vorliegt.

Als Eingangsgrößen der Programmplanung dienen Absatzprognosen, Einbauraten und in der Jahresplanung vereinbarte monatliche Produktions- bzw. Absatzmengen. Die Aufgabe der operativen Produktionsprogrammplanung besteht nun darin, für einzelne Fertigungsperioden über die Art und Menge der herzustellenden

Varianten aus dem gegebenen Variantenportfolio zu entscheiden (Meyr 2004). So wird mittels der Produktionsprogrammplanung häufig der Auftragsbestand eines Monats auf die einzelnen Tages- und Schichtprogramme (periodenbezogener Auftragsvorrat) herunter gebrochen (Monden 1993). Dabei muss einerseits der von der Fließbandabstimmung vorgegebene kapazitative Rahmen in Form der disponiblen Fertigungstakte eingehalten und andererseits die Verfügbarkeit der eingehenden Bauteile beachtet werden (Decker 1993; Scholl 1999).

Die Produktionsprogrammplanung erfolgt üblicherweise rollierend bzw. fließend. Die Zuordnung von Aufträgen zu Wochen-/Tagesperioden bzw. Schichten wird auch als Slotting bezeichnet. An das Slotting kann sich bis zur Festsetzung der Sequenz eine rollierende Planung anschließen, die eine Glättung hinsichtlich kapazitiver oder materialbezogener Kriterien vornimmt. Dabei können einzelne Aufträge durch die Berücksichtigung weiterer, detaillierter Restriktionen in eine andere als die geplante Produktionsperiode verschoben werden. Diese Verschiebungen aufgrund eines Abgleichs werden auch als Balancing bezeichnet. Die Festlegung der Reihenfolgesequenz ordnet jedem Auftrag aus dem Bestand eines Auftragsvorrats (auch Pool genannt) einen dezidierten Fertigungstakt zu. Dieser Schritt wird auch als Sequencing bezeichnet (Abb. 12.1). Danach sind Änderungen der Reihenfolge mit erhöhtem Aufwand verbunden, da die Verfügbarkeit in den Versorgungsketten der Lieferanten nicht garantiert werden kann.

Die Methodik zur Umsetzung und die Zielsetzung des Sequencing können unterschiedlich sein und münden in drei unterschiedlichen Klassen von Optimierungsmodellen: Level-Scheduling, Mixed-model Scheduling und Car-Sequencing.

Das sogenannte *Level-Scheduling*, welches dem berühmten Toyota-Production-System (Monden 1993) entstammt, zielt auf eine möglichst gleichmäßige Verteilung des Bedarfs eines jeden Materials innerhalb der Fertigungsfolge. Das *Mixed-Model Sequencing* zielt darauf, Überlastungen der Ressourcen des Fließsystems zu vermeiden. Mittels einer exakten zeitlichen Terminierung der einzelnen Varianten an den Stationen unter Beachtung von variantenbezogenen Bearbeitungsdauern, Stationslängen und der Taktzeit sollen reihenfolgebedingte Überlastungen der Stationen bzw. Werker exakt erfasst und minimiert werden (Boysen 2005).

Ebenso überlastungsorientiert versucht das *Car-Sequencing* diese detaillierte Erfassung zu umgehen, indem überlastungsträchtige Teilsequenzen von Varianten über so genannte Ho:No-Reihenfolgeregeln verboten werden. Danach dürfen von *No* aufeinander folgenden Varianten maximal *Ho* die Option *o* enthalten, da sonst Überlastungen entstehen (Boysen u. Ringle 2007). Eine Reihenfolgeregel von 1:3 bezüglicher der Option Schiebedach besagt etwa, dass von drei aufeinander folgenden Werkstücken lediglich eines die Option Schiebedach enthalten darf. Andernfalls tritt eine Überlastung ein. Um den hohen Datenerhebungsaufwand beim Model-Mixed-Sequencing zu umgehen, wird in fast allen westeuropäischen Unternehmen die Methode des *Car-Sequencing* angewendet. Dies trifft auch auf das in dem Fallbeispiel beschriebenen Unternehmen zu.

Das Ziel simulationsgestützter Optimierung ist es, durch eine Integration der Personaleinsatzplanung aktiv den Engpass bzw. dessen Kapazität zu beeinflussen. Dies kann u. U. zu einer Verlagerung des Engpasses führen, wenn Personalressourcen

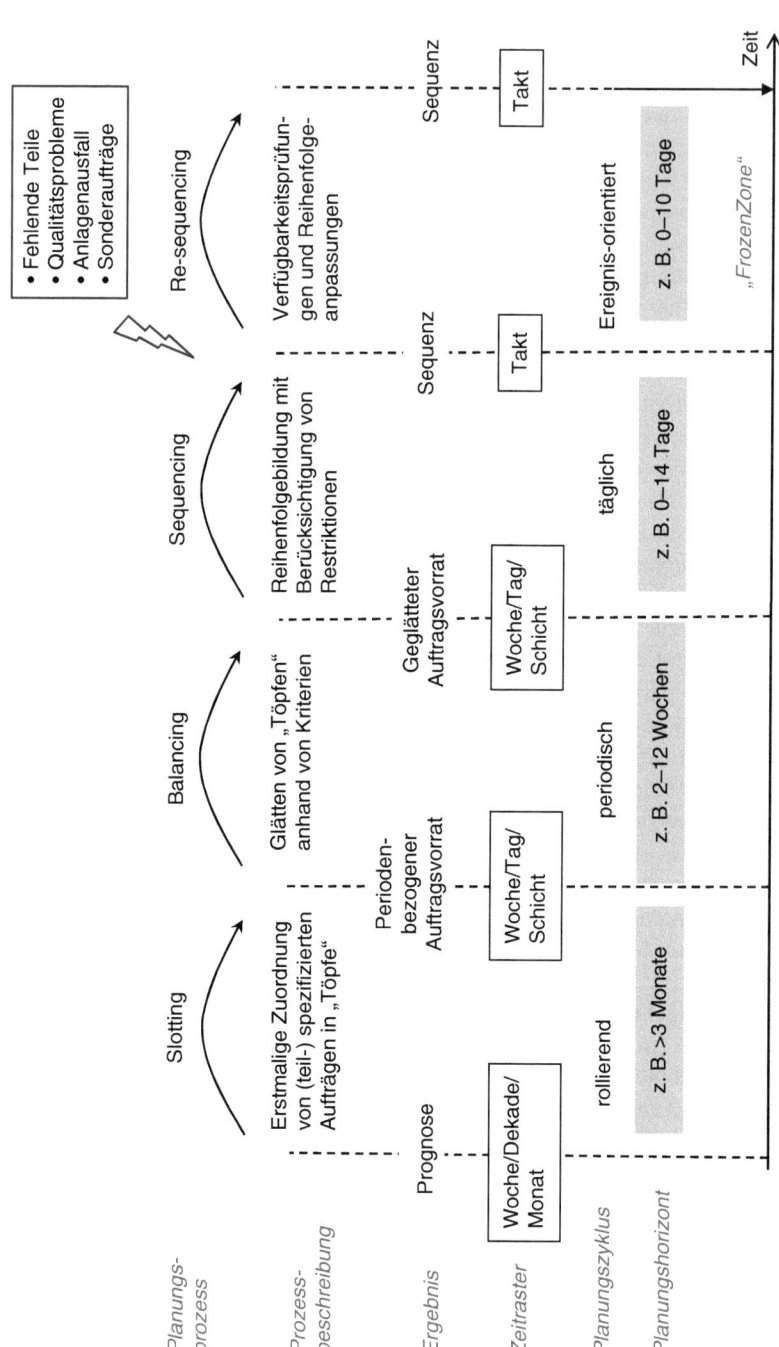

Abb. 12.1 Planungsablauf bei sequenzierten Produktionslinien

verlagert werden können. Die integrative Planung von Personaleinsatz und Produktionsprogramm erweitert somit die Freiheitsgrade der Planung.

12.2 Optimierungsaufgabe

12.2.1 Optimierungsziel

Das integrierte Planungssystem ermittelt so genannte Belastungsspitzen (*Hot-Spots*) und Unterauslastungen (*Cold-Spots*) der Personalauslastung. Das System versucht diese Belastungsspitzen in einem iterativen Prozess zu minimieren bzw. zu eliminieren, bei gleichzeitiger möglichst optimaler Einhaltung aller Restriktionen der „normalen" Programmplanung.

12.2.2 Zusammenhänge

Der Personaleinsatz soll anhand einer Pkw-Montage beschrieben werden. Die Planung der Montageprozesse erfolgt mit so genannten Zeit-Wege-Plänen. Hierzu wird jeder Prozessschritt erfasst und zeitlich bewertet. Anhand der Zeitbedarfe lassen sich die Prozessschritte räumlich den Punkten der Montage und der Materialentnahme zuordnen. Da sich die Pkw-Karosserie mit Taktgeschwindigkeit bewegt, ergeben sich neben den Überbrückungswegen von Materialentnahme und Montageort weitere Wegstrecken. Da die Montagemitarbeiter periodisch je Takt dieselben Montageprozesse ausführen, ist sicherzustellen, dass die Gesamtprozesszeit innerhalb eines Taktes liegt, um die zyklische Bearbeitung zu ermöglichen.

Die Anzahl der Prozessschritte, sowie die Dauer der Montageprozesse variieren allerdings in Abhängigkeit der Produktvariante. Aufgrund dieser unterschiedlichen Ausprägungen kann es im Falle von sukzessivem Zugang von Produktvarianten mit hohen Prozesszeitanteilen zu Überlastungen kommen. Dies ist einer der Gründe, die zu einer Glättung des Produktionsprogramms nötigen bzw. führen.

Die einzelnen Prozessschritte lassen sich zu einer Montagetätigkeit als Ganzes zuordnen. So werden z. B. die Prozessschritte Entnahme des Materials, Bewegung zum Montageobjekt, Vorbereitung der Montage, Greifen nach Hilfsmittel, usw. zu einer Verrichtung zusammengefasst (z. B. Montage Rückspiegel). Varianten mit unterschiedlichen Prozesszeiten werden unter derselben Verrichtung mit entsprechend angepasster Montagezeit und optionaler Varianten anhand eigener Montageverrichtungen abgebildet. Nicht alle Verrichtungen sind innerhalb eines Taktes zu absolvieren. Entweder sind vorhergehende oder nachfolgende Verrichtungen von so kurzer Dauer, dass die überlange Verrichtung ohne Schwierigkeiten vollzogen werden kann. Alternativ können zwei oder mehrere Mitarbeiter eingesetzt werden, die überlappend jedes zweite bzw. *n*-te Montageobjekt bearbeiten.

Fall A — Mitarbeiter tätigt Montageprozess(e) innert einer Station und Takt

Fall B — Zwei (N) Mitarbeiter tätigen Montageprozess(e) über zwei (N)Takte hinweg

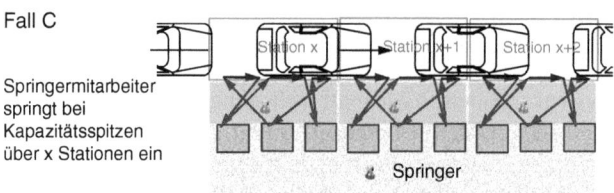

Fall C — Springermitarbeiter springt bei Kapazitätsspitzen über x Stationen ein

Abb. 12.2 Szenarien Personaleinsatz stationsbezogen

Eine weitere Möglichkeit bietet der Einsatz von *Springern*, die im Falle von Überhängen Verwendung finden. Springer können aus unterschiedlichen Gründen und in unterschiedlichen Bedarfsszenarien eingesetzt werden.

- Einsatz eines Springers zum Ausgleich von Bearbeitungszeiten an Stationen, wenn Überlastungen drohen.
- Zuordnung von Springern zu großen Aufträgen mit hohen Aufwendungen, die sie dann über die gesamte Montagelinie oder einen Teilbereich begleiten.
- Einsatz von Springern für Arbeitsgänge, die spezielle Fertigkeiten erfordern und nur selten anfallen (technologisch bedingter Springereinsatz).
- Springer als Ersatzkapazität bei Fehlzeiten, Urlaub, Krankheit etc.

Die beiden erstgenannten Einsatzszenarien nutzen die freie Kapazität des Springers zum Zeitpunkt des Auftretens. Die beiden letztgenannten Funktionen dienen nicht dazu, die Reihenfolgeplanung über eine (operativ kurzfristige) Kapazitätserhöhung zu unterstützen. Daher werden sie im Modell nicht abgebildet, sondern lediglich als Eingangsgröße (Anzahl Springer) berücksichtigt. In Abb. 12.2 sind die in der Modellierung berücksichtigten Personaleinsatzszenarien abgebildet.

Die Berücksichtigung der Anforderungen der Produktionsprogramm- und Personaleinsatzplanung findet in der Kopplung der Sequenzierungslösung der flexis AG und einer Simulation des Personaleinsatzes eine Anwendung, die eine Brücke zwischen Informationsbedarf und Lösungsfähigkeit bietet. Die Kopplung der beiden Methoden von Simulation und Optimierung ist in Abb. 12.3 dargestellt.

12.2.3 Stellgrößen

Dem System stehen für den betrachteten Planungshorizont zwischen Mittel- und Kurzfristbereich (z. B. eine Woche vor Bandauflage) verschiedene Reaktionsmög-

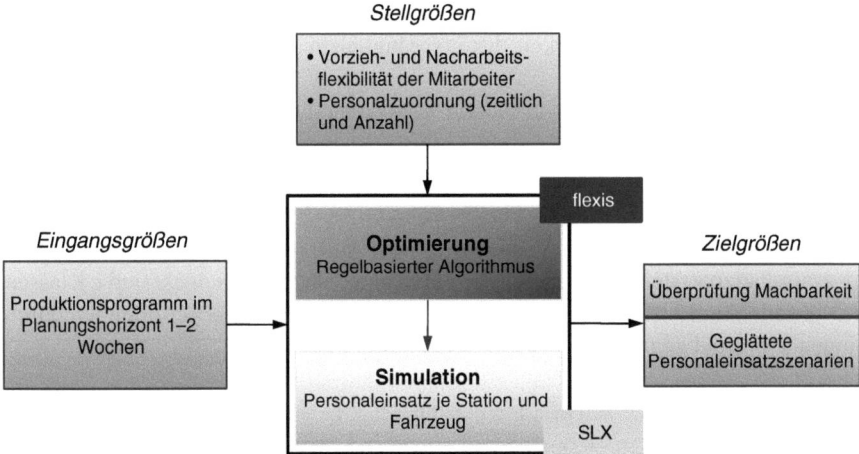

Abb. 12.3 Zusammenhang von Simulation und Optimierung

lichkeiten und damit Stellgrößen zur Verfügung. Ausgehend von der Prämisse, dass die Produktionssequenz die eigentliche Vorgabe ist, ergeben sich die folgenden möglichen Änderungen, um eine Personalunterdeckung auszugleichen:

1. Nutzung gruppeninterner Flexibilität
2. Nutzung flexibler Mitarbeiter („Springer") an den betroffenen Stationen
3. Nutzung tageszeitlich variabler Personalkapazitäten
4. Anpassung des Personalszenarios für die betroffene Station/Schicht
5. Zulassen temporärer Arbeitslastspitzen („Mitlaufen") und lokale Sequenzänderung, so dass einem Auftrag mit zu großem Zeitbedarf ein einfacherer Auftrag folgt
6. Verschieben von Arbeitsinhalten zwischen Arbeitsstationen

12.2.4 Problemklassen

Die integrierte Programm- und Personaleinsatzplanung sequenzierter Produktionslinien ist eine Kombination eines Zuordnungsproblems (Einteilung der Aufträge in Schichten und Zuordnung von Personalstärken) und eines Reihenfolgeproblems (Sequenzierung der Aufträge).

Das Zuordnungsproblem lässt sich in einer relaxierten Variante als reines lineares Programm formulieren (Kap. 12.3.1). Diese relaxierte Variante lässt jedoch nicht nur die Sequenzierungs-Constraints außer Acht, sondern auch die Abhängigkeiten zwischen den einzelnen Stationsgruppen. Werden diese in die Modellierung mit aufgenommen, ist die Formulierung des Problems deutlich komplexer.

Die Sequenzierung der Automobil-Produktion ist ein NP-hartes Problem (Kis 2004), lässt sich aber für Problemgrößen von bis zu einigen Tausend Aufträgen üblicherweise effizient lösen. Dabei hilft es, die Constraints hierarchisch zu ordnen, sodass im Falle der Unlösbarkeit des ursprünglichen Problems einige Constraints relaxiert werden können.

12.2.5 Problemgröße

Die Anzahl A der möglichen Verteilungen von Aufträgen in die Schichten ist nur grob abschätzbar. Bei n Sequenzpositionen in einer einzelnen Schicht und c Klassen mit jeweils mindestens n Aufträgen ist die Zahl der möglichen Verteilungen durch folgende Formel gegeben:

$$A_v = (n+c+1)!/(c! \times (n-1)!) \tag{12.1}$$

Für eine Abschätzung der Gesamtzahl muss noch berücksichtigt werden, dass die Schichten nicht unabhängig voneinander belegt werden können. Der Lösungsraum ist durch die Kapazitäts-Constraints der einzelnen Schichten beschränkt: es können nicht immer beliebig viele Aufträge einer bestimmten Klasse in eine Schicht platziert werden, da es sonst zu nicht auflösbaren Hot-Spots kommen kann. Die Obergrenzen hängen zum einen von technischen Gegebenheiten, zum anderen vom zur Verfügung stehenden Personal ab. Die tatsächliche Anzahl möglicher Verteilungen liegt daher unter dem oben angegebenen Wert.

Die Anzahl der möglichen Sequenzen zu einer gegebenen Auswahl von Aufträgen in einer Schicht bestimmt sich durch die Anzahl der Sequenzpositionen und die Größe der Klassen. Bei n Positionen und c Klassen der Größen k_1 bis k_c ist die Anzahl der möglichen Sequenzen:

$$A_s = n!/(k_1! \times \ldots \times k_c!) \tag{12.2}$$

Der Lösungsraum wird jedoch durch die gesetzten Sequenzierungs-Constraints beschnitten, die tatsächliche Anzahl der möglichen Sequenzen liegt daher wiederum unter dem oben angegebenen Wert.

12.3 Optimierungsansatz und Problemcodierung

12.3.1 Algorithmen/Systeme

Der Planungsprozess kann in vier Abschnitte unterteilt werden: Topfbildung, Sequenzierung, Simulation und Analyse (Auer et al. 2010). Auf Basis dieser Unterteilung werden in einem Branch-and-Check-Verfahren (Thorsteinsson 2001) Lösungen für das Gesamtproblem gesucht. Dabei bildet die Topfbildung das Master-Problem für die Sequenzierung und Simulation, während die Sequenzierung das Master-Problem für die Sequenzierung ist.

Um die Problemgröße zu reduzieren werden nicht individuelle Aufträge geplant, sondern Auftragsklassen. Eine Auftragsklasse enthält alle Aufträge, die bezüglich des Planungsprozesses nicht unterscheidbar sind, d. h. dies betrifft alle Aufträge mit gleichen Attributen. Die individuellen Aufträge werden am Schluss des Planungsprozesses auf die Positionen der entsprechenden Auftragsklassen abgebildet.

Topfbildung Im ersten Schritt werden die Aufträge (bzw. die anonymen Auftragsklassen) den Schichten im Planungshorizont zugeteilt und die Teamgrößen minimiert, die zum Bau der Aufträge benötigt werden. Es ist eine relaxierte Version des Gesamtproblems, bei der lediglich die Kapazitäts-Constraints berücksichtigt werden und die Stationsgruppen unabhängig voneinander betrachtet werden.

Für die Topfbildung wurde als Lösungsverfahren die mathematische Programmierung gewählt. Die Constraints für das Topfbildungsproblem sind wie folgt definiert:

Minimiere *Kosten*, so dass

$$Kosten = \sum_{s \in Schichten} Pc_s p_s \quad (12.3)$$

$$p_s = y \;\Rightarrow\; t_{cs} = t_c(y) \quad \forall c \in Klassen \quad (12.4)$$

$$\sum_{c \in Klassen} t_{cs} x_{cs} \leq Ct_s \quad \forall s \in Schichten \quad (12.5)$$

$$\sum_{c \in Klassen} x_{cs} = Cn_s \quad \forall s \in Schichten \quad (12.6)$$

Die Variable x_{cs} ist die Anzahl der Aufträge der Klasse c, die der Schicht s zugeteilt sind. t_{cs} ist die Zeit, die benötigt wird um, einen Auftrag der Klasse c in der Schicht s zu bauen. Diese Zeit ist abhängig von der Teamgröße p_s und der Verteilung auf die Stationen. Dabei wird angenommen, dass für jede Klasse das Team jeweils optimal auf die Stationen verteilt ist. Optimierungsziel ist die Minimierung der Personalkosten. Die Kosten pro Arbeiter sind in der Konstante Pc_s enthalten.

Die Gln. (12.5) und (12.6) sind nicht linear. Es ist jedoch möglich, die Gleichungen mit Hilfe von Special Ordered Sets (SOS1) so umzuformulieren, dass die Summen in (12.6) keine Produkte mehr enthalten, sondern über Variablen gebildet werden, die von Klasse, Schicht und Teamgröße abhängen (Williams 1999). Daher kann das Topfbildungsproblem mittels eines LP-Solvers gelöst werden und die Lösung wird dennoch integral sein.

Die Lösung dieses Constraint-Systems ergibt eine super-optimale Verteilung des Personals auf die Stationsgruppen, da für jede Auftragsklasse eine optimale Verteilung auf die einzelnen Stationen angenommen wurde. Darüber hinaus werden keine Abhängigkeiten zwischen den Stationsgruppen berücksichtigt. Daher ist es wahrscheinlich, dass für eine gegebene Lösung der Topfbildung keine gültige Sequenz gefunden werden kann. Allerdings erlaubt der Ansatz, die Teamgrößen schrittweise zu erhöhen bis eine zulässige Verteilung gefunden ist.

Sequenzierung Im zweiten Schritt, der Sequenzierung, wird die Produktionssequenz der Aufträge festgelegt. Dabei wird die existierende Sequenzierungslösung der Firma flexis eingesetzt. Dieser Sequenzierer basiert auf Constraint-Programmierung (CP), die Implementierung unterscheidet sich jedoch von früheren CP-basierten Sequenzierern (Dincbas et al. 1988). Die Verwendung von CP bringt mehrere Vorteile mit sich. Zum einen ist der Lösungsprozess gut kontrollierbar und im Gegensatz zu anderen Sequenzierungsverfahren nicht randomisiert (Solnon et al. 2008). Zum anderen können kundenspezifische Constraints leicht implementiert werden.

Der Sequenzierer bietet dem Benutzer eine Reihe von Regeln, die über das Standard-Sequenzierungs-Constraint hinausgehen. Diese Regeln existieren in zwei Varianten: als Constraint und als Heuristik. Constraints schränken den Wertebereich an Auftragsklassen ein, die an einer gegebenen Sequenzposition platziert werden können. Heuristiken geben die Reihenfolge der Auftragsklassen im Wertebereich vor. Wenn der Sequenzierer die Produktionssequenz berechnet, werden die Positionen entsprechend den Vorgaben der Heuristiken gefüllt. Sobald durch die Constraints der Wertebereich einer Position leer wird, geht der Sequenzierer zur letzten Auswahl zurück und wählt eine alternative Auftragsklasse.

Im Rahmen des Projekts „AProPerPlan" wurden den technischen Constraints (d. h., Constraints, die die technischen Beschränkungen der Produktion modellieren) weitere Regeln hinzugefügt, die die in der Topfbildung berechnete Auftragsverteilung und Teamgrößen abbilden: für jede Stationsgruppe und für jede Schicht ist eine bestimmte Menge von Aufträgen einer Klasse vorgegeben. Die tatsächliche Verteilung sollte von dieser Vorgabe möglichst wenig abweichen. Dies wird durch „Limit"-Constraints erreicht, welche die Gesamtzahl der Aufträge einer Klasse in einem bestimmten Abschnitt der Sequenz beschränken. Diese Abschnitte entsprechen jeweils einer Schicht einer Stationsgruppe. Abweichungen von diesem Limit sind erlaubt, werden aber negativ bewertet. Zusätzliche Gleichverteilungsheuristiken stellen sicher, dass die Aufträge möglichst gleichmäßig verteilt platziert wurden, was die Zuweisung von Personal während der Simulation erleichtern soll.

Simulation Die von der Sequenzierung vorgegebene Reihenfolge der Aufträge determiniert die Prozessanforderungen je Station und Takt. Die Personalzuordnung erfolgt zur Simulationslaufzeit, nämlich zum Zeitpunkt an dem die Verrichtung in der Simulation begonnen werden soll. Im überwiegenden Fall werden die für die Verrichtung vorgesehenen Mitarbeiter, welche in einem Team zusammengefasst sind, zugeteilt. Die Unternehmen wünschen, sofern möglich, die Mitarbeiter mit gleich bleibenden Tätigkeiten zu beschäftigen, da aus Erfahrung damit ein hohes Qualitätsniveau und somit geringere Nacharbeit verbunden ist. Die Prozesszeitanforderungen werden mit dem Kapazitätsangebot je Station zur Laufzeit abgeglichen. Sollten die vorgesehenen Mitarbeiter an einer Station nicht ausreichend sein, so können sie, sofern zeitlich möglich, die Verrichtungen bereits im vorhergehenden Takt beginnen (Vorziehen) bzw. im nachfolgenden Takt fertig stellen (Nacharbeit).

Jede Verrichtung ist einem Team zugeordnet. Sollten nicht hinreichend freie Mitarbeiter vorhanden sein, so muss das Team auf Springer zurückgreifen. Springer

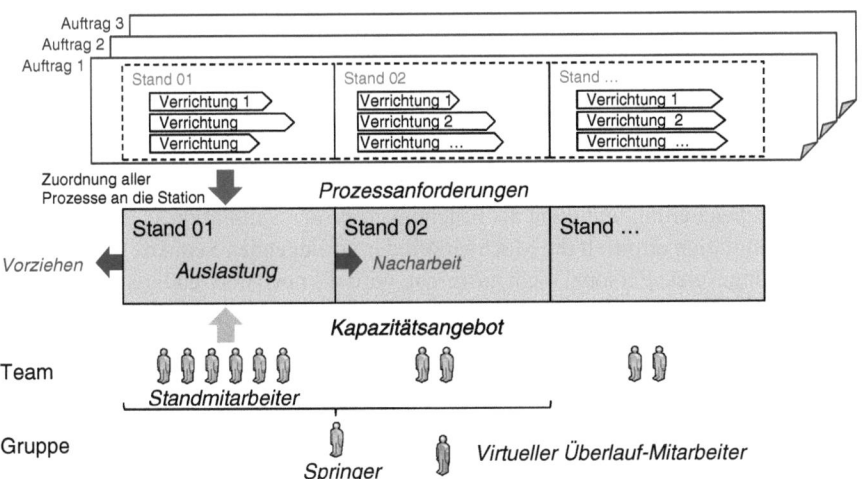

Abb. 12.4 Modellstruktur der Simulation

sind Gruppen zugeordnet, die für eine Reihe von Teams zuständig sind. Sollte kein freier Springer vorhanden sein, so generiert das Simulationsmodell einen solchen virtuellen „Überlauf"-Mitarbeiter (Abb. 12.4).

Analyse Im letzten Schritt des Planungsprozesses wird die von der Simulation ermittelte Personalstärke mit der in der Topfbildung berechneten Personalzahl verglichen. Wenn bei der Simulation Springer verwendet wurden, dann liegt ein Hot-Spot vor. Dieser muss vom Benutzer manuell repariert werden, da die Evaluierung der möglichen Aktionen nicht zufriedenstellend automatisiert werden kann. Der Planer entscheidet dabei, ob (1) der Stationsgruppe mehr Personal zugeordnet wird, oder (2) zusätzliche Constraints dafür sorgen, dass die Auftragsklassen, die den Hot-Spot verursachen, mit größerem Abstand sequenziert werden. Sollten zusätzliche Constraints gesetzt werden, so ist eine neue Sequenzierung notwendig, da die Constraints nicht-lokale Effekte haben können.

12.3.2 Verfahrensablauf

Die Sequenzierungslösung erhält als Eingabe den Auftragsvorrat sowie die Liste der für die Produktion geltenden Einschränkungen. Neben den technisch notwendigen Beschränkungen sind dies zusätzliche Beschränkungen, die sich durch die berechnete Personalverteilung ergeben. Die Personalverteilung ergibt sich aus einer vorab durchgeführten personalbezogenen Analyse des Auftragspools. Dabei findet ein Abgleich zwischen dem im Auftragspool enthaltenen Arbeitsaufkommen und dem im gleichen Zeitraum vorhandenen Personalkapazitäten statt.

Danach erfolgt die Berechnung einer möglichst optimalen Sequenz unter Berücksichtigung technischer und personalbezogener Produktions-Constraints. Die Überprüfung der berechneten Sequenz bezüglich der Personalszenarien an den einzelnen Stationsgruppen erfolgt im Anschluss durch Simulation. Das Simulationsmodell bildet die variantenabhängigen Montageprozesse je Auftrag ab und berücksichtigt die vorgegebenen Personalkapazitäten. Jeder Auftrag besteht aus einer Vielzahl an Verrichtungen, die in Abhängigkeit von Produktvarianten und (Sonder-)Ausstattungen unterschiedliche Prozesszeiten besitzen. Je Verrichtung sind ein oder mehrere Mitarbeiter notwendig. Diese Prozess- und Organisationsdaten stehen für jeden Auftrag zur Verfügung. Die Auftragsreihenfolge (Sequenz) ist das Ergebnis der Sequenzierung und dient als Eingangsgröße der Simulation.

Die Simulation ermittelt die Machbarkeit der vorliegenden Sequenz und im Fall, dass das eingesetzte Personal nicht ausreicht, wird die noch notwendige Mitarbeiteranzahl bestimmt. Diese Information kann nun wieder an die vorgelagerte Sequenzierungsaufgabe zurückgespielt werden. Damit ergibt sich ein iterativer Prozess, bei dem die Sequenzlösung zusammen mit einem definierten Personaleinsatz an die Simulation weitergegeben wird und diese nun anhand der voll spezifizierten Auftragsdaten die zu erwartende Auslastung berechnet und Fehlkapazitäten offenlegt.

12.4 System-/Modellarchitektur

12.4.1 Systemarchitektur

Die Architektur der Anwendung ist in Anlehnung an die Funktionen, die durch den Ablauf des Planungssystems vorgegeben sind, strukturiert (Abb. 12.5).

1. Import Eingangsdaten
   - Einlesen der erforderlichen Auftrags-, Kapazitäts- und Stammdaten
   - Einlesen der aktuellen Systemkonfiguration

2. Personalbezogene Analyse des Auftragspools
   - Abgleich der im Auftragspool enthaltenen Arbeitsaufkommen mit den für den gleichen Zeitraum vorhandenen Personalkapazitäten
   - Ausschluss nicht realisierbarer Reaktionsmöglichkeiten

3. Topfbildung/Schichtzuordnung
   - Auswertung hinsichtlich personeller Mindestanforderungen, Auswahl der optimalen Personalszenarien, Generierung von Kapazitätsconstraints für das Sequenzierungsmodell (3a)
   - Voroptimierung hinsichtlich tageszeitlich variabler Kapazitäten („K"), gezielte Einordnung von Aufträgen mit aufwändigen Arbeitsinhalten in Schichttöpfe, Generierung von Positionsconstraints für das Sequenzierungsmodell (3b)

4. Sequenzierung
   - Sequenzierung des Auftragspools mit dem aktuellen Constraintmodell
   - Berücksichtigung fixer merkmalsorientierter Constraints
   - Berücksichtigung dynamisch generierter personeller Constraints
   - Auswertung der Sequenz hinsichtlich Workload und Hot-Spots

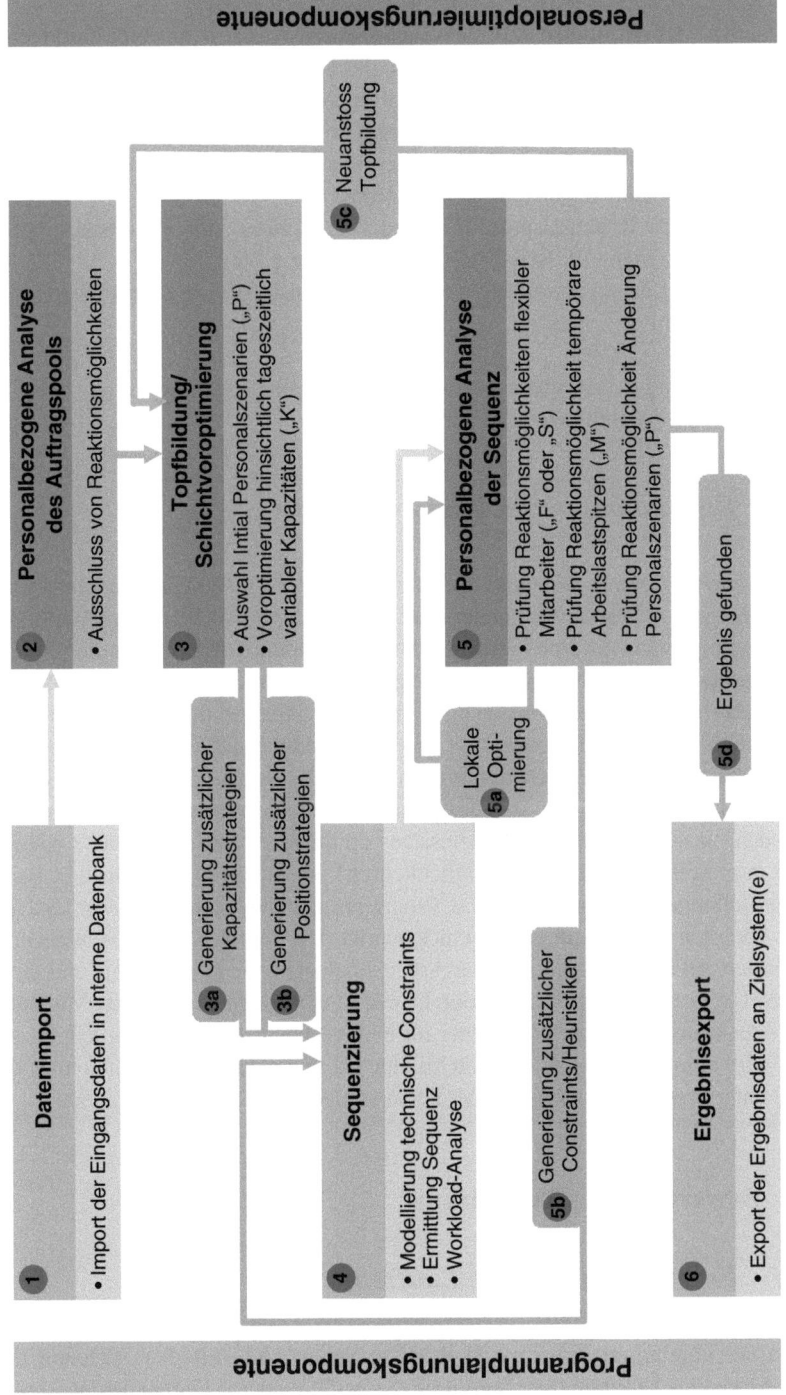

Abb. 12.5 Systemarchitektur und Ablauf der Anwendung

5. Personalbezogene Analyse der Sequenz
   - Analyse der ermittelten Auftragssequenz mit Fokus auf „hot spot Stationen"
   - Prüfung der Reaktionsmöglichkeiten flexibler Mitarbeiter („F" oder „S"), wenn sinnvoll: Anstoß der lokalen Optimierung (5a)
   - Prüfung der Reaktionsmöglichkeit temporärer Arbeitslastspitzen („M"), wenn sinnvoll: Generierung von zusätzlichen Constraints für das Sequenzierungsmodell (5b) und Neuanstoß Sequenzierung
   - Prüfung der Reaktionsmöglichkeit der Änderung von Personalszenarien („P"), wenn sinnvoll: Neuanstoß der Topfbildung (5c)
   - Wenn eine Lösung gefunden werden konnte: Anstoß des Ergebnisexports (5d)
6. Ergebnisexport
   - Aufbereitung der Ergebnissequenz und der Personaleinsatzpläne
   - Export der Ergebnisse an das Zielsystem

12.4.2 Einbindung in den Planungsprozess

Das zu implementierende Planungssystem setzt auf der Aufgabe der Sequenzierung auf. Das integrative Planungssystem erweitert den in der Praxis bewährten Workflow zur Programmplanung um eine Personaloptimierungskomponente, die für die Sequenzierung zusätzlich dynamisch generierte Regeln und Parametereinstellungen zur Personaleinsatzoptimierung zur Verfügung stellt. Durch Analyse der Arbeitsinhalte des Auftragspools und der Auftragssequenz und der Gegenüberstellung von vorhandenen Personalkapazitäten und Einsatzszenarien ermittelt das System die am besten geeigneten Reaktionsmöglichkeiten auf festgestellte Personalengpässe. Zur Erzeugung einer, auch hinsichtlich des Personaleinsatzes optimierten, Auftragssequenz werden für die ausgewählte(n) Reaktionsmöglichkeit(en) entsprechende Regeln und Parametereinstellungen dynamisch für das Programmplanungsmodul generiert und im jeweils nächsten Optimierungslauf berücksichtigt. Die Simulation der Montageprozesse basiert auf der Zeitermittlung der Arbeitsplandaten, die jede Variante und ihren Zeitbedarf je Verrichtung berücksichtigt. Damit ist eine weitgehend exakte Vorhersage der Arbeitsauslastung der Mitarbeiter für eine gegebene Sequenz möglich. Dieser Ablauf wird iterativ solange wiederholt bis eine Lösung gefunden werden konnte, die sowohl unter Programm- als auch unter Personalplanungsaspekten optimal ist.

12.5 Bewertung des Verfahrens

12.5.1 Ergebnisse (Qualität, Laufzeit)

Der Ansatz kombiniert die Vorteile des Car-Sequencing mit den Vorteilen des Mixed-Modeling-Ansatzes. Der Vorteil beim Car-Sequencing liegt in der Beschränkung auf wenige Produktkenndaten, um somit die Datenmengen auf die relevanten

Kriterien einzugrenzen. Damit sind Optimierungsalgorithmen in der Lage die Sequenzierungsaufgabe in endlicher Zeit und akzeptabler Güte zu lösen. Eine weitergehende Analyse der Mitarbeiterauslastung ist damit aber nicht möglich. Die exakte Erfassung der Arbeitszeiten je Variante und Station erlaubt die Prognose der Auslastungsprofile. Durch das iterative Wechselspiel zwischen Optimierung auf Basis von Kenndaten und der Prognose der Machbarkeit auf Basis der Arbeitszeitdaten werden zusätzliche Potentiale ausgeschöpft. Damit ist eine Effizienzsteigerung des Personaleinsatzes möglich.

Im ersten Schritt wurden die Sequenzierungslösung und die Simulationsanwendung unabhängig voneinander entwickelt und anhand von Testdaten validiert. Die bestehende Sequenzierungslösung wurde erweitert, um die Aspekte der personalbezogenen Restriktionen berücksichtigen zu können. Neue Constraint-Varianten, welche den zeitlichen Versatz der einzelnen Stationen im Verhältnis zur Bandauflage berücksichtigen, wurden eingeführt. Dadurch brauchen die Schichten nur einmal definiert zu werden. Eine der neuen Regeln kann dazu benutzt werden, die Auslastung einer Station zu beschränken und die Auslastung möglichst gleichmäßig zu verteilen. Eine andere erlaubt die Anzahl der Typen pro Stationsgruppe und Schicht entsprechend den Vorgaben der Topfbildung zu limitieren.

Bei 40 Stationen und 500 Aufträgen benötigt der Sequenzierer ca. 30 s. Die errechnete Sequenz kann vom Benutzer bezüglich der Auslastung an den einzelnen Stationen analysiert werden (Abb. 12.6).

Die Simulationsanwendung wurde in der Simulationssoftwareentwicklungsumgebung SLX realisiert. Dieses Simulationsprogramm zeichnet sich durch schnelle Berechnung und flexible Abbildung der Modellanforderungen aus. Die Laufzeiten des Simulationsmodells liegen bei 500 Aufträgen und 100 Verrichtungen bei unter 10 s. Eine post-prozessorale Animation in der Software Proof erlaubt die visuelle Überprüfung der Vorgänge. Damit ist eine iterative Einbindung in eine Optimierungsschleife mit dem Sequenzierer auch in Bezug auf die Zeiten zur Lösungsgenerierung praktikabel. Die Übergabe der Daten erfolgt über ASCII-Datentabellen und sie können nach Generierung einer Lösung in Excel in Bezug auf Prozesszeitanforderungen und Personaleinsatz analysiert werden (Abb. 12.7).

12.6 Projektaufwand, -erkenntnisse, Kosten/Nutzen

Automobilhersteller investieren kontinuierlich hohe Summen in die Aus- und Weiterbildung der Mitarbeiter, was zu einer im internationalen Wettbewerb überdurchschnittlichen Flexibilität des Produktionspersonals führt. Aber es gibt noch Potential im Einsatz des Personals (VDI 2010). Allerdings wird diese Personalflexibilität derzeit zumeist nur als reaktives Hilfsmittel eingesetzt, um das geplante Produktionsprogramm auch tatsächlich in den Produktionshallen umsetzen zu können. So wird eine kostenintensive Personalflexibilität vorgehalten, statt den Personaleinsatz und das Produktionsprogramm integrativ zu planen und so ein Gesamtoptimum zu erreichen.

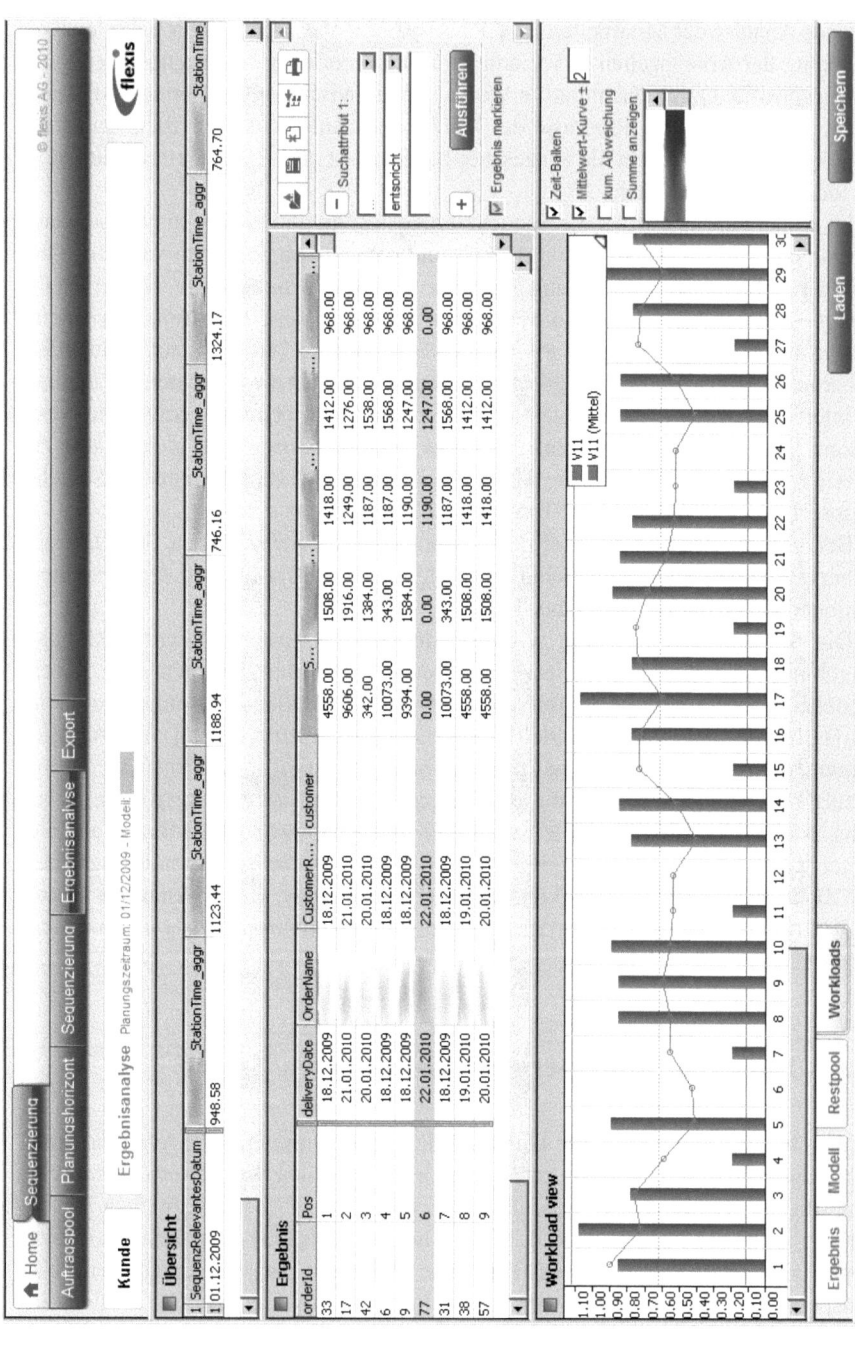

Abb. 12.6 Ergebnisanalyse Sequenzierer

12 Integrierte Programm- und Personaleinsatzplanung sequenzierter Produktionslinien 149

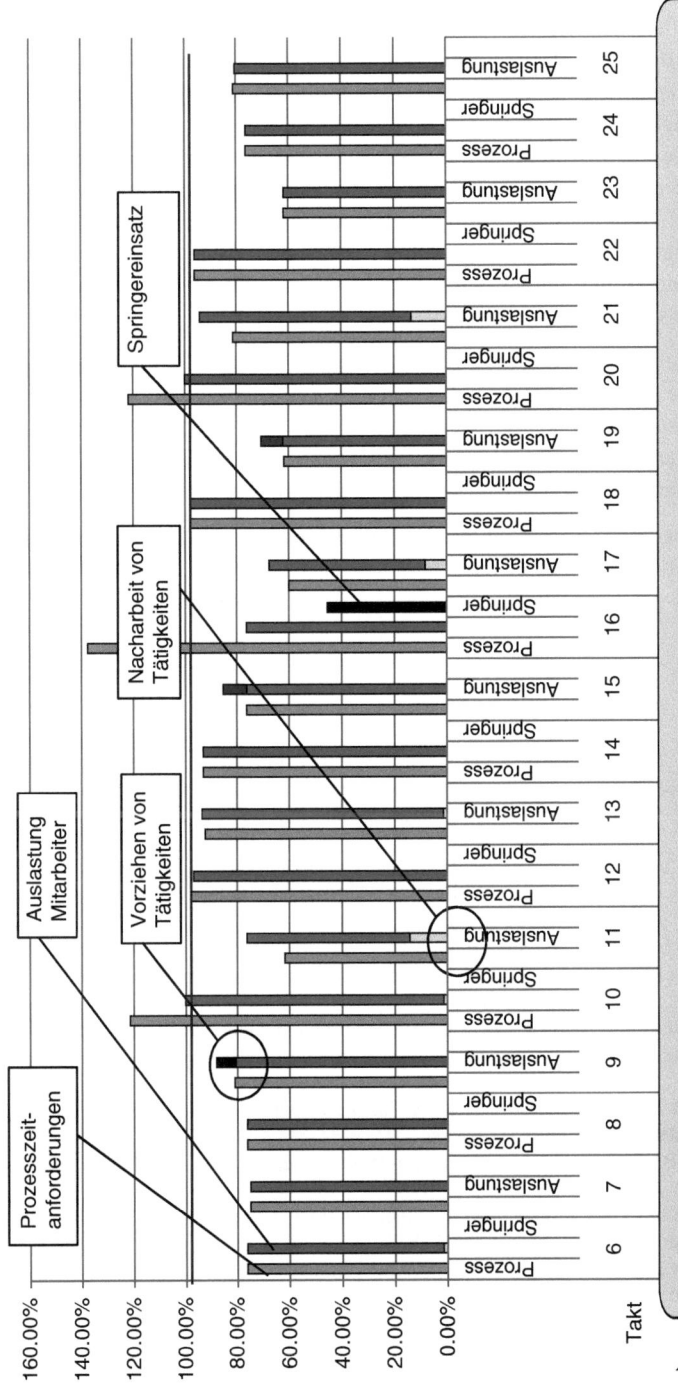

Abb. 12.7 Ergebnisanalyse Auslastung Mitarbeiter

Im Rahmen des europäischen Forschungsprojekts „Advanced Production Programme and Personnel Assignment Planning" (AProPerPlan) wird der Ansatz verfolgt, eine optimale Programmplanung durch eine direkte Kopplung mit der Personaleinsatzplanung zu erhalten. Dabei wurden die kausalen Zusammenhänge zwischen Produktionsprogramm und Produktionsfaktoren erfasst. Vorhandene Sequenzierungslösungen wurden um die personalbezogenen Restriktionen erweitert und in eine iterative Lösungsschleife mit einer simulativen Bewertung integriert. Die Simulation erlaubt die Überprüfung der vorgeschlagenen Sequenz auf Machbarkeit und zeigt transparent auf, wo Unter- bzw. Überlastungen auftreten werden.

Summa summarum ergeben sich folgende Vorteile einer integrierten Personal- und Produktionsprogrammplanung:

- Erhöhung der Transparenz des Personaleinsatzes und des Montageprozesses
- Glättung der Auslastungsschwankungen und Reduzierung von Hot- bzw. Cold-Spots um bis zu 30 %
- Erhöhung der Mitarbeiterauslastung
- Nachweis der Baubarkeit eines Produktionsprogramms

Das Resultat ist eine Optimierung des Produktionsprozesses in logistischer und betriebswirtschaftlicher Hinsicht. Dies zahlt sich in Form einer signifikanten Steigerung der Hours-per-Vehicle-Effizienz aus.

Literatur

Auer S, Winterer T, Mayrhofer W, März L, Sihn W (2010) Integrated production program and human resource allocation planning of sequenced production lines with simulated assessment. In: Sihn W, Kuhlang P (Hrsg) Sustainable production and logistics in production networks. NWV, Wien

Boysen N (2005) Variantenfließfertigung. Deutscher Universitätsverlag/GWV, Wiesbaden

Boysen N, Ringle C (2007) Über die Optionsbündelung auf die Ablaufplanung einer Variantenfließfertigung. Z Plan Unternehm 18:301–321

Decker M (1993) Variantenfließfertigung. Physika-Verlag, Heidelberg

Dincbas M et al (1988) Solving the car-sequencing problem in constraint logic programming. Proceedings of the ECAI '88. S 290–295

Kis T (2004) On the complexity of the car sequencing problem. Oper Res Lett 32(4):331–335

Meyr H (2004) Supply chain planning in the German automotive industry. OR Spectrum 26:447–470

Monden Y (1993) Toyota production system. An integrated approach to just-in-time, 2. Aufl. Engineering & Management Press, Norcross

Scholl A (1999) Balancing and sequencing of assembly lines, 2. Aufl. Physika-Verlag, Heidelberg

Solnon C et al (2008) The car sequencing problem: overview of state-of-the-art methods and industrial case-study of the ROADEF'2005 challenge problem. Eur J Oper Res 191(3):912–927

Thorsteinsson E (2001) Branch-and-check: a hybrid framework integrating mixed integer programming and constraint logic programming. In: Walsh T (Hrsg) Principles and practice of constraint programming – CP 2009. LNCS 2239. S 16–30

VDI (2010) Automobilindustrie hat noch Flexibilitätsreserven. VDI nachrichten 8. Januar 2010 Nr 1. S 10

Williams HP (1999) Model building in mathematical programming, 3. Aufl. Wiley, New York

Kapitel 13
Simulationsgestützte Optimierung für die distributionsorientierte Auftragsreihenfolgeplanung in der Automobilindustrie

Christian Schwede, Katja Klingebiel, Thomas Pauli und Axel Wagenitz

13.1 Einführung

13.1.1 Unternehmen

Der Volkswagen Konzern mit Sitz in Wolfsburg ist einer der führenden Automobilhersteller weltweit und der größte Automobilproduzent Europas. Der Konzern betreibt 61 Fertigungsstätten mit fast 370.000 Beschäftigten. Aufgrund der Vielseitigkeit der betriebenen Logistiksysteme (von regionalen Gebietsspeditionssystemen bis zu weltumspannenden Transportketten) und deren globalen Vernetzung sind diese ständig einer großen Zahl unterschiedlicher Wandlungstreibern unterworfen. Aktuelle Bemühungen an mehreren Stellen des Konzerns zielen in diesem Kontext insbesondere auf eine bessere Auslastung der Transportkapazitäten durch eine integrierte Programm- und Transportplanung.

Die im Folgenden dargestellten Forschungsergebnisse sind in diesem Zusammenhang im BMWI-geförderten Forschungsprojekt InTerTrans[1] entstanden. Hier treibt Volkswagen zur Sicherung der Praxisnähe des Vorhabens die methodischen und technologischen Entwicklungen mit der Bereitstellung von Daten über ihre Programmplanung sowie des Inbound- und Outbound-Transportnetzwerks in aussagekräftigen Anwendungsfällen.

13.1.2 Wissenschaftliche Partner

Das Fraunhofer-Institut für Materialfluss und Logistik (IML) in Dortmund ist ein anwendungsorientierter Forschungsdienstleister und beschäftigt über 170 Wissen-

---

[1] www.in-ter-trans.eu

C. Schwede (✉)
Fraunhofer-Institut für Materialfluss und Logistik IML, Joseph-von-Fraunhofer-Str. 2-4,
44227, Dortmund, Deutschland, www.iml.fraunhofer.de

schaftler aus überwiegend ingenieurwissenschaftlichen Bereichen am Standort in Dortmund und den Außenstellen in Cottbus, Frankfurt am Main, Paderborn und Prien am Chiemsee sowie in Oireas/Portugal und Peking/China. Das Fraunhofer IML arbeitet auf allen Gebieten des Materialflusses und der Logistik und bietet seinen Auftraggebern innovative Forschungs-, Entwicklungs-, Engineering-, Planungs- und Beratungsdienstdienstleistungen mit maßgeschneiderten, branchen- und unternehmensspezifisch optimierten Lösungen bis zum Pilotsystem an.

Das Fraunhofer IML fokussierte in dem dargestellten Forschung- und Entwicklungsprojekt auf die Entwicklung integrierter Logistikplanungs- und Auftragsterminierungskonzepte, deren modellgestützter Bewertung sowie der notwendigen Weiterentwicklungen des Softwarewerkzeuges OTD-NET[2] (Wagenitz 2007).

13.2 Ausgangssituation und Zielsetzung

Die Distribution von Fertigfahrzeugen an die Kunden stellt in der Automobilindustrie einen Bereich mit hohem Optimierungspotential dar (Kiff 1997; Bong 2002). Baumgärtel et al. (2006) weisen auf hohe Bestände, lange Lagerzeiten von bis zu zwei Monaten und Lieferzeiten deutlich über den reinen Transportzeiten hin. Hermes et al. (2009) verdeutlichen darüber hinaus das Potential zur CO_2-Reduktion in der Distribution.

Ausgangspunkt der Distributionsplanung ist die Reihenfolge, in der die Fertigfahrzeuge die Produktion verlassen. Wäre diese Reihenfolge auf die nachfolgenden Transporte abgestimmt, d. h. würden Fahrzeuge mit demselben Ziel die Produktion zeitnah und in ihrer Anzahl der Kapazität der zugehörigen Transporteinheit entsprechend verlassen, könnten Fahrzeugbestände und Durchlaufzeiten in der Distribution reduziert, Auslastungen und die Verwendung umweltfreundlicher Verkehrsmittel erhöht werden.

Diese Anforderungen finden heute meist jedoch keinen Eingang in die Reihenfolgeplanung, da die Auftragsreihenfolge eine hohe Bedeutung für die Produktionskostenoptimierung besitzt: die Reihenfolgeplanung wird so stark durch Anforderungen der Produktion getrieben, wie die folgenden Ausführungen zeigen.

In der Automobilindustrie ist der Organisationstypus der variantenreichen Fließfertigung weit verbreitet, um die Vorteile der traditionellen Fließfertigung kostengünstig zu produzieren mit einer hohen Variantenvielfalt der Produkte zu verbinden. In Meyr (2004) wird bspw. eine theoretische Variantenanzahl von 10^{23} für den Hersteller BMW angegeben. Baumgärtel et al. 2006 geben in einer Übersicht eine Variantenanzahl von bis zu 10^{25} an.

Typischerweise werden in der variantenreichen Fließfertigung kosteneffiziente und flexible Montagelinien eingesetzt, auf denen verschiedene Varianten eines Grundmodells mit wenigen Umbaumaßnahmen montieren werden können. Abhängig von den jeweiligen Eigenschaften eines Fahrzeuges variiert dann die Bearbei-

---

[2] www.otd-net.de

tungsdauer an den Bearbeitungsstationen. Folgen mehrere Aufträge von Fahrzeugen mit langer Bearbeitungsdauer an einer Station, können die Monteure am Band die Aufträge nicht mehr laufend bearbeiten, was zu Überlastungen führt, denen mit kostspieligen Gegenmaßnahmen begegnet werden muss. Die durch die Fließfertigung gewonnene Flexibilität macht so eine durchgängige Reihenfolgeplanung der einzelnen Fertigungsaufträge notwendig, die darauf ausgerichtet ist, Überlastungen einzelner Arbeitsstationen zu minimieren.

Dieses Problem ist ein NP-schweres Optimierungsproblem (Gent 1998; Kis 2004). Anforderungen der Distributionslogistik müssen hier zusätzlich berücksichtigt werden, ohne höhere Kosten in der Produktion zu implizieren.

Die Schwierigkeit der Integration von Anforderungen der Distribution in der Reihenfolgeplanung liegt in der Gegenläufigkeit der Ziele aus Produktion und Logistik. Diese wird besonders deutlich, wenn Transporte für Zielmärkte gebildet werden sollen, in denen eine bestimmte Eigenschaft besonders häufig vorkommt, die aber gleichzeitig die Produktionsreihenfolge – beispielsweise über eine zeitintensive Montage – stark beeinflussen. Als Beispiel seien hier Fahrzeuge für Nordamerika genannt, die ausschließlich mit Klimaanlage verkauft werden.

Vor diesem Hintergrund wird in diesem Beitrag ein integriertes Verfahren zur Auftragsreihenfolgeoptimierung vorgestellt, welches Anforderungen der Distributionslogistik in der Planung berücksichtigt. Das Verfahren liefert über die Kopplung der Optimierung mit der Prozesssimulation dem Planer Entscheidungsunterstützung in der Umstellung auf die distributionsorientierte Reihenfolgeplanung sowie bei konzeptuellen Anpassungen im Transportnetzwerk.

13.3 Optimierungsaufgabe

Die zu lösende Optimierungsaufgabe geht aus einer Planungsaufgabe aus dem Gebiet der Reihenfolgebildung hervor. Will ein Hersteller das Potential, welches durch eine bessere Abstimmung der Auftragsreihenfolge auf die Transporte entsteht, erschließen, so muss diese Anforderung in der Reihenfolgeplanung berücksichtigt werden, ohne dass die Reihenfolge sich in Bezug auf Zielstellungen der Produktion verschlechtert. Diese Fragestellung erweitert die ursprüngliche Planungsaufgabe zur neuen Aufgabe der distributionsorientierten Reihenfolgeplanung, in deren Kontext das Problem der distributionsorientierten Reihenfolgeoptimierung gelöst werden muss.

13.3.1 Optimierungsziel

Das Optimierungsziel der distributionsorientierten Reihenfolgeoptimierung setzt sich aus mehreren Unterzielen zusammen. Um diese herzuleiten findet hier eine Einordnung der Ziele in zwei Dimensionen statt.

Die erste Zieldimension betrifft die Art der Ziele (Arnold et al. 2008; Reeker et al. 2009). Hier werden Kosten-, Leistungs-, und ökologische Ziele unterschieden.

Die zweite Zieldimension betrifft die Organisationseinheit innerhalb des Unternehmens, die von der Erfüllung der Ziele profitiert. Die Reihenfolgeplanung der variantenreichen Fließfertigung beeinflusst direkt drei eng verzahnte Organisationseinheiten. Die Beschaffungslogistik wird dadurch beeinflusst, dass die Reihenfolgeplanung die Bedarfszeitpunkte und -mengen definiert, die bereitzustellen sind. Die Produktion wird durch die direkte Vorgabe der Abfolge der Arbeitsaufträge durch die Reihenfolgeplanung bestimmt. Und für die Distributionslogistik legt die Reihenfolgeplanung die Transportbedarfe fest. Alle drei Organisationseinheiten haben daraus resultierend ein Interesse daran, Einfluss auf die Reihenfolgeplanung zu nehmen. Die in der Abb. 13.1 dargestellten Ziele spiegeln dieses Interesse wieder.

Da der Fokus des vorgestellten Projektes auf der Einbindung von Kriterien der Distribution in die Reihenfolgeplanung liegt, wird die Einflussnahme der Beschaffungslogistik hier nur insoweit berücksichtigt, wie es in aktuellen Planungsprozessen bereits üblich ist. Das bedeutet einerseits, dass die Verfügbarkeit aller benötigten Zulieferteile zum richtigen Zeitpunkt gewährleistet werden muss und andererseits, dass die Zulieferung- und Herstellung von JIS-Teilen durch eine gleichmäßige Nachfrage unterstützt wird.

Die Ziele der Produktion umfassen die Minimierung von Überlastungen der Arbeitsstationen, um Liefertreue, geringe Durchlaufzeiten und Personalkosten zu gewährleisten und die gleichmäßige Auslastung der Arbeitsstationen zur Optimierung des Personaleinsatzes.

Das erste Ziel der Distributionslogistik besteht in der Blockung[3] von Aufträgen mit demselben Zielort entsprechend einer sogenannten logistischen Losgröße, die aus der jeweiligen Kapazität des zugeordneten Transportmittels ableitbar ist. So kann eine Reduzierung von Beständen bei gleichzeitiger hoher Auslastung mit kürzeren Durchlaufzeiten realisiert werden. Zudem ist der vermehrte Einsatz von umweltfreundlichen Ganzzügen möglich, deren Einsatz heute wegen langer Sammelzeiten für die zu transportierenden Fahrzeuge am Werk ausgeschlossen würde. Zweites Ziel aus Sicht der Distributionslogistik ist, dass die Planungsergebnisse robust sind, eingerichtete Transporte durchgeführt und Transportabrufe möglichst früh kommuniziert werden.

13.3.2 Zusammenhänge

Als Basis dient dem Verfahren ein Modell des Produktionsstandorts mit Beschaffung (Zulieferer und Transportkanäle) und Fertigfahrzeugdistribution (Händler und

---

[3] Unter Blockung (oder auch Pulkung) wird die zeitlich nahe Anordnung einer bestimmten Menge von Aufträgen in der Sequenz verstanden.

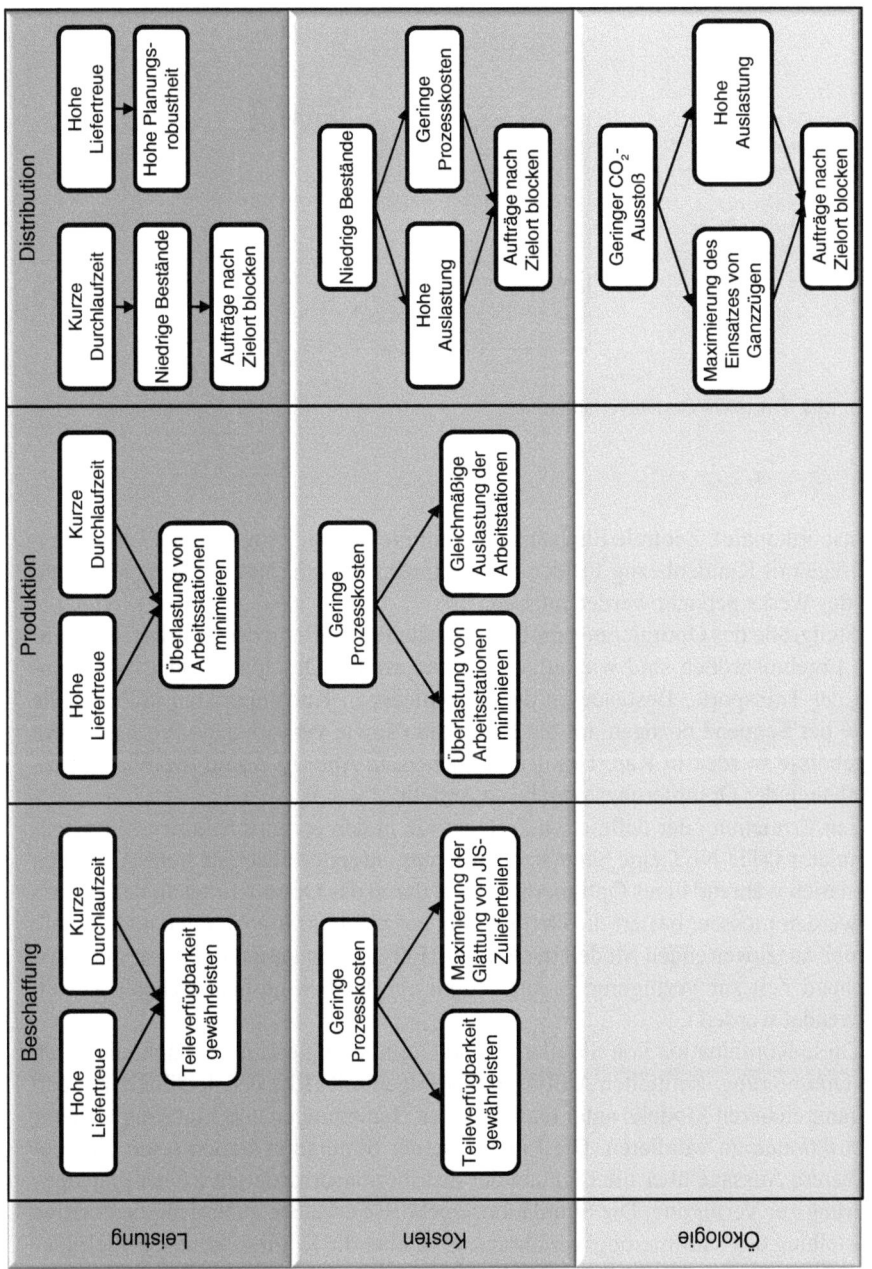

Abb. 13.1 Ziele der distributionsorientierten Reihenfolgeplanung

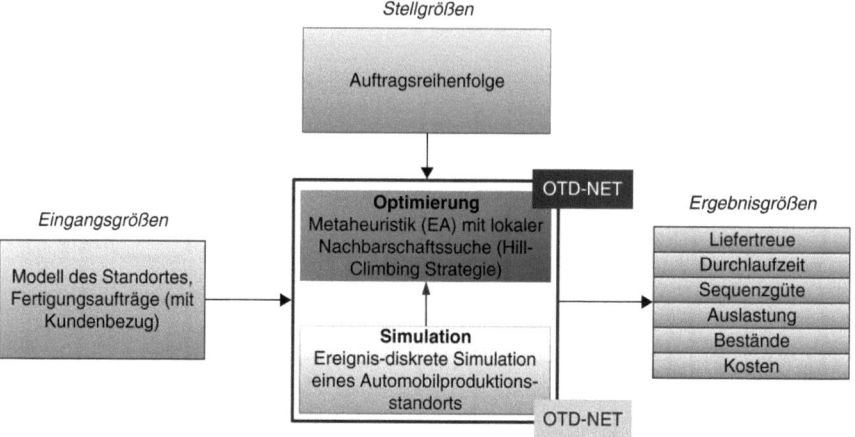

Abb. 13.2 Übersicht Gesamtverfahren

Transportkanäle). Zentrale Eingangsgröße für die Optimierung sind die Fertigungsaufträge mit Kundenbezug für den Betrachtungszeitraum, die gegen die Kapazitäten des Werks gebucht werden müssen.

Stellgröße des Optimierungsproblems ist die Reihenfolge der Aufträge. Betrachtete Ergebnisgrößen sind wie aufgeführt Liefertreue, Durchlaufzeiten, Auslastungen der Transporte, Bestände an den verschiedenen Knotenpunkten im Netz, die Güte der Sequenz bezogen auf die Produktion sowie verschiedene Prozesskosten. Ergebnisse werden in Kap. 13.6.1 beschrieben. In Abb. 13.2 sind die Wirkzusammenhänge der Optimierungsaufgabe dargestellt.

Zur Erreichung der definierten Ziele wurde in den ereignisdiskreten Netzwerk-Simulator OTD-NET eine Sequenzoptimierung integriert. Da eine hohe Anzahl an Szenarien während eines Optimierungslaufs durch das Optimierungsmodell bewertet werden müssen, basiert die Optimierung auf einem sehr abstrakten und deshalb schnell auszuwertenden Modell der Realität. Für die Simulation hingegen steht ausreichend Zeit zur Verfügung; es kann somit ein deutlich umfangreicheres Modell verwendet werden.

Diese Kombination von Simulation und Optimierung erlaubt es dann, die durch die Optimierung ermittelten Auftragsreihenfolgen mit Hilfe des detaillierteren und umfangreicheren Modells unter realitätsnahen Bedingungen und Einbezug weiterer Restriktionen zu validieren. Die Ergebnisse der Simulation stellen somit eine belastbarere Aussage über die Eignung der distributionsorientierten Reihenfolgeoptimierung zur Verfügung. Die Simulationsergebnisse erlauben außerdem die iterative Einstellung des Optimierungsverfahrens, z. B. über die Konfiguration der Zielfunktion. Desweiteren liefert das integrierte Verfahren dem Planer Entscheidungsunterstützung in der Umstellung auf die distributionsorientierte Reihenfolgeplanung sowie bei konzeptuellen Anpassungen im Transportnetzwerk.

13.3.3 Problemklassen

Zur Lösung des Optimierungsproblems der Auftragssequenzierung für die variantenreiche Fließfertigung existieren drei algorithmische Problemklassen (Boysen et al. 2009). In diesem Projekt wurde aufgrund der Datenverfügbarkeit und des Anwendungsgebietes Automobilproduktion auf das sogenannte Car Sequencing Problem (CSP) aufgebaut.

Beim Car Sequencing Problem wird von den Details konkreter Arbeitsstationen, Fertigungszeiten, Ressourcen und Taktzeiten abstrahiert. Stattdessen werden Sequenzierungsrestriktionen eingeführt, durch die die Reihenfolgebildung bestimmt wird. Diese Restriktionen werden während der Produktionsplanung abhängig von Einbauraten, Kapazitäten, Ressourcen und Schichtplanung erstellt und sollen die Anzahl an aufeinanderfolgenden Aufträgen mit zeitkritischen Eigenschaften begrenzen, um Überlastungen der Stationen zu verhindern. Die folgende Detaillierung folgt der Definition von Boysen et al. (2009).

Den T Takten des Planungshorizontes für eine Produktionslinie müssen Fahrzeugmodelle $m \in M$ zugeordnet werden, so dass die Nachfrage d_m jedes Modells erfüllt wird. Die Zuordnung findet über die binäre Variable $x_{m,t}$ statt. Diese Zuordnung von Modellen zu Takten basiert maßgeblich auf den Eigenschaften (auch: Optionen) $o \in O$, die ein Fahrzeugmodell beinhaltet. Die geschieht über die Binärvariable $a_{m,o}$. Die Eigenschaften unterliegen den Sequenzierungsregeln der Form $H_o: N_o$, die angeben, dass in einer Teilsequenz der Länge N_o maximal H_o Modelle die Eigenschaft o enthalten dürfen. Das Ziel des Standardproblems ist es, die Anzahl an Regelverletzungen und damit die Überbelastung der Arbeitsstationen zu minimieren.

Dieses Standardproblem des Car Sequencing ist in seiner dargestellten Grundform ausschließlich auf eine Optimierung der Produktionsziele ausgelegt: die Minimierung von Regelverletzungen entspricht einer Kosten- und Durchlaufoptimierung der Produktion. Um Ziele der Distributionslogistik zu berücksichtigen, soll das Problem zum Distribution-oriented Car Sequencing Problem erweitert werden. Die Anforderungen an die neue Problemklasse werden nun aus den weiter oben definierten Zielen hergeleitet.

Eine erste Anforderung leitet sich aus dem zielbasierten Blocken der Aufträge ab. Sie fordert die Verwendung von Zieleinplanungsfenstern, die für die Transporte aus dem Abfahrtstermin abgeleitet werden und in der Größe abhängig von der Kapazität des Transports sind. Aufträge die innerhalb des Fensters eingeplant werden, gelten in Bezug auf die Transportkriterien als optimal eingeplant.

Das Ziel, Aufträge nach Zielorten innerhalb der Sequenz für die zugehörigen Transporte zu blocken, bedingt ebenfalls, dass die Sequenzierung über die sonst übliche Tagesgrenze hinaus stattfindet: Die benötigten Aufträge, um einen Transport zu füllen, sind u. U. je nach Abfahrtstermin und Kapazität des Transportes so zahlreich, dass sie über die Tagesgrenze hinaus geblockt werden müssen. Daraus leiten sich drei Anforderungen ab, die hier diskutiert werden sollen (siehe auch Abb. 13.3).

Um Brüche zwischen Teilsequenzen zu vermeiden, muss die Sequenzierung erstens mithilfe eines Sequenzierungsfensters erfolgen, das über die Zeitachse

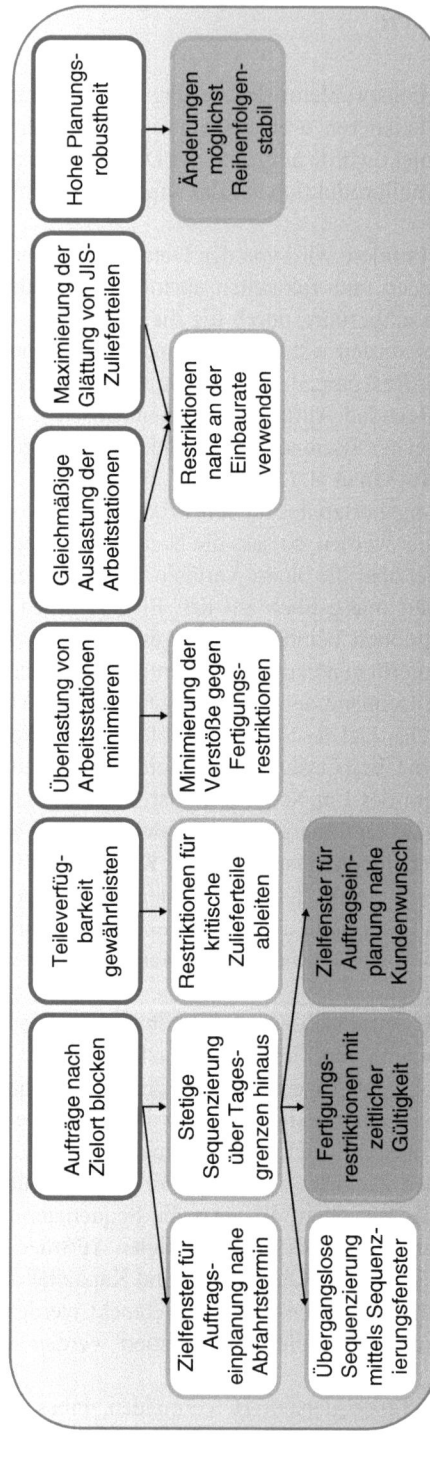

Abb. 13.3 Darstellung der Anforderungen an die Problemklassen

geschoben wird. Da zumeist mehrere Wochen betrachtet werden, kommt aus Gründen der Komplexität eine Sequenzierung der gesamten Auftragsmenge in einem Schritt nicht in Frage. Bei der Sequenzierung mittels Fenstern ist jedoch zu beachten, dass Aufträge mehrmals betrachtet werden, zumeist also eine bereits partiell sequenzierte Auftragsmenge als Eingabe dient.

Die zweite, abgeleitete Anforderung bezieht sich auf die Restriktionen, die sich abhängig von Einbauraten und der Ressourcenplanung der Produktion über der Zeit verändern können. Um dieses Verhalten abbilden zu können, müssen die Sequenzierungsregel mit einer zeitlichen Gültigkeit versehen werden. In den bisher vom Anwendungspartner bereitgestellten Szenarien wurden nur über den gesamten Betrachtungszeitraum gültige Sequenzierungsregeln vorgegeben. Diese Anforderung wurde daher in der aktuellen Ausgestaltung des Verfahrens vernachlässigt, stellt aber einen der wesentlichen Weiterentwicklungsschritte dar.

Damit die Aufträge nicht nach Belieben mit dem Sequenzierungsfenster verschoben werden, ergibt sich die dritte, abgeleitete Anforderung: Jeder Auftrag erhält ein gültiges Einplanungszeitfenster, welches den aus dem Kundenwunschtermin abgeleiteten Fertigstellungstermin enthält. Diese Anforderung sichert die Liefertreue zusätzlich zur bereits dargestellten, ersten Anforderung ab. Sie wurde aufgrund Ihres geringen Einflusses auf das Verfahren bisher nicht integriert.

Das beschaffungsseitige Ziel, die Teileverfügbarkeit zu gewährleisten, kann dadurch erfüllt werden, dass für kapazitativ beschränkte Eigenschaften Fertigungsrestriktionen, basierend auf dem Verhältnis des maximalen Fertigungstaktes a des Zulieferers und des Taktes des Werkes b, berechnet werden. Es ergibt sich folgende Regel:

$$H_o : N_o = 1 : \frac{a}{b}. \tag{13.1}$$

Das Produktionsziel, die Überlastungen zu vermeiden, führt zu der Anforderung, die Verstöße gegen Fertigungsrestriktionen zu minimieren. Dem Ziel einer gleichmäßigen Auslastung und dem der Glättung von JIS-Teilen kann mit der Erstellung einer Fertigungsrestriktion nahe der Einbauraten der entsprechenden Eigenschaft begegnet werden.

Abschließend fordert das Distributionsziel einer robusten Planung eine auf die Transporte bezogene, stabile Sequenz. Diese wird dadurch erreicht, dass unerwartete Änderungen der Sequenz nur mit Rücksicht auf bereits geplante Transporte vorgenommen werden dürfen. Diese Erweiterung des Gesamtverfahrens im Sinne eines Risikomanagements stellt einen Ausblick auf weitere Arbeiten dar.

13.3.4 Problemgröße

Gent (1998) und Kis (2004) haben bereits bewiesen, dass das traditionelle CSP NP-schwer ist. Dies deutet auf die Schwierigkeit hin, reelle Probleminstanzen exakt in einer akzeptablem Zeit lösen zu können, was später auch von praktischen Ergebnissen unterstrichen wurde (Estellon et al. 2008).

Die Komplexität des Lösungsraumes des CSP ergibt sich aus der Anzahl möglicher Permutationen der verschiedenen Fahrzeugmodelle in der Auftragsmenge als:

$$\frac{|M|!}{\prod_{m \in M} d_m!}. \tag{13.2}$$

Eine weitere Größe, die die Schwierigkeit des Problems beschreibt, ist die Restriktivität einer Eigenschaft $restr(o)$. Sie setzt das Verhältnis aus der Häufigkeit des Vorkommens einer Eigenschaft in Aufträgen zur Mächtigkeit der Grundmenge in Beziehung zu dem Quotienten der Einzelteile der Restriktionsregel dieser Eigenschaft.

$$restr(o) = \frac{\sum_{m \in M} a_{m,o} \cdot d_m}{T} \cdot \frac{N_o}{H_o} \tag{13.3}$$

Bspw. lässt sich ein Auftrag mit einer Restriktion von 1:3 leichter innerhalb einer Grundmenge von Aufträgen einplanen, in der jeder fünfte Auftrag diese restriktive Eigenschaft besitzt, als wenn es jeder zweite wäre. Modelle mit einer niedrigen Gesamtrestriktivität lassen sich leichter sequenzieren als solche mit einer hohen.

Da durch das Distribution-oriented CSP weitere Zielsetzungen hinzukommen, bleibt die Komplexität mindestens erhalten.

13.4 Optimierungsansatz und Problemcodierung

In diesem Kapitel soll nun der Optimierungsalgorithmus beschrieben werden, der zur Lösung der in Kap. 13.2 vorgestellten Problemklasse eingesetzt wurde.

13.4.1 Algorithmen/Systeme

Zur Lösung des traditionellen Car Sequencing Problem haben sich für reelle Probleminstanzen metaheuristische Ansätze gegenüber exakten Verfahren und einfachen Heuristiken durchgesetzt (siehe hierzu bspw. Solnon et al. 2008). Bei einer Metaheuristik handelt es sich um einen Algorithmus der einerseits aus einer globalen Steuereinheit und andererseits aus lokalen Suchoperatoren besteht. Die lokalen Operatoren überführen die Eingabemenge in ein Optimum und werden dabei von der globalen Steuereinheit koordiniert und gelenkt. Für das vorgestellte Verfahren wurde als Steuereinheit ein Evolutionärer Algorithmus (siehe z. B. Fogel 1997) gewählt, da dieser ein hohes Maß an Flexibilität gewährt. Als lokales Suchverfahren wurde eine Variable Nachbarschaftssuche (VNS) eingesetzt, die eine Hill-Climbing Strategie verfolgt.

Die VNS ist ein lokales Suchverfahren, das von einer Lösung ausgehend eine Nachbarschaft der Lösung generiert (Nachbarn einer Lösung sind Lösungen, die durch die einmalige Anwendung definierter Operatoren erzeugt werden), die Nachbarn vergleicht und den besten auswählt. Der Einsatz einer Hill-Climbing Strategie führt dazu, dass während der VNS keine Verschlechterung des Fitnesswertes akzeptiert wird. Die Lösung wird also in ein lokales Optimum überführt und dann an die Metaheuristik zurückgegeben. Diese mutiert die Lösung zur Diversifikation, um neue Lösungsräume zu erschließen.

Die wichtigsten Bestandteile des Algorithmus werden im Folgenden kurz vorgestellt.

Startinitialisierung Die Startinitialisierung ist für die Erzeugung der Individuen der Ausgangsgeneration zuständig. Ihre Aufgabe ist es, ein möglichst breites Spektrum an guten Lösungen zu erzeugen. In dem präsentierten Ansatz wurde eine heuristische Initialisierung verwendet. Diese ordnet die Aufträge anhand ihrer Transporte und versucht dann nach und nach die aufgrund ihrer Restriktionen am besten passenden Aufträge einzufügen, wobei schwierigere Aufträge bevorzugt werden.

Fitnessfunktion Da die Änderungen bei der Optimierung einer Auftragsreihenfolge stets lokal sind – ein Auftrag wird verschoben oder vertauscht, konnte die benötigte Rechenzeit für die Auswertung der Fitnessfunktion dadurch stark reduziert werden, dass die Differenz der Zielfunktion lokal berechnet und auf die vorherige Version addiert wird. Somit wird eine Neuberechnung der gesamten Funktion bei jeder einzelnen Änderung überflüssig.

Die Zielfunktion setzt sich inhaltlich aus drei Elementen zusammen:

- Anzahl an Restriktionsverstößen
- Bestand: Anzahl der Takte, die ein Auftrag vor der vorderen Grenzen seines Transportzielfensters eingeplant wurde
- Anzahl verpasster Transporte

Alle drei Kriterien werden mit Kostenfaktoren gewichtet und summiert, um die Gesamtfitness zu ermitteln. Hierbei verwendet die Optimierung die Werte der einzelnen Kriterien, um auf die entsprechende Situation passend reagieren zu können.

Operatoren der VNS Die VNS basiert auf verschiedenen nachbarschaftsgenerierenden Operatoren, die die Nachbarschaft einer Ausgangslösung definieren. Diese Nachbarn werden verglichen und der beste ausgewählt. Hier sollen nun kurz die verwendeten Operatoren skizziert werden. Ausgangspunkt für alle Operatoren bildet ein vorher ausgewählter Auftrag aus der Sequenz.

Swap-Operator Bei diesem Operator findet ein Austausch des ausgewählten Auftrags mit einem anderen Auftrag statt. Der Operator ist besonders geeignet um lokale Restriktionsverletzungen aufzulösen.

K-Swap-Operator Hier wird der Swap-Operator k mal verwendet, um den Auftrag schrittweise über große Distanzen zu verschieben und dabei einen großen Teil der Sequenz zu bearbeiten.

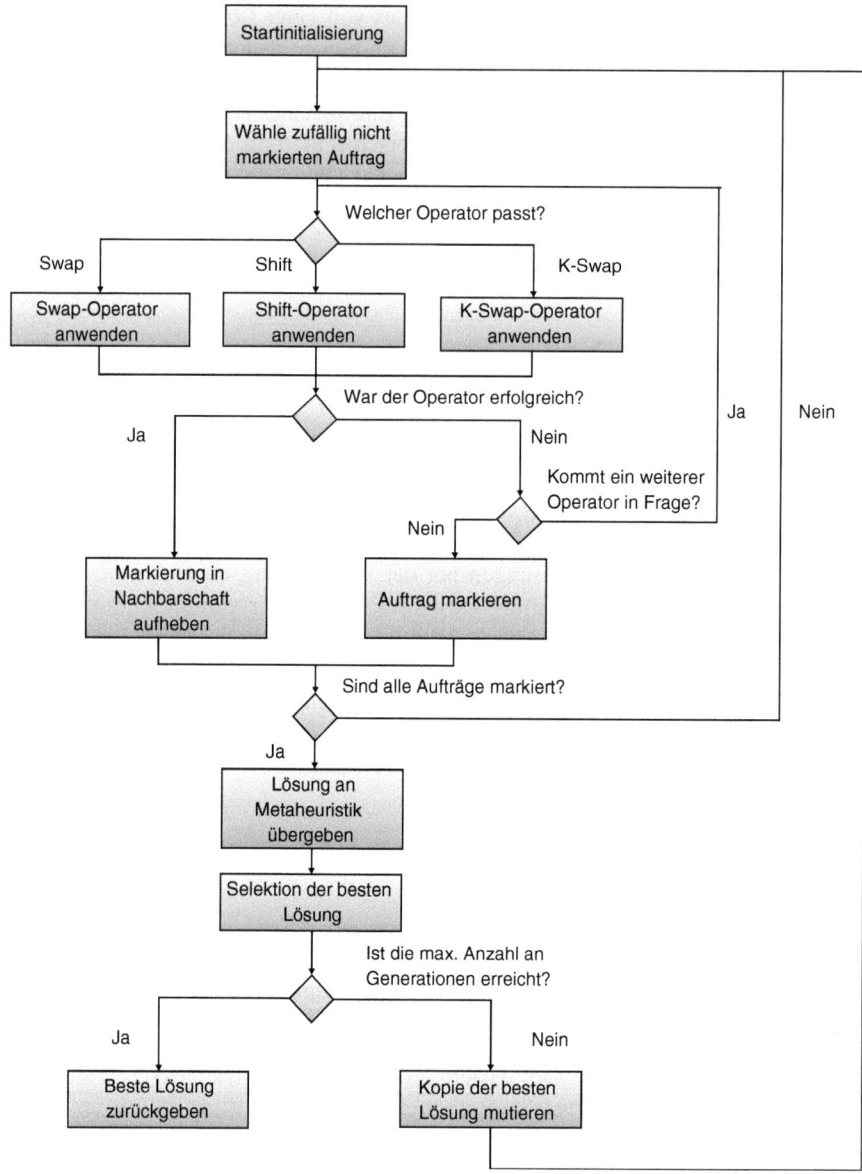

Abb. 13.4 Ablaufdiagramm des Optimierungsalgorithmus

Shift-Operator Beim Shift-Operator wird ein Auftrag aus der Sequenz entfernt und an einer anderen Stelle wieder eingefügt, wobei die Teilsequenz zwischen Zieltakt und Ursprungstakt in Richtung des Ursprungstakts verschoben wird. Dieser Operator eignet sich dazu, einen Auftrag ins Zielfenster seines Transportes zu bringen, ohne die verschobene Teilsequenz bzgl. der Restriktionen zu verändern.

Mutation Die Phase der Mutation dient der Diversifikation einer erstellten Lösung. Zur Mutation wurden hier mehrere Operatoren aus anderen Phasen verwendet. Erstens wurde der Startinitialisierungsoperator auf einen zufällig bestimmten Teilbereich der Sequenz angewendet. Zweitens wurde eine mehrmalige, zufällige Verwendung verschiedener Operatoren der lokalen Suche implementiert, mit der Besonderheit, dass die Operatoren auch schlechtere Lösungen akzeptieren.

Abbruchkriterium Das Abbruchkriterium definiert, wann die VNS beendet wird, d. h., wann die Lösung in ein lokales Optimum überführt wurde. Um dies festzustellen, werden während der VNS Aufträge markiert, die bereits untersucht und als nicht mehr verbesserbar erkannt wurden. Die Markierungen werden bei Änderungen im Umfeld der Aufträge wieder aufgehoben. Gibt es keine Aufträge mehr, die verbessert werden können, bricht die Suche ab.

Das Abbruchverhalten der übergeordneten Metaheuristik wird mittels eines Parameters, der die maximale Anzahl an Mutationen festlegt, gesteuert.

Verfahrensablauf In Abb. 13.4 wird der Ablauf des hier präsentierten Algorithmus dargestellt. Die Optimierung beginnt mit der Erzeugung der Startlösung in der Startinitialisierung. Danach wird die erzeugte Lösung der VNS übergeben und in ein lokales Optimum überführt. Hierzu kommen die bereits vorgestellten Operatoren zum Einsatz, wobei abhängig von der Situation, in der sich der zu optimierende Auftrag in der Sequenz befindet, der jeweils passende Operator gewählt wird. Aufträge, die durch keinen der Operatoren verbessert werden können, werden markiert und gezählt. Entspricht die Zahl der markierten Aufträge der Sequenzlänge, ist die VNS beendet und die Lösung wird der Metaheuristik zurückgegeben. Diese überprüft das Abbruchkriterium. Ist es noch nicht erfüllt, wird die Lösung mutiert und dann erneut der VNS übergeben. Ist sie erfüllt, wird die beste Lösung aller Iterationen als beste Lösung zurückgegeben.

13.5 System-/Modellarchitektur

Es wird nun das Gesamtverfahren beschrieben, welches sich aus dem bereits vorgestellten Optimierungsalgorithmus und der Simulationsumgebung zusammensetzt, in die der Algorithmus eingebettet ist. Zuerst wird dabei Einblick in die Architektur und das Zusammenspiel der beiden Verfahren gegeben, um danach den unterstützten Planungsprozess darzustellen.

13.5.1 Systemarchitektur

Durch die der Simulation inhärenten Nachbildung des Systemverhaltens können Auswirkungen der Optimierungsergebnisse sichtbar gemacht werden, die sich in außergewöhnlichem, ungewünschten Verhalten des Gesamtsystems äußern und außerhalb der Einflussbereiche der Optimierung liegen.

Für das Verfahren wurde das ereignisorientierte Netzwerk-Simulationswerkzeug OTD-NET verwendet, welches am Fraunhofer-Institut für Materialfluss und Logistik in Dortmund entwickelt wurde. Es ermöglicht die detaillierte Repräsentation, Simulation und Analyse der logistischen Prozesse eines mehrstufigen Logistiknetzwerkes in ihrem Zusammenspiel.

OTD-Net wird heute in Unternehmen mit komplexen Produktions- und Auftragsstrukturen, so z. B. ganz besonders in der Automobilindustrie, eingesetzt (siehe z. B. Stoßberg u. Hellingrath 2002; Klingebiel u. Wagenitz 2003; Schwede et al. 2008).

In OTD-NET wurde die in Kap. 13.3 beschriebene Sequenzoptimierung integriert. Die Optimierung ist über Modellparameter konfigurierbar. Die maximale Laufzeit, die Gewichtung der Zielkriterien, die Größe des Sequenzierungsfensters sowie die Optimierungsfrequenz können über diese Parameter eingestellt werden.

13.5.2 *Einbindung in den Planungsprozess*

Ausgangspunkt des integrierten Verfahrens ist ein Simulationsmodell von Produktionsstandorten, welches die Beschaffungsprozesse (Zulieferer und Transportkanäle) und Distributionsprozesse (Händler und Transportkanäle) integriert. Hierzu müssen die betreffenden Produktionsstandorte mit allen wesentlichen Transportrelationen und Händlern innerhalb von OTD-NET modelliert werden. Die Produktstruktur wird abgebildet und das Produktionsprogramm für den Betrachtungszeitraum eingelesen.

Die Optimierung wird durch die Simulation iterativ für unterschiedliche Zeitfenster und Auftragsvolumen angestoßen. Der Ablauf des Verfahrens des Planungsprozesses soll im Folgenden kurz skizziert werden.

In der Simulation von Produktionsstandorten mit OTD-NET werden geplante Aufträge aufgrund von prognostizierten Fahrzeugvolumen und Einbauraten von Eigenschaften ermittelt und mit einem Solllieferterm versehen. Diese so genannten Planaufträge müssen in das Werksprogramm eingeplant werden. Dazu findet eine Werkszuordnung der Aufträge statt. Danach wird aufgrund von Zuliefererkapazitäten und den Sollliefertermienen verbunden mit Plandurchlaufzeiten zu den Händlern eine grobe Einordnung der Aufträge auf Produktionstage durchgeführt. Beim Fortschreiten der Simulation schreitet ebenfalls das Optimierungsfensters in der Zeit tageweise voran (Abb. 13.5).

Falls sich Aufträge innerhalb des frei definierbaren Fensters, welches z. B. eine Länge von sieben Tagen haben kann, befinden, werden diese an die Optimierung übergeben. Eine Zuordnung der Aufträge zu den in der Simulation modellierten Transporten findet statt und wird gleichsam übergeben. Die Optimierung ermittelt die optimale Auftragsreihenfolge für dieses Zeitfenster unter Beachtung der abgebildeten Restriktionen und gibt diese an die Simulation zurück. Jeder Produktionstag wird so beim Fortschreiten des Fensters iterativ mehrfach optimiert, um auf

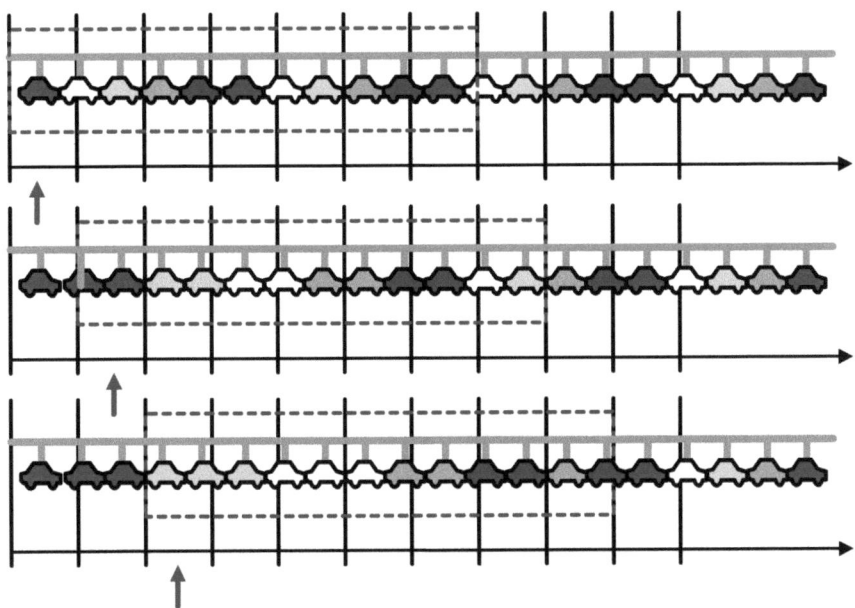

Abb. 13.5 Fortschreiten des Sequenzierungsfensters

Rückschlüsse aus der Simulation zu reagieren. Hierzu wird die bereits vorhandene Reihenfolge aus der Simulation in der Optimierung unter dem Vermerk, bis zu welchem Tag bereits eine Optimierung stattgefunden hat, übernommen. Bereits optimierte Aufträge werden in der Startinitialisierung explizit identifiziert, um eine bereits optimierte Teillösung nicht zu verschlechtern.

Die optimierte Auftragsreihenfolge wird folgend im Werk von der Simulation bei ausreichender Teileverfügbarkeit gebaut und der Distribution übergeben. Hier werden die Fertigfahrzeuge auf Transporte geladen und durch das Netzwerk zum Kunden transportiert.

Auf Basis eines Ist-Soll-Vergleichs mittels Simulation und Optimierung können die wichtigen Prozesskennzahlen ausgewiesen und analysiert und schließlich eine Entscheidung getroffen werden. Darunter zählen die erreichte Liefertreue, Durchlaufzeiten, Transportauslastungen, Bestände, Anzahl an Restriktionsverstößen, Prozesskosten, etc.

Das vorgestellte Verfahren kann so einerseits den Planer bei der Entscheidung unterstützten, ob die distributionsorientierte Reihenfolgeplanung im Unternehmen eingeführt werden kann und aufzeigen, welche Verbesserungspotentiale hierdurch erschlossen werden können.

Das Verfahren kann dann zudem als Ausgangsbasis für die operative Umsetzung der distributionsorientierten Reihenfolgeplanung dienen. Außerdem kann es bei der Überprüfung eingesetzt werden, ob sich weitere Transportrelationen für die Einbindung in die neue Planung eignen.

13.6 Bewertung des Verfahrens

Im Rahmen des Forschungsprojektes InTerTrans wurde als Anwendungsfall ein Produktionsstandort von Volkswagen gewählt. Das Simulationsmodell umfasste hier das Distributionsnetzwerk des gewählten Produktionsstandortes, die Produktstruktur zweier Varianten für jeweils eine Produktionslinie sowie das Produktionsprogramm über einen Zeitraum von 13 Wochen. Auf dieser Grundlage wurde die Ist-Situation ohne Einbezug der Distributionsziele in die Produktionsplanung und ein Soll-Szenario mit Einbezug ausgewählter Transportrelationen simuliert und bewertet.

13.6.1 Ergebnisse und Erkenntnisse

In Abb. 13.6 ist ein Vergleich der Anzahl an Restriktionsverstößen zwischen dem hier präsentierten Ansatz und einer Referenzlösung ohne Berücksichtigung der Distributionsanforderungen für mehrere Produktionswochen dargestellt. Die Anzahl der Verstöße deuten auf die Güte der Reihenfolge bzgl. der Produktion hin. Diese Verstöße sind aufgrund von teilweise konfliktären Regeln und deshalb notwendigen Regelpriorisierungen, sowie aufgrund kurzfristiger Programmänderungen unvermeidbar.

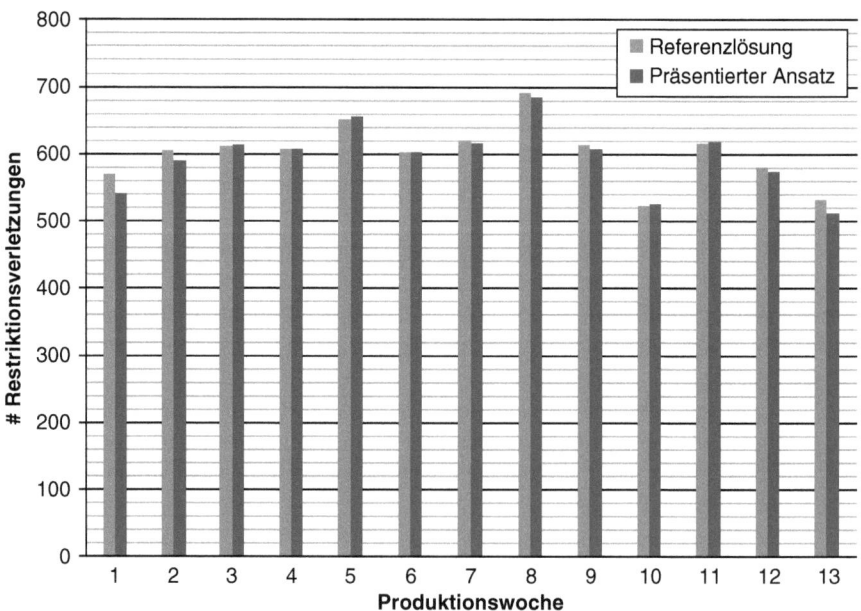

Abb. 13.6 Auswertung der Restriktionsverletzung

Es ist aber deutlich erkennbar, dass sich durch die zusätzlichen Anforderungen der Distribution die Anzahl an Regelverstößen nicht erhöht hat. Als wichtiges Ergebnis kann konstatiert werden, dass die Integration der Distributionsziele in die Reihenfolgeoptimierung nicht zu einer Verschlechterung der Produktionsdurchlaufzeit, der Personal- und Ressourcenauslastung sowie der Kosten in der Produktion führt.

Des Weiteren zeigen Auswertungen der Simulationsergebnisse, dass mit dem integrierten Optimierungsverfahren die Bestände an Fertigfahrzeugen am Werk durch die distributionsorientierte Reihenfolgeplanung für die betrachteten Relationen halbiert werden konnten. Der Hauptanteil der verbliebenen Bestände lässt sich durch die Wartezeiten erklären, die für die Bereitstellung des Transportes vergehen. Darüber hinaus konnte ermittelt werden, dass sich so die Durchlaufzeiten zum Händler deutlich verkürzen.

Die volle Auslastung von Bahntransporten kann gleichfalls mit deutlich kürzerer Sammelzeit erfolgen, so dass die Umstellung weiterer Relationen auf Ganzzüge hiermit eine Bewertungsgrundlage erhält, die in kommenden Arbeiten weiter verfolgt werden soll.

Zur Beurteilung des Optimierungsverhaltens seien in Abb. 13.7 exemplarische Verläufe der beiden wichtigsten Fitnesswerte dargestellt (oben Kapazitätsüberlastungen bzw. Restriktionsverletzungen, unten Bestandszeiten der Fertigfahrzeuge). Es ist deutlich zu erkennen, dass der relativ schlechte Wert der Initiallösung bereits nach wenigen Schritten stark verbessert werden kann. Im weiteren Verlauf wechseln sich Mutation (zu erkennen an den Spitzen im Funktionsverlauf) und VNS ab. Die Optimierung der Bestände ist bei diesem Beispiel deutlich leichter als die der Restriktionsverletzung. Ein Hinweis darauf, dass in diesem Beispiel noch weitere Relationen in die Optimierungskriterien aufgenommen werden können.

13.6.2 Einschränkungen

Wie bereits in Kap. 13.2.3 erwähnt, ist es Aufgabe der weiteren Arbeiten die bisher ausgeklammerten Anforderungen zu integrieren. Dies sind die Abbildung von Zeitfenstern für die Fertigungsrestriktionen, sowie die Beschränkung des Einplanungsbereichs für die einzelnen Aufträge. Des Weiteren soll eine detaillierte Integration der Beschaffungslogistik mit Zulieferern und Transportrelationen stattfinden, um die Auswirkungen der Planungsumstellung auch mit Blick auf diesen Bereich genauer bewerten zu können. So können weitergehende Anforderungen aus der Beschaffung an die Optimierung der Auftragsreihenfolge aufgenommen werden.

13.6.3 Fazit und Ausblick

Die Herausforderungen bei dem beschriebenen Projekt bestanden einerseits darin, die komplexen Prozesse der Programm- und Reihenfolgeplanung sowie der

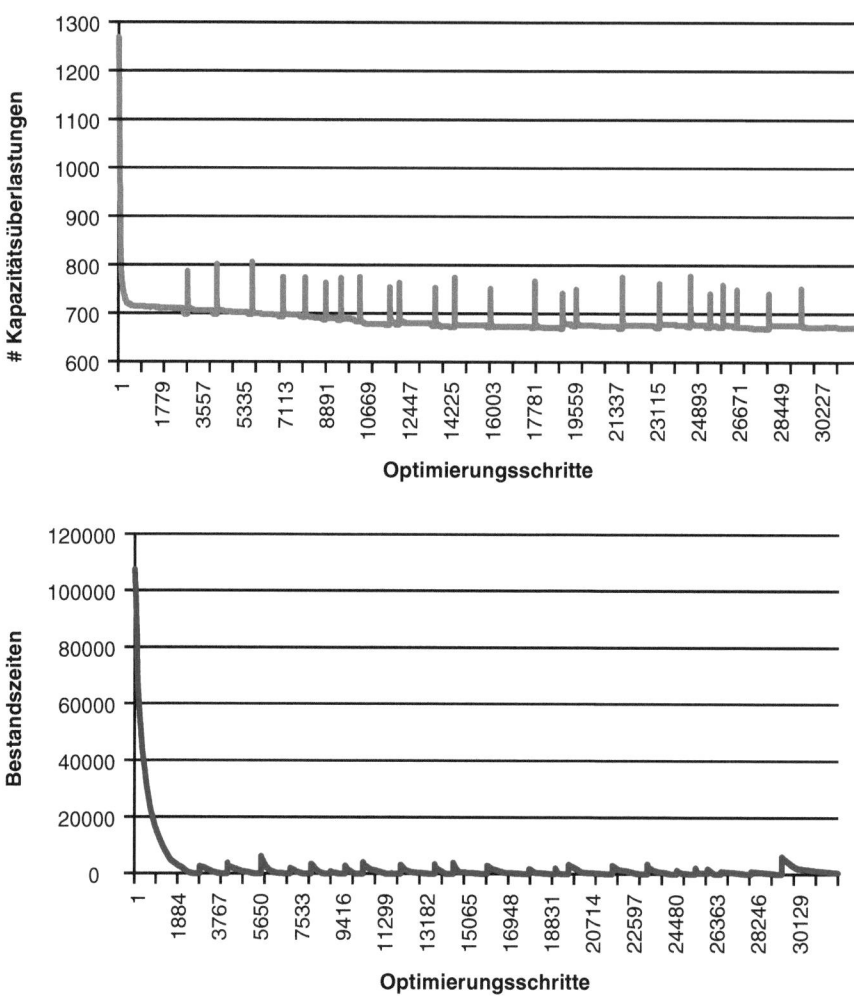

Abb. 13.7 Verlauf der Fitnesswerte einer Optimierung

Beschaffungs- und Distributionslogistik der Automobilindustrie aufzunehmen und bis ins Detail zu durchdringen. Andererseits musste eine Möglichkeit der Abbildung der Distributionskriterien innerhalb des Optimierungsalgorithmus gefunden werden.

Hierzu wurden die Ziele und Anforderungen an die distributionsorientierte Reihenfolgeplanung hergeleitet und die Problemklasse des Distribution-oriented CSP definiert. Ein Verfahren zur Lösung dieses Optimierungsproblem wurde vorgestellt und das Zusammenspiel mit der Prozesssimulation OTD-NET erläutert. Schließlich wurden anhand der Ergebnisse einer Fallstudie die Potentiale des Ansatzes aufgezeigt, sowie auf die Anwendung in der Praxis eingegangen.

Es konnte gezeigt werden, dass mithilfe einer Kopplung von Optimierung und Simulation eine signifikante Verbesserung der Reihenfolgeplanung nach Distributionskriterien erreicht werden kann, ohne die Reihenfolge in Bezug auf die Produktionsanforderungen zu verschlechtern. Messbar und demonstrierbar ist dies unter anderem an der Reduktion der Bestände an Fertigfahrzeugen. Die Umstellung der Reihenfolgeplanung in der Automobilindustrie wird so erstmals bewertbar.

Mit dem integrierten Verfahren steht außerdem dem Planer eine herausragende Entscheidungsunterstützung zur Verfügung.

Das Projekt konnte aber auch aufzeigen, dass weiterhin Potential in der Distribution verbleibt: Erstens entstehen lange Wartezeiten der Fertigfahrzeuge auf die Transporte bedingt durch die späte Anforderung der Transporte, die erst nach dem physischen Vorhandensein aller für den Transport vorgesehenen Fahrzeuge durchgeführt wird. Bei Etablierung des Verfahrens in der Praxis ist es möglich, unter der Maßgabe einer stabilen Reihenfolge, Transportabrufe bereits auf Basis der Sequenz zu generieren. Dieses Problem einer stabilen Reihenfolgeplanung stellt eine wesentliche Herausforderung für zukünftige Entwicklungen dar. Änderungen der Auftragsmenge müssen von der Optimierung so eingefügt werden, dass davon abhängige Planungen minimal betroffen sind.

Zweitens liegt ein Potential darin, die Transportbelegung und die Routenplanung als Teilaufgaben der operativen Transportplanung auf Basis der Auftragsreihenfolge durchzuführen. Das Ergebnis (eine Zuordnung von Fertigungsaufträgen zu Transporten) stellt dann die Eingabe für die Reihenfolgeplanung dar. Ein Gesamtoptimum (Reihenfolge und Fahrzeugbelegung/Routenplan) könnte z. B. durch mehrfache, iterative Anwendung beider Planungen gefunden werden.

Die Effizienz solcher Lösungen ist wiederum einfach mit dem dargestellten Ansatz bewertbar.

Literatur

Arnold D, Isermann H, Kuhn A, Tempelmeier H, Furmans K (2008) Handbuch Logistik. 3. Aufl. Springer-Verlag, Berlin

Baumgärtel H, Hellingrath B, Holweg M, Bischoff J, Nayabi K (2006) Automotive SCM in einem vollständigen Build-to-Order-System. Supply Chain Manage 6(1):7–14

Bong H-B (2002) The lean concept or how to adopt production system philosophies to vehicle logistics. In: Survey on vehicle logistics. ECG – the association of european vehicle logistics, Brussels, S 321–324

Boysen N, Fliedner M, Scholl A (2009) Sequencing mixed-model assembly lines: survey, classification and model critique. Eur J Oper Res 192(2):349–373

Estellon B, Gardi F, Nouioua K (2008) Two local search approaches for solving real-life car sequencing problems. Eur J Oper Res 191(3):928–944

Fogel L (1997) A retrospective view and outlook on evolutionary algorithms. Computational intelligence theory and applications. Springer, Berlin, S 337–342

Gent IP (1998) Two results on car-sequencing problems. APES-02-1998, S 1–7

Hermes A, Preus M, Wagenitz A, Hellingrath B (2009) Integrierte Produktions- und Transportplanung in der Automobilindustrie zur Steigerung der ökologischen Effizienz. Tagungsband 14. Magdeburger Logistiktagung – „Sustainable Logistics", S 183–195

Kiff J (1997) Supply and Stocking systems in the UK car market. Int J Phys Distribut Logist Manage 27(3/4):226–243

Kis T (2004) On the complexity of the car sequencing problem. Operat Res Lett 32(4):331–335

Klingebiel K, Wagenitz A (2003) Simulation schafft Klarheit. Logistik heute, Bd 7–8. S 46–47

Meyr H (2004) Supply chain planning in the German automotive industry. OR Spect 26:447–470

Motta M, Riha I, Weidt S (2004) Simulation eines Regionallagerkonzeptes. Technical Report 03032. Sonderforschungsbereich 559 Modellierung großer Netze in der Logistik, Dortmund

Reeker C, Hellingrath B, Wagenitz A (2009) Strategic logistics planning in the peripheral area of automotive production facilities: analysis of future trends and developments, key performance indicators and requirements for suitable evaluation methods. In: Proceedings of XIV summer school „Francesco Turco" – sustainable development: the role of industrial engineering

Schwede C, Song Y, Sieben B, Hellingrath B, Wagenitz A (2008) A simulation-based method for the design of supply strategies to enter developing markets. In: Proceedings of the 7th international workshop on modelling and applied simulation, S 83–92

Solnon C, van Cung D, Nguyen A, Artigues C (2008) The car sequencing problem: overview of state-of-the-art methods and industrial case-study of the ROADEF'2005 challenge problem. Eur J Oper Res 191(3):912–927

Stoßberg T, Hellingrath B (2002) OTD-Simulation – ein mächtiges Gestaltungswerkzeug für die VW-Logistik. VDI 2002a

Wagenitz A (2007) Modellierungsmethode zur Auftragsabwicklung in der Automobilindustrie. Dissertation. Universität Dortmund, Dortmund

Kapitel 14
Optimierung einer feinwerktechnischen Endmontage auf Basis der personalorientierten Simulation

Gert Zülch und Martin Waldherr

14.1 Einleitung

14.1.1 Unternehmen

Die Junghans Microtec GmbH (bis 2007 Junghans Feinwerktechnik GmbH & Co. KG) mit Sitz in Dunningen-Seedorf gehört zu den führenden Produzenten feinmechanischer und elektronischer Präzisionsgeräte für wehrtechnische Anwendungen. Das Unternehmen ist als ein Gemeinschaftsunternehmen der Diehl-Gruppe und der französischen Thales Group und auf den Gebieten Feinmechanik, Elektromechanik, Elektronik, Pyrotechnik und Werkstofftechnologien tätig.

Die Aufgabenstellung eines ersten Projektes bestand darin, die Verlagerung der Teilefertigung von Schramberg nach Dunningen-Seedorf mit Mitteln der Simulation abzusichern und dabei eine Flächenreduzierung im Vergleich zum bisherigen Standort in Verbindung mit einer Erhöhung des Produktionsausstoßes zu berücksichtigen. An diesem neuen Standort war bereits die Teilefertigung des Unternehmens angesiedelt. Nach dem Umzug der Teilefertigung aus dem Stammwerk Schramberg nach Dunningen-Seedorf im Jahre 2006 hat Junghans sämtliche Fertigungskapazitäten an diesem Standort zusammengefasst, wo inzwischen mehr als 500 Mitarbeiter beschäftigt sind. In einem weiterführenden Projekt ging es dann darum, die Abwicklung der Teilefertigungs- und Montageaufträge am neuen Standort zu optimieren, was in diesem Beitrag behandelt wird.

14.1.2 Wissenschaftlicher Partner

Das Institut für Arbeitswissenschaft und Betriebsorganisation (ifab) des Karlsruher Instituts für Technologie (KIT), vormals Universität Karlsruhe (TH), wurde im

---

G. Zülch (✉)
Karlsruher Institut für Technologie, Institut für Arbeitswissenschaft und Betriebsorganisation, Kaiserstraße 12, 76131 Karlsruhe, Deutschland, www.kit.edu

Jahre 1985 aus Anlass der Einrichtung eines neuen Studienschwerpunktes „Produktionstechnik" innerhalb der Fakultät für Maschinenbau gegründet. Es beschäftigt sich mit Themengebieten aus Arbeitsgestaltung und Produktionsmanagement. Als arbeitswissenschaftliche Forschungsschwerpunkte sind vor allem die ergonomische Gestaltung manueller Montage- und Demontagesysteme sowie die Mensch-Maschine-Kommunikation zu nennen. Die betriebsorganisatorischen Fragestellungen reichen von der arbeitsorganisatorischen Gestaltung komplexer Fertigungssysteme über die Analyse neuer Methoden der Fertigungssteuerung bis hin zur Untersuchung der Veränderungen von Organisationsformen für die Auftragsabwicklung.

In beiden Forschungsbereichen werden Handlungsanleitungen und Rechnerverfahren zur Planungsunterstützung entwickelt. Einen Schwerpunkt bilden Verfahren der organisatorischen und personalorientierten Simulation sowie deren Integration in Werkzeuge der Digitalen Fabrik. Zum zuerst genannten Thema war das ifab federführend bei der Erstellung der einschlägigen VDI-Richtlinie 3633, Blatt 6 (2001). Gegenwärtig koordiniert das ifab die Erarbeitung einer weiteren Richtlinie, deren Gegenstand die Abbildung des Menschen in der Digitalen Fabrik ist (siehe auch die diesbezügliche Grundlagen-Richtlinien VDI 4499, Blatt 1 2008, Zülch 2010).

14.1.3 Ausgangssituation und Zielsetzung

Ausgangspunkt der hier vorgestellten Simulationsuntersuchung war die örtliche Zusammenlegung der Teilefertigungs- und Montagebereiche des Unternehmens an einen gemeinsamen Standort und die damit verbundene Möglichkeit, die dort bereits vorhandene Endmontage mit der Teilefertigung besser zu koordinieren. Aufgabe war es insbesondere, die Vorgehensweise bei der Produktionsplanung und -steuerung von der Grobplanung bis hin zur Auslösung von Teilefertigungs- und Montageaufträgen zu analysieren und darauf aufbauend zu verbessern. Bestandteil dieses Projekts war die Abbildung der Endmontage in einem Simulationsmodell. Auf Basis der daraus gewonnenen Erkenntnisse wurde eine Optimierungsstudie durchgeführt.

14.2 Optimierungsaufgabe

14.2.1 Optimierungsziel

Die Optimierungsstudie verfolgte das Ziel, die vorhandene Personalstruktur anhand von produktionslogistischen und wirtschaftlichen Kriterien zu optimieren. Diese Studie wurde mit dem Simulationsverfahren *ESPE* (*E*ngpassorientierte *S*imulation von *Pe*rsonalstrukturen) durchgeführt, das an anderen Stellen bereits ausführlich dargestellt wurde (Heel 1999; Heel u. Krüger 1999; Heitz 1994).

Eine Umplanung von Arbeitssystemen auf Basis bereits existierender Systemressourcen ist die häufigste Form der Werkstättenplanung. Im Gegensatz zur Neuplanung erfordert diese Art der Reorganisation neben der Berücksichtigung der technischen Fertigungserfordernisse auch die Betrachtung der Qualifikationen im existierenden Personalbestand, und zwar unter Berücksichtigung persönlicher Potentiale der Mitarbeiter sowie die Neigungen oder auch Einschränkungen bestimmter Personen bzw. Personaltypen. Daher müssen sowohl die restriktiven Eigenschaften als auch die individuellen Präferenzen der Mitarbeiter in den Gestaltungsprozess einbezogen werden. Diese Informationen werden in Form einer so genannten Personalstruktur modelliert. Unter diesem Begriff wird im Folgenden die für die betrachtete Endmontage gültige Anzahl Personen und deren Qualifikation verstanden (Heitz 1994).

Bei der vorliegenden Umplanung wurde die in der Montage vorhandene Personalstruktur in quantitativer und qualitativer Hinsicht so modifiziert, dass sie der veränderten Fertigungssituation bestmöglich gerecht wird. Dabei wurde ein vorteilhafter Kompromiss aus monetären, betriebsorganisatorischen und personalbezogenen Zielsetzungen angestrebt.

14.2.2 Zusammenhänge

Die Ableitung eines vorteilhaften Personaleinsatzes erfolgte im vorliegenden Fall auf der Basis eines multikriteriellen Bewertungsansatzes. Neben den üblichen produktionslogistischen und monetären Bewertungskriterien wurden dabei gleichrangig auch personenbezogene Zielsetzungen berücksichtigt. Auf Basis dieser Bewertungskriterien sollten die entwickelten alternativen Planungslösungen quantitativ evaluiert werden. Die verwendeten Kriterien wurden als Zielerreichungsgrade definiert. Hierbei berechnet sich ein Zielerreichungsgrad als das prozentuale Verhältnis eines ermittelten Zielkriterienwertes zu einem theoretisch pessimalen Bezugswert. Für jedes Zielkriterium wird außerdem ein optimaler Wert bestimmt. Auf dieser Basis wird ein gegebenes Bewertungskriterium auf eine Skala zwischen 0 % und 100 % abgebildet, wobei 0 % dem theoretisch pessimalen und 100 % dem theoretisch optimalen Wert entspricht. Die einzelnen Zielerreichungsgrade wurden im vorliegenden Fall wie folgt definiert (Heel 1999):

- Der Zielerreichungsgrad Abarbeitungsgrad ZAG ist das Verhältnis des abgearbeiteten Arbeitsinhaltes des eingesteuerten Auftragsprogramms bei der simulierten Personalstruktur gegenüber demjenigen bei einer Universalistenstruktur, bei der alle Personen alle vorkommenden Qualifikationsanforderungen aufweisen. Eine solche Universalistenstruktur ist die unter produktionslogistischen Kriterien zu bevorzugende Planungslösung, da hierbei die Qualifikation des Personals keinen Engpass darstellt.
- Der Zielerreichungsgrad Durchlaufzeitgrad ZDG ist der Mittelwert der Durchlaufzeitgrade aller Aufträge bei der simulierten Personalstruktur gegenüber dem bei der Universalistenstruktur. Der Durchlaufzeitgrad errechnet sich als Quotient aus minimal möglicher Durchlaufzeit auf dem kritischen Weg eines Auftragsnetzgraphen und der simulativ ermittelten Durchlaufzeit.

- Der Zielerreichungsgrad Personalkosten *ZPK* berechnet sich als 100 % minus dem Verhältnis der Summe des Personalstundensatzes aller Mitarbeiter der Universalistenstruktur gegenüber derjenigen der simulierten Personalstruktur. Die Universalistenstruktur stellt unter diesem Kriterium in aller Regel die schlechteste Planungslösung dar.
- Der Zielerreichungsgrad Personalauslastung *ZPA* ist das Verhältnis des Mittelwerts der Personalauslastung der simulierten Personalstruktur gegenüber derjenigen der Universalistenstruktur.

Diese einzelnen Zielerreichungsgrade wurden zur Bewertung von Planungslösungen in Form eines Gesamtzielerreichungsgrad *ZEG* zusammengefasst, der sich als gleich gewichteter Mittelwert aus den Einzelzielerreichungsgraden berechnet. Als Bezugswerte für die hier gewählten Einzelzielerreichungsgrade wurden die Werte für eine Personalstruktur unter Einsatz einer ausreichenden Anzahl Universalisten angesetzt. Die Anzahl Universalisten wurde auf Basis einer statischen Kapazitätsplanung berechnet. Unter diesen Bedingungen können bekanntlich die besten produktionslogistischen Zielkriterienwerte erreicht werden (Heitz 1994).

14.2.3 Stellgrößen

Die Optimierung wird in erster Linie durch die Qualifikationszuordnung und die Anzahl Mitarbeiter beeinflusst (Abb. 14.1).

Für jede Qualifikationszuordnung sind eine Präferenz und Kosten für eventuelle Maßnahmen angegeben. Diese bestimmen, wie hoch die Wahrscheinlichkeit einer Veränderung der Qualifikationszuordnung ist.

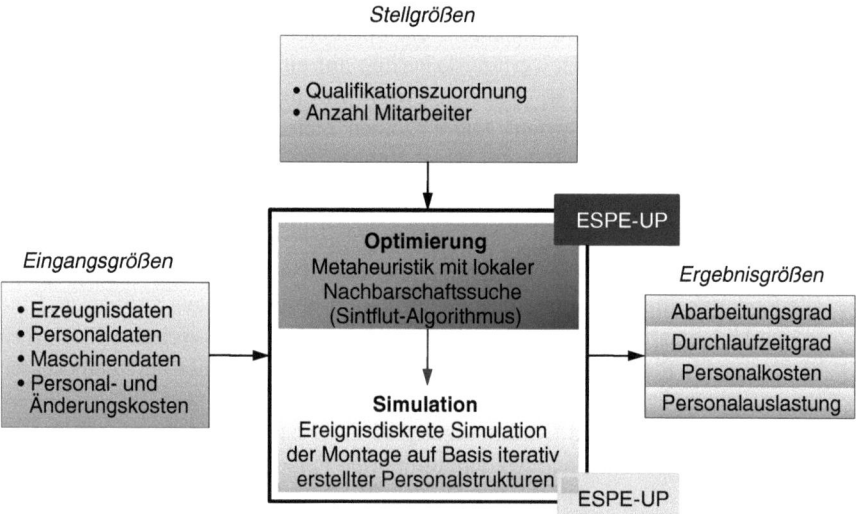

Abb. 14.1 Zusammenhänge der Eingangs-, Stell- und Ergebnisgrößen

14.2.4 Problemklasse und Problemgröße

Bei der vorliegenden Studie handelt es sich um ein Optimierungsproblem von Personalstrukturen im Fertigungsbereich. Optimiert werden die Anzahl und Zuständigkeiten der Montagemitarbeiter sowie die gesamten Personalkosten. Es handelt sich hierbei um ein kombinatorisches Optimierungsproblem, das sich nach Neumann u. Morlock (1993) auf ein so genanntes Transportproblem zurückführen lässt.

Für die Optimierungsstudie wurden im vorliegenden Fall 40 verschiedene Baugruppen bzw. Erzeugnisse betrachtet und als Auftragsnetzgraphen, so genannten Durchlaufplänen – mit den für die Planung angenommenen Losgrößen und Bearbeitungszeiten modelliert. Als Untersuchungszeitraum wurde ein komplettes Kalenderjahr betrachtet, das ereignisdiskret simuliert wurde. In der Simulationsstudie wurden 74 Montagemitarbeiter mit einem hohen Qualifikationsniveau betrachtet.

14.3 Optimierungsansatz und Problemcodierung

14.3.1 Algorithmen/Systeme

Die Optimierungsstudie wurde mit dem personalorientierten Simulationsverfahren *ESPE* (*E*ngpassorientierte *S*imulation von *Pe*rsonalstrukturen) durchgeführt. Heitz (1994) hat mit dem Verfahren *ESPE* eine Methode vorgestellt, mit der eine heuristische Optimierung von Personalstrukturen möglich ist. Ausgangspunkt ist eine gegebene Betriebsmittelstruktur und ein gegebenes Auftragsprogramm. Dieses Verfahren basiert auf einem Zwei-Phasen-Konzept, wobei in einer ersten Phase eine zulässige Ausgangslösung für eine Personalstruktur erzeugt wird, die in einer zweiten Phase iterativ verbessert wird.

Dieser Verbesserungsprozess ist durch die Kopplung der Simulation mit einer Suche nach heuristisch (also nahezu) optimalen Lösungen gekennzeichnet, die auf einem modifizierten Sintflut-Algorithmus basiert (Dueck 1993; Dueck et al. 1993). Die Verbesserung kann prinzipiell in Form einer Tiefen- oder einer Breitensuche erfolgen. Bei der Tiefensuche wird die jeweils aktuelle Personalstruktur durch eine Modifikation über mehrere Verbesserungsschritte hinweg verändert, wobei die jeweils aktuelle Personalstruktur stets die Grundlage für die Erzeugung einer neuen Lösung bildet. Eine Modifikation kann z. B. bzgl. der Zuständigkeit eines Mitarbeiters oder der Anzahl Mitarbeiter erfolgen. Bei der Breitensuche werden neue Lösungen zuerst in der unmittelbaren Umgebung der jeweils aktuellen Personalstruktur gesucht, d. h. auf derselben Ebene des Suchbaumes. Dies bedeutet in der Regel eine Qualifikationsanpassung. Tiefer liegende Ebenen im Suchbaum werden erst in weiteren Iterationsschritten betrachtet. Sie beinhalten dann auch eine Änderung der Anzahl Mitarbeiter.

Ausgehend von diesem Konzept hat Heel (1999) ein Verfahren zur Umplanung des Personaleinsatzes entwickelt. Mit dem modifizierten Verfahren *ESPE-UP* (*ESPE* zur *U*mplanung und Planung des kurzfristigen *P*ersonaleinsatzes) ist es möglich,

Personalstrukturen ausgehend von einer bereits existierenden Personalstruktur heuristisch zu verbessern und bei einer Anpassung von Qualifikationen Restriktionen und Präferenzen der Mitarbeiter zu berücksichtigen. Da im hier betrachteten Fall eine Ausgangspersonalstruktur existierte, wurde diese Version des Verfahrens *ESPE* verwendet. Dabei fließen die Umplanungskosten in den Zielerreichungsgrad Personalkosten ein. Die personellen Umplanungskosten einer Person setzen sich aus Personalbeschaffungskosten (z. B. Anzeigekosten), Personalfreistellungskosten (z. B. Abfindungen) oder Kosten für die Qualifikationsanpassung (z. B. Schulungsmaßnahmen) dieser Person zusammen. Bei einer Vereinfachung der Qualifikation wird angenommen, dass dies eine Reduzierung des Personalstundensatzes zur Folge hat, bei einer Höherqualifizierung dementsprechend eine Erhöhung. Die Veränderung wird mit Hilfe im Verfahren hinterlegter Formeln bewertet.

14.3.2 Verfahrensablauf

Die Vorgehensweise zur Lösungsfindung erfolgte im Projekt in einem mehrstufigen Entscheidungsprozess. Es wurde davon ausgegangen, dass das Auftragsprogramm, bestehend aus einer definierten Anzahl Erzeugnisse, in unterschiedlichen Losgrößen gefertigt wird. Jedes Erzeugnis wird in *ESPE* in Form eines Durchlaufplans modelliert (Abb. 14.2).

Im Durchlaufplan sind weitere Informationen zu den darin enthaltenen Arbeitsvorgängen hinterlegt, insbesondere ihre jeweilige Qualifikationsanforderung und

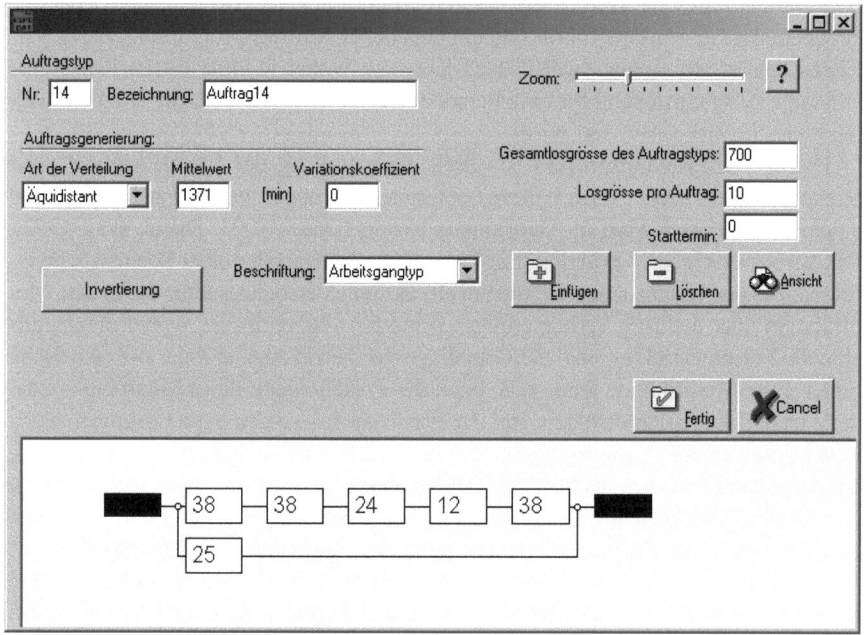

Abb. 14.2 Abbildungen eines Montageauftrages in *ESPE*

Ausführbarkeit an Betriebsmitteln sowie personen- und betriebsmittelbezogene Vorgabezeiten. Weiterhin werden die technische Ausstattung des Arbeitssystems (Maschinen, Handarbeitsplätze und Fördermittel) bestimmt.

Im Gegensatz zur Neuplanung von Personalstrukturen ist deren Umplanung restriktionsbehaftet und erfordert deshalb die Berücksichtigung verschiedener Randbedingungen. Zu den Restriktionen gehören insbesondere die Anzahl und Qualifikation des bereits vorhandenen Personals sowie deren Höherqualifizierungs- bzw. Qualifikationsvereinfachungskosten bei bestimmten Umplanungsmaßnahmen. Jedoch wird bei der Umplanung das bei der Neuplanung erforderliche Erzeugen einer zulässigen Ausgangslösung mit Hilfe eines Eröffnungsverfahrens überflüssig und durch eine Nachbildung der Ausgangssituation in Form der existierenden Personalstruktur ersetzt. Zur Systematisierung der Umplanung wird über die Modellierung der Qualifikation der Montagemitarbeiter hinaus eine Erweiterung vorgenommen, um auch ein detailliertes Modell des qualifikatorischen Präferenzsystems der Mitarbeiter in Bezug auf ihren zukünftigen Einsatz zu hinterlegen.

Damit sind die notwendigen Informationen zum Start des Umplanungsverfahrens vorhanden (Abb. 14.3). Der sich anschließende iterative Verbesserungsprozess in *ESPE-UP* erfolgt mit Hilfe von Zuordnungswerten in Form von Neuzuordnungs- und Vereinfachungswerten. Der Zuordnungswert gibt im vorliegenden Fall die Präferenz an, mit der ein Mitarbeiter für einen bestimmten Montagevorgang höher qualifiziert wird oder eine Qualifikationsvereinfachung erfolgt. Der Wert kann dabei zwischen +1 und −1 liegen. Je höher der Wert ist, desto eher wird der Mitarbeiter für den betreffenden Montagevorgang im Modell qualifiziert oder dort wie bisher eingesetzt. Diese Werte werden somit zur Identifikation der zu verändernden Qualifikationen der Montagemitarbeiter und als Basis für die Variation der Anzahl Mitarbeiter genutzt.

Die Anpassung der vorhandenen Personalstruktur erfolgt zielgerichtet auf Grundlage der oben angegebenen Strategien zur Lösungssuche. Anhand der ermittelten Zuordnungswerte wird in jedem Iterationsschritt von *ESPE-UP* systematisch die Qualifikation der Mitarbeiter verändert. Im Bedarfsfall wird mit Hilfe eines Vergleichs einer vorgegebenen Toleranzschwelle zu den simulativ ermittelten Zielkriterienwerten eine zielgerichtete Veränderung der Anzahl Montagemitarbeiter im Simulationsmodell vorgenommen. Das Ergebnis des iterativen Verbesserungsprozesses ist eine auf die Betriebsmittelkonfiguration und das geplante Montageauftragsprogramm bestmöglich abgestimmte Personalstruktur.

Das Verfahren zur systematischen Umplanung von Personalstrukturen unterstützt auf diese Weise auch die Planung der betrieblichen Personalentwicklung, da als Planungsergebnis der mittel- und langfristige Personalentwicklungsbedarf (z. B. Weiterbildungsmaßnahmen, Unterweisungen von Mitarbeiter) und eine überschlägige Betrachtung der personellen Umplanungskosten bereit steht.

Das Verfahren ordnet sich somit in die prospektive Arbeitsgestaltung ein, da bei der Planung den Mitarbeitern Freiräume zur Entwicklung und Entfaltung persönlicher Präferenzen bei der Aufgabenzuordnung eingeräumt werden und dies entsprechend modelliert wird. Ziel ist es, in wirtschaftlicher, betriebsorganisatorischer ebenso wie in personalorientierter Hinsicht möglichst gute Personalstrukturen zur Abdeckung des zukünftigen Kapazitätsbedarfs bereitzustellen.

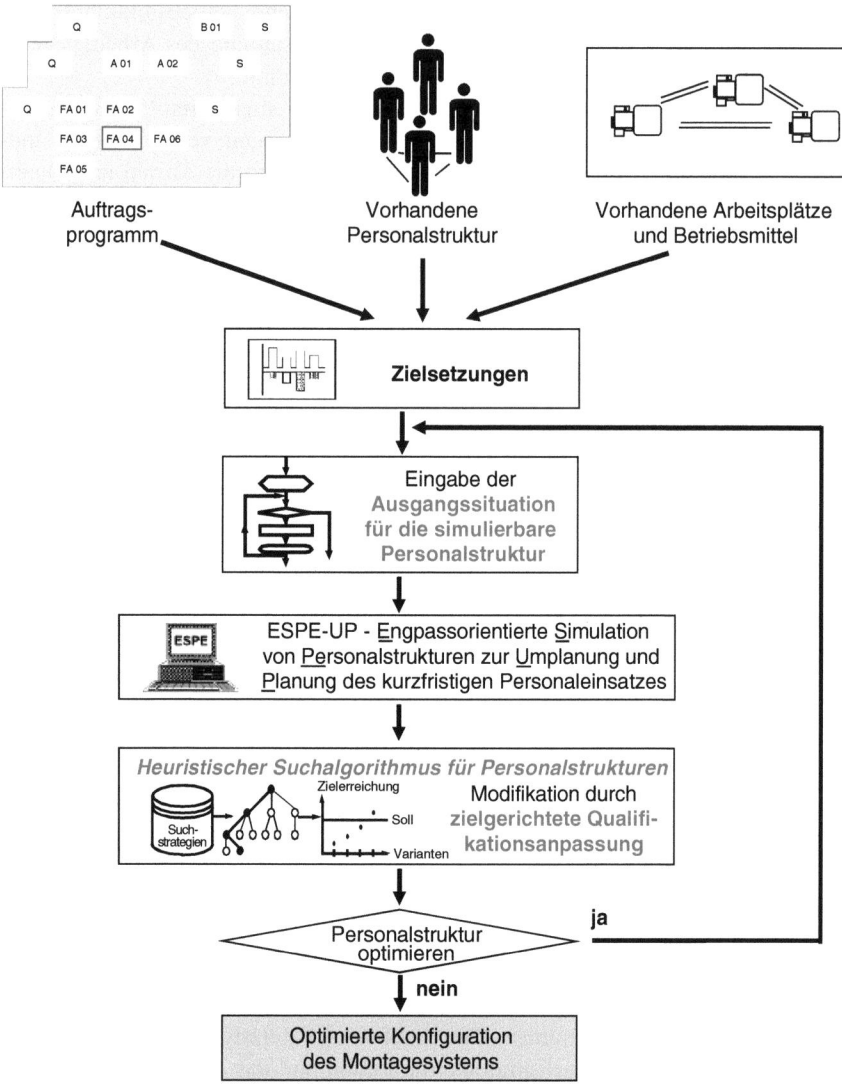

Abb. 14.3 Ablauf der systematischen Umplanung von Personalstrukturen. (Vollstedt 2003)

14.4 System-/Modellarchitektur

14.4.1 Systemarchitektur

Da es sich bei der Simulationsstudie um ein einmalig durchgeführtes Projekt handelte, ist das Optimierungsverfahren als entkoppeltes Expertensystem einzustufen.

ESPE ist ein zeitdiskretes, ereignisorientiertes Simulationsverfahren, das unter den derzeitigen *MS-WINDOWS*-Versionen lauffähig ist und objektorientiert in der Programmiersprache *C++* programmiert wurde.

14.4.2 Einbindung in den Planungsprozess des Unternehmens

Als einmalig durchgeführtes Projekt ist das Optimierungsverfahren nicht standardmäßig in den Planungsprozess des Unternehmens eingebunden. Ausgangsdaten wurden manuell und auf Basis von Schnittstellen in Form eines Tabellenkalkulationsprogramms übertragen. Die Ergebnisgrößen wurden in Form eines Berichts zurückgegeben.

14.5 Bewertung des Verfahrens

14.5.1 Ergebnisse (Laufzeit, Qualität)

In der Optimierungsstudie bestand das gesamte Montagesystem aus mehreren Linien. Die betreffenden Arbeitsplätze und Betriebsmittel waren darin nach dem Prinzip entkoppelter Reihenfertigungen angeordnet. Eine Veränderung dieses Ablaufprinzips war nicht vorgesehen, da die notwendigen Arbeitsplatz- und Betriebsmittelkapazitäten in ausreichender Form vorhanden waren und keinen Engpass darstellten. Somit war die Arbeitsplatz- und Betriebsmittelnutzung als Zielkriterium für die Umplanung nicht relevant. Eine mögliche Personalkapazitätserweiterung an möglichen Engpässen war hingegen uneingeschränkt möglich. Als Restriktion kam jedoch hinzu, dass Puffer innerhalb der Montagelinie nur begrenzte Kapazitäten aufwiesen.

Im Simulationsmodell wurde angenommen, dass sämtliche (Einprodukt-) Montagelinien für jedes Erzeugnis über den gesamten Simulationszeitraum zur Verfügung stehen würden. Dies war gegenüber der Realität eine Einschränkung. Tatsächlich waren aufgrund beschränkter Produktionsflächen gleichzeitig maximal vier dieser Montagelinien verfügbar. Eine Montagelinie konnte binnen zweier Tage auf einen anderen Erzeugnistyp umgerüstet werden. Da die dafür zuständigen Einrichter sonst nicht innerhalb des Montagesystems eingesetzt waren, wurden sie nicht im Simulationsmodell berücksichtigt.

In der Ausgangspersonalstruktur wurden 74 Montagemitarbeiter auf einem hohen Qualifikationsniveau, jedoch mit sehr weitreichenden Umqualifizierungspräferenzen und wenigen Qualifizierungsrestriktionen modelliert. Somit waren sowohl Höherqualifizierungen als auch Qualifikationsvereinfachungen möglich. Die personellen Umplanungskosten werden in *ESPE-UP* aus Gründen der einfacheren und schnelleren Vergleichbarkeit verschiedener Planungslösungen in Form einer überschlägigen Berechnung bereitgestellt. Zur Quantifizierung der Umplanungskosten werden dazu ausschließlich solche Kostenarten betrachtet, die sich direkt auf die Schaffung einer neu gestalteten Personalstruktur zurückführen ließen. Kosten in Bezug auf Material und Betriebsmittel wurden somit vernachlässigt. Für die Umplanungskosten einer Personalstruktur lässt sich ein Idealwert nur schwierig sinnvoll festsetzen. Im vorliegenden Fall liegt dieser ohne weitere Vorgaben dann vor, wenn bei einer Anpassung keine Umplanungskosten erzeugt werden. Es wurde deshalb kein Zielerreichungsgrad für die Umplanungskosten ermittelt. Jedoch flossen die Umplanungskosten in den Zielerreichungsgrad Personalkosten ein und wirkten somit indirekt bei der Findung einer optimalen Lösung mit.

Abbildung 14.4 zeigt den Verlauf des Gesamtzielerreichungsgrades bei der Verbesserung der Ausgangspersonalstruktur in 26 Iterationsschritten auf Basis des modifizierten Sintflut-Algorithmus (Kap. 14.3.2), wobei Schritt 1 die Modellierung der Ausgangssituation darstellt. Ein Simulationslauf benötigt für dieses Fallbeispiel eine Rechenzeit von 45 s. Hieraus ergibt sich ein Zeitbedarf von ca. 20 min für alle Iterationen. Hierin nicht enthalten ist die Auswertung und Aufbereitung der Simulationsergebnisse sowie die Übergangszeit von einem zum nächsten Iterationsschritt.

Im Verlaufe des algorithmischen Verbesserungsprozesses wurden keine Mitarbeiter freigestellt. Das lag darin begründet, dass der Zielerreichungsgrad Personalauslastung bei allen Simulationsszenarien bereits mehr als 80 % betrug. Die beste Personalstruktur wurde im 11. Iterationsschritt erreicht. Diese Planungslösung realisierte einen mittleren Durchlaufzeitgrad der Aufträge von 52 % und einen mittleren Abarbeitungsgrad des eingesteuerten Auftragsprogramms von 86 %, jeweils ausgedrückt als Zielerreichungsgrad. Die Personalauslastung lag bei 90 %. Für die Planungslösung im 11. Iterationsschritt wurde ein Gesamtzielerreichungsgrad von 57,8 % als bester Wert über alle Iterationen erzielt.

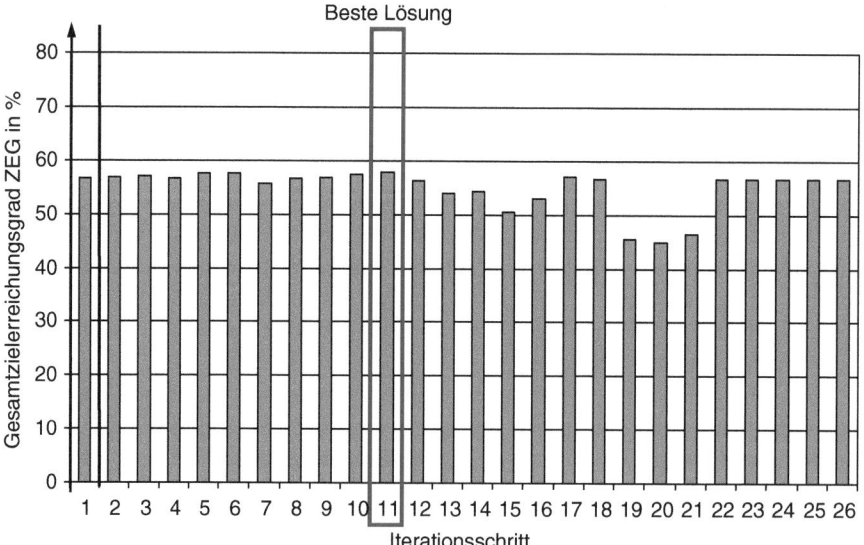

Abb. 14.4 Entwicklung des Gesamtzielerreichungsgrades beim algorithmischen Verbesserungsprozess des Personaleinsatzes

Auffällig war in diesem Fall der geringe Zielerreichungsgrad Personalkosten von 4 %. Dies lag darin begründet, dass sich dieser Wert als Differenz des Kostenwertes der aktuell betrachteten Personalstruktur und dem der Ausgangspersonalstruktur berechnet. Da in allen Iterationsschritten die Abweichung der aktuellen Personalkosten gegenüber denen der Ausgangssituation relativ gering war, ergab sich dieser geringe Wert des Zielerreichungsgrades.

Im Resultat zeigte sich, dass bei der besten gefundenen Personalstruktur keine zusätzlichen oder freizustellenden Mitarbeiter erforderlich wären. Die Veränderung der Personalstruktur konzentriert sich vornehmlich auf Qualifikationsvereinfachungen. Diese Maßnahme erbringt eine kalkulatorische Reduzierung des Personalstundensatzes um 4 %, da in der Kalkulation mit einer Reduzierung von Qualifikationen gleichzeitig eine Reduzierung des Personalstundensatzes eines Mitarbeiters angenommen wird. Höherqualifizierungen waren bezüglich der Personalstruktur der Planungslösung nicht erforderlich. Dies lag darin begründet, dass bereits in der Ausgangssituation fast ausschließlich Universalisten angenommen wurden.

14.5.2 Einschränkungen

Einschränkungen liegen in der Form vor, dass in dem Simulationsverfahren Arbeitsformen wie Arbeitswechsel in Form von Gruppenarbeit mit untertägigen Rotationstakten im Simulationsverfahren nicht modelliert werden können. Ebenso wenig sind Arbeitswechsel über die Systemgrenze hinweg möglich. Dies würde die Komplexität des Simulationsmodells erheblich vergrößern.

14.5.3 Alternativverfahren

Hefner u. Kleinschmidt (1995) klassifizieren die vorliegende Problemstellung als „manpower scheduling problem" und ordnen sie somit in die Klasse der NP-schweren Probleme ein. Dies bedeutet, dass bislang kein Algorithmus bekannt ist, der eines dieser Probleme garantiert mit polynomialem Rechenaufwand optimal löst. Somit fallen bei hinreichend großen Problemen exakte Verfahren zum Lösen der Problemstellung weg. Gebräuchliche Alternativen der Personalumplanung sind zum Beispiel bei Heel (1999) aufgeführt.

14.6 Projektaufwand, -erkenntnisse, Kosten/Nutzen

14.6.1 Herausforderungen

Die Herausforderung im beschriebenen Projekt bestand darin, Optimierungspotentiale in einer bereits seit Jahren existierenden Personalstruktur aufzudecken. Die

Ergebnisse der Simulationsstudie verdeutlicht die im vorliegenden Fall vorhandene Problematik: Erfahrungsgemäß ist eine Optimierung der Qualifikationsstruktur zumeist mit einer Höherqualifizierung von Mitarbeitern verbunden. In der Simulationsstudie waren jedoch alle Mitarbeiter bereits sehr flexibel einsetzbar, was dazu geführt hat, dass es zu einzelnen Qualifikationsvereinfachungen gekommen ist.

14.6.2 Erkenntnisse

Die Simulationsstudie zeigte auf, dass bezüglich der vorhandenen Personalstruktur ein Optimierungspotential vorhanden war. Allerdings war dieses Potential als relativ niedrig einzustufen, insbesondere ergab sich bezüglich der Einsparung von Personalkosten keine sonderlichen Möglichkeiten gegenüber der Ausgangssituation. Sofern die vorhandene Qualifikation eines Mitarbeiter nicht oder nicht mehr genutzt wird, bedeutet dies im Sinne der Modellierung in *ESPE-UP* eine Einschränkung des Zuständigkeitsbereiches und somit eine Reduzierung der Qualifikation des Mitarbeiters. In *ESPE-UP* hat dies eine Minderung des berechneten Personalstundensatzes des betreffenden Mitarbeiters zur Folge. Dies war zwar aus tariflichen Gründen bei dem eingesetzten Personal nur sehr eingeschränkt möglich, zeigte aber die Richtung auf, die bei Neueinstellungen verfolgt werden sollte.

Zumindest ergaben sich mit dem im Simulationsmodell abgebildeten Auftragsprogramm keine Produktivitätsverluste durch weniger flexibel einsetzbare Mitarbeiter. Allerdings steht dieser Ausrichtung der Personalstruktur ein mit dem Verfahren *ESPE-UP* nicht quantifizierbarer Verlust an Personaleinsatzflexibilität gegenüber. Es ist diesbezüglich zu erwarten, dass auf ungeplante Ereignisse (beispielsweise ein kurzfristiger zusätzlicher Auftrag, eine Störung an einem Betriebsmittel oder Ähnliches) gegenüber einer Universalistenstruktur weniger gut reagiert werden kann.

Bei der Bewertung der Simulationsergebnisse wurde ein multikriterieller Ansatz verfolgt. Die Bewertung berücksichtigte wirtschaftliche, betriebsorganisatorische und personalorientierte Kriterien. Als zusätzliches Instrument für die Entscheidung im Hinblick auf die fundierte Auswahl einer Planungslösung wurde darüber hinaus eine Methode zur Abschätzung der personellen Umplanungskosten verwendet.

14.6.3 Fazit und Ausblick

Bereits in anderen Projekten wurde die Funktionsweise des gekoppelten Simulations- und Optimierungsverfahren *ESPE* aufgezeigt. Ausgehend von dem Neuplanungsverfahren von Heitz und dem Umplanungsverfahren von Heel wurden Derivate dieses Verfahrens auch bereits für die Personalstrukturplanung in Instandhaltungssystemen (Vollstedt 2003; Zülch et al. 2003), für die langfristige Personalentwicklungsplanung unter Einbeziehung des Betriebskalender-Konzeptes (Rottinger 2005; Rotting u. Zülch 2003) sowie für die integrierte Personal- und Betriebsmittelstrukturplanung (Zülch u. Becker 2005)eingesetzt. In allen diesen Anwendungsbereichen konnten mit *ESPE* innovative Planungslösungen aufgefunden werden.

Literatur

Dueck G (1993) New optimization heuristics: the great deluge algorithm and the record-to-record travel. J Comput Phys 104(1):86–92
Dueck G, Scheuer T, Wallmeier H-M (1993) Toleranzschwelle und Sintflut: neue Ideen zur Optimierung. Spek Wiss 10(3):42–51
Heel J (1999) Reorganisation des Personaleinsatzes mit Hilfe der personalorientierten Simulation. Shaker Verlag, Aachen
Heel J, Krüger J (Hrsg) (1999) Personalorientierte Simulation – Praxis und Entwicklungspotential. Shaker Verlag, Aachen
Hefner A, Kleinschmidt P (1995) A constrained matching problem. Ann Oper Res 57(1):135–145
Heitz M-J (1994) Ein engpaßorientierter Ansatz zur simulationsunterstützten Planung von Personalstrukturen. Dissertation. Universität Karlsruhe
Neumann K, Morlock M (1993) Operations research. Carl Hanser Verlag, München
Rottinger S (2005) Mehrphasige Personalentwicklungsplanung für Fertigungssysteme auf Basis des Technologiekalender-Konzeptes. Universitätsverlag, Karlsruhe
Rottinger S, Zülch G (2003) Personnel development and assignment based upon the technology calendar concept. In: Zülch G, Stowasser S, Jagdev HS (Hrsg) Human aspects in production management. Shaker Verlag, Aachen, S 53–59
VDI 3633 (2001) Simulation von Logistik-, Materialfluß- und Produktionssystemen. Blatt 6. Abbildung des Personals in Simulationsmodellen. Beuth-Verlag, Berlin
VDI 4499 (2008) Digitale Fabrik – Grundlagen. Beuth-Verlag, Berlin
Vollstedt T (2003) Simulationsunterstützte Personalstrukturplanung auf Basis eines abnutzungsorientierten Instandhaltungskonzeptes. Shaker Verlag, Aachen
Zülch G (2010) Modellierung von Personen in Werkzeugen der Digitalen Fabrik. In: Gesellschaft für Arbeitswissenschaft (Hrsg) Neue Arbeits- und Lebenswelten gestalten. GfA-Press, Dortmund, S 19–28
Zülch G, Becker M (2005) Simulationsunterstützte Planung integrierter Personal- und Betriebsmittelstrukturen mittels problemspezifischer Heuristiken. In: Schulze T, Graham H, Preim B (Hrsg) Simulation und Visualisierung 2005. SCS Publishing House, Erlangen, S 75–86
Zülch G, Rottinger S, Vollstedt T (2003) Planning procedure for personnel assignment in manufacturing and maintenance. In: Facultés Universitaires Catholiques de Mons (Hrsg) International conference on industrial engineering and production management, vol 3. S 512–526

Kapitel 15
Simulative Optimierung von Verpackungsanlagen

Matthias Weiß, Joachim Hennig und Wilfried Krug

15.1 Einleitung

15.1.1 Unternehmen

Für einen führenden, international aufgestellten Produzenten und Verpacker von Kosmetikprodukten und Waschmitteln ist das IKA Dresden langjähriger Projektpartner. Das IKA ist ein seit über 15 Jahren erfolgreicher Ansprechpartner für die Herstellung und das Betreiben von Verpackungsanlagen der Lebensmittelindustrie, Kosmetik und Pharmazie. Das IKA entwickelt und lizensiert das branchenorientierte Simulationssystem PacSi und setzt dieses auch für seine eigene Dienstleistung ein (Weiß u. Hennig 2000a, b).

15.1.2 Wissenschaftliche Partner

Die Projektpartner wurden von der DUALIS GmbH IT Solution Dresden einem Spezialisten auf dem Gebiet der Simulation und Optimierung unterstützt (Krug 2002). Weiterhin erfolgte eine kontinuierliche Zusammenarbeit mit wissenschaftlichen Einrichtungen der TU Dresden und FhG Chemnitz zum Einsatz innovativer Modellierungstechnologien von Verpackungsprozessen.

Diese modernen Problemlösungen mit Werkzeugen der Simulation und Optimierung wurden gemeinsam mit den Endnutzern erstmals auf einem ASIM Workshop der Fachgruppe „Produktion und Logistik" vorgestellt (Hennig u. Weiß 2004).

M. Weiß (✉)
FH Hannover, Fachbereich Bioprocess Engineering, Heisterbergallee 12,
30453 Hannover, Deutschland, www.fh-hannover.de

15.1.3 Ausgangssituation und Zielstellung

Der Hersteller und Verpacker von Kosmetikprodukten und Waschmitteln verfügt über eine große Anzahl komplexer Verpackungsanlagen für ein breites Produkt- und Formatspektrum. Neben der – während der Investition zu treffenden – Auswahl alternativer Maschinenlösungen, ist die optimale Fahrweise dieser Anlagen ein wichtiges Ziel des ständigen Verbesserungsprozesses sowie von gezielten Maßnahmen der Qualitätssicherung, was in Abb. 15.1 an einem Fallbeispiel von zwei unterschiedlichen Modellen prinzipiell verdeutlicht werden soll.

Für Verpackungsanlagen im Hochleistungsbereich werden in der Simulation im Allgemeinen (im Beispiel Modell A) Maschinen mit fester Taktzahl abgebildet. Für diese Taktzahl werden auch feste Werte für den mittleren Störungsabstand und die mittlere Störungsdauer vorgegeben. Im konkreten Fall wurden nach Abschluss einer ersten Simulationsstudie (und Entscheidung für einen Zulieferer) neue Zuwachsraten für die Produktion prognostiziert; d. h., aus der höchsten Taktzahl resultiert die größte Ausbringung, wie Abb. 15.1 erkennen lässt.

Diese Simulationsaussage ist grundsätzlich falsch! Ursache für diesen Fehler ist, dass schnell laufende Maschinen, wie die im Beispiel modellierten Verpackungsautomaten mit höheren Taktzahlen eine signifikante Zunahme von Störungen aufweisen. Diese Charakteristik ist im Modell A nicht abgebildet. Der neue Einsatzfall des Simulationsmodells erfordert deshalb neben der Modellierung der Steuerung zusätzlich die explizite Vorgabe des taktzahlabhängigen Störungsverhaltens für jede betroffene Maschine. Die notwendige Ergänzung und Veränderung führt zu einem Modell B.

Die Simulationsergebnisse von Modell B weisen aus, dass mit Zunahme der Taktzahl die effektive Ausbringung nur im unteren Bereich wächst und danach (aufgrund der ständigen Zunahme von Störungen) wieder abnimmt.

Ohne diese Detaillierung (Modelländerung von Modell A zu Modell B) wäre nicht nur eine generell zu hohe Anlagenleistung vorhergesagt worden, sondern auch dem Industriepartner eine Anlagenbetriebstaktzahl empfohlen worden, bei der außer einer unzureichenden Ausbringung auch noch ein zusätzliches Störungsrisiko und unnötig hohes Verschleißpotential resultiert.

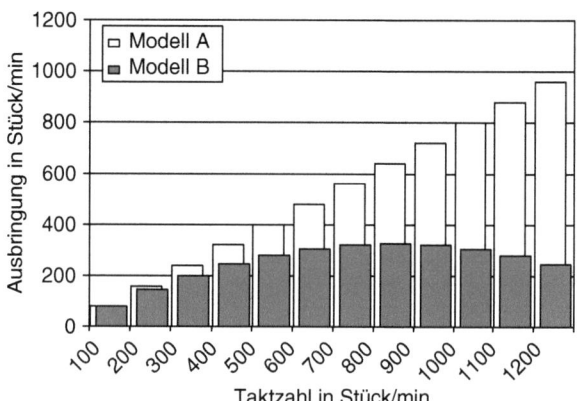

Abb. 15.1 Vergleich der Ergebnisse von Modell A und Modell B

Die im Beispiel aufgeführte grundsätzliche Problematik der Modelleignung bei unsachgemäßer Nachnutzung von Simulationsmodellen ist auch Gegenstand der Überlegungen in Wenzel et al. (2007).

Aufgrund der Nichtlinearität der im Modell abgebildeten Prozesscharakteristik erweist sich aber die Durchführung von Simulationsexperimenten durch einfache Parametervariation als wenig effektiv und risikobehaftet. Zusätzlich zur Simulation existiert, wie im Folgenden dargestellt, damit eine Optimierungsaufgabe.

15.2 Optimierungsaufgabe

15.2.1 Optimierungsziele

Ziele der simulativen Optimierung sind die Reduzierung des Ausfallabstandes, die Erhöhung der Verfügbarkeit und der Produktivität der Verpackungsanlagen in Verbindung mit einer optimalen Taktzahl der Hochleistungsverpackungsautomaten mit ausgeprägter Charakteristik des Betriebsverhaltens.

15.2.2 Zusammenhänge

In Abb. 15.2 sind die prinzipiellen Wirkzusammenhänge der Eingangsgrößen, Stellgrößen und Ergebnisgrößen zwischen dem Simulationsmodell für Maschinen einer

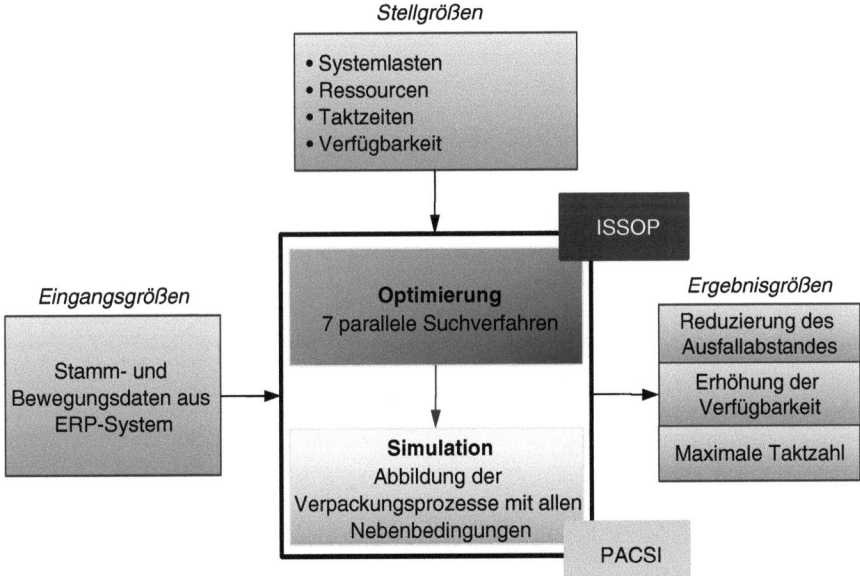

Abb. 15.2 Wirkungszusammenhänge von Simulationsstudien

Waschmittelanlage und das variable Ausfallverhalten in Abhängigkeit der Arbeitsgeschwindigkeit für eine gewählte Anlagenkonfiguration sichtbar.

Für das simulationsgestützte Optimierungsproblem sind die Eingangsgrößen in den Simulator als Auftrags-, Stamm- und Bewegungsdaten für die Verpackungsmaschinen aus einem ERP-System einzugeben, wobei im Simulator auch alle Restriktionen und Nebenbedingungen der Maschinen berücksichtigt wurden. Durch gezielte Szenariountersuchungen erfolgen damit im Ergebnis der Simulation und Optimierung mit ISSOP und PacSi die Reduzierung des Ausfallabstandes, die Erhöhung der Verfügbarkeit der Anlagen und die maximale Taktzahlbestimmung.

15.2.3 Stellgrößen

Die Systemlast der Verpackungsmaschinen und die Ressourcen sowie Prozessparameter, wie Taktzahlen, Verfügbarkeiten und Verluste der Maschinen wurden im Simulator als Freiheitsgrade (Stellgrößen) definiert. Damit steuert der Optimierer den Simulator so, dass nur optimale Stellgrößen in zulässigen Bereichen der Verpackungsanlagen gesucht werden.

Die Darstellung der Ergebnisgrößen in Abhängigkeit der Stellgrößen erfolgte für den Anlagenbetreiber in grafisch gut auswertbarer Form, wie in Abb. 15.3 sichtbar ist. Dies war u. a. immer wieder die Forderung für eine gute Industriepartnerschaft. Links in der Abbildung bestand der Wunsch die Maschinenauslastungen farbig in Verbindung mit dem Prozesslayout sichtbar zu gestalten und rechts sollten die Optimierungsverläufe der drei Ziele, Ausfallabstand, Verfügbarkeit, Produktivität im Monitoring visuell verfolgbar sein.

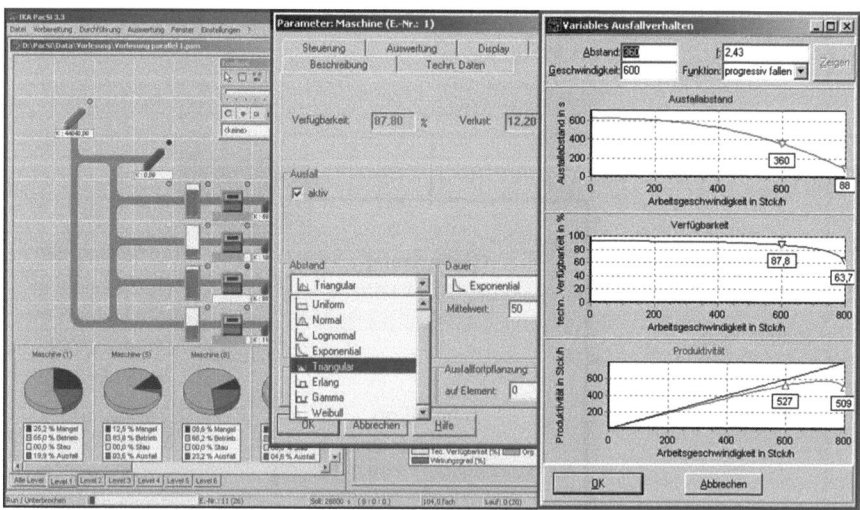

Abb. 15.3 Nutzenforderung des Betreibers für den Auswertungsprozess

15.2.4 Problemklasse und Problemgröße

Ohne auf nähere Einzelheiten einzugehen wird sichtbar, dass es sich um ein komplexes nichtlineares Optimierungsproblem handelt, was mit „reiner" Simulation nicht optimal lösbar ist. Bei den genannten drei Zielstellungen (Ausfallabstand, Verfügbarkeit, Produktivität mit z. B. 20 Maschinen und variabler Taktzahl) ergibt sich ein Optimierungsraum von $20^3 = 1.200$ diskreten Lösungspunkten. Voruntersuchungen haben gezeigt, dass in Abhängigkeit der realen Prozessparameter (Maschinen, Produkt – und Packmittelformate) das Lösungsgebiet sehr zerklüftet sein kann, wo sich mehrere lokale Optima befinden.

15.3 Lösungsansatz

15.3.1 Auswahl der Lösungswerkzeuge

Da der Simulator PacSi keine Optimierungsalgorithmen enthält, wurde auf dem einschlägigen Markt über eine geeignete Optimierungssoftware recherchiert. Dabei zeigte sich auf Grund der unter Kap. 15.2.4 beschriebenen Problemklasse und Problemgröße der Optimierer ISSOP als besonders geeignet.

Der Lösungsansatz und die Funktionalität von ISSOP mit PacSi ist analog zu dem im Fallbeispiel Kap. 10 (Abb. 10.5) beschriebenen Kopplung generiert worden, so dass hier auf nähere Einzelheiten der Steuerung des Simulators durch ISSOP verzichtet wird. Besonderheiten gab es nur hinsichtlich der Entwicklung einer speziellen Koppel-DLL zwischen beiden Softwaresystemen, was aber mit geringem Programmieraufwand schnell lösbar war.

15.3.2 Verfahrensablauf

Nachdem mit PacSi die Verpackungsanlage modelliert und validiert wurde, erfolgt die Definition der Maschinenparameter, Zielstellungen und Restriktionen.

Danach wurde die Kopplung von PacSi mit ISSOP erprobt, wobei es als sinnvoll erachtet wurde, dass der Optimierer ISSOP den Simulator PacSI steuert.

Wenn der Ausfallabstand der Verpackungsautomaten zum Minimum geführt werden soll, so hat dies Auswirkungen auf die Maximierung der Verfügbarkeit und Produktivität sowie Taktzahl. Diese Gegenläufigkeiten der Ziele führt damit zu Pareto-optimalen Lösungen. Eine nähere Beschreibung, von Kompromisslösungen mit dem Handling von ISSOP kann ebenfalls ausführlich im Fallbeispiel Kap. 10 (Abb. 10.6) nachverfolgt werden.

15.4 System- und Modellarchitektur

15.4.1 Systemarchitektur

Abbildung 15.4 zeigt die Entwicklung des Optimierungsprozesses von der Zieldefinition bis zur Systemoptimierung und manuellen Auswertung. Der recht allgemein anmutende Ablaufprozess hat aber einige Besonderheiten, die bei der Systemoptimierung von Verpackungsprozessen in der Industrie zu beachten sind.

Dies liegt darin begründet, dass Verpackungsprozesse stets am Ende einer langen Produktions- und Logistikkette liegen. Daher muss bei der Systemabgrenzung darauf geachtet werden, dass eventuell Vorgängerprozesse, die nichts mit der Verpackung zu tun haben, mit in die Systembetrachtungen der Simulation und Optimierung einbezogen werden müssen. Die Abb. 15.4 ist somit zum Verständnis bei der Entwicklung des Gesamtmodells mit dem Waschmittelhersteller unabdingbar gewesen. Ein weiterer Diskussionspunkt mit den Verpackungsingenieuren war auch die Modellerstellungsproblematik in Abb. 15.4, bezüglich einer relativ exakten Abbildung der logistischen Zusammenhänge innerhalb und außerhalb der Verpackungsmaschinen, um z. B. die Struktur – und Ressourcenauslastung maximieren zu können.

15.4.2 Einbindung in den Lösungsprozess

Da PacSi in Delphi (Pascal) geschrieben ist, und ISSOP in C++, war für den Verpackungsingenieur eine nichtalltägliche Typtransformation von der Programmiersprache C++ zur Pascal-Syntax notwendig, was aber durch einfachen Aufruf einer Interfacefunktion über eine DLL erfolgreich gelöst wurde.

In Abb. 15.5 ist das integrierte Softwarepaket zur Simulation und Optimierung von Verpackungsanlagen dargestellt. Es ist hier der prinzipielle Steuermechanismus

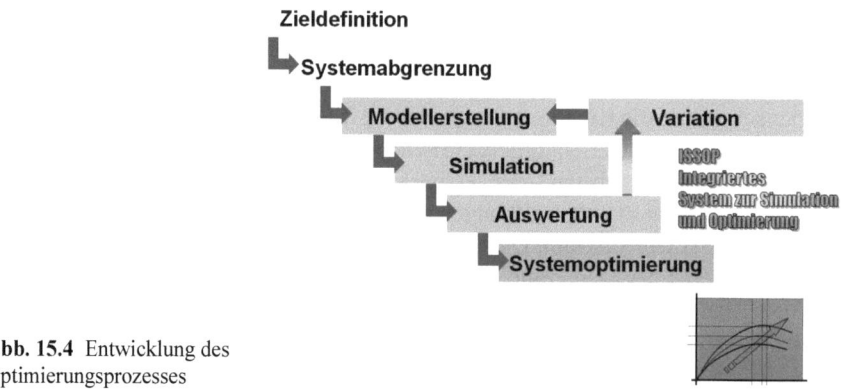

Abb. 15.4 Entwicklung des Optimierungsprozesses

15 Simulative Optimierung von Verpackungsanlagen

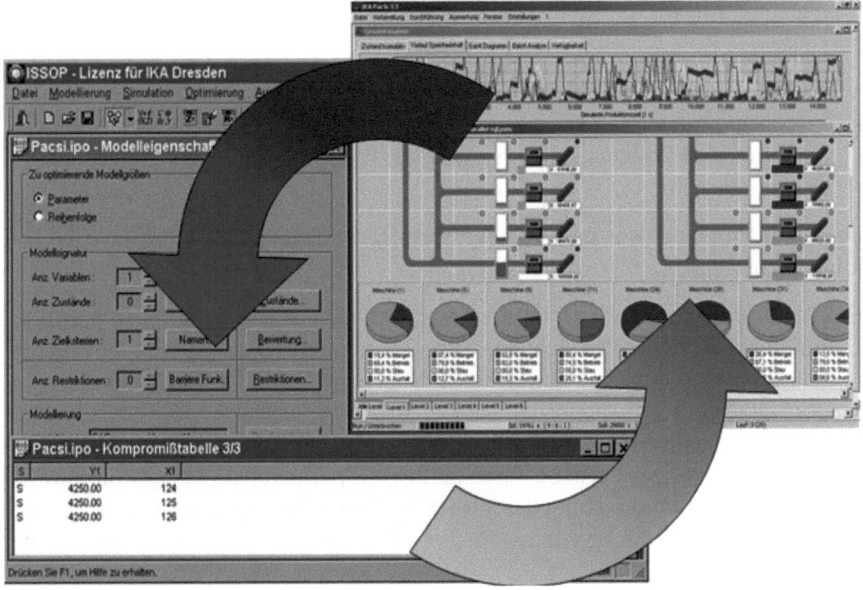

Abb. 15.5 Softwarenutzung zur Simulation und Optimierung für Verpackungsanlagen

von ISSOP (links) zu PacSi (rechts) deutlich sichtbar. Zu den Vorzügen dieser koppelstrategischen Überlegung vergleiche man Kap. 5. Fakt ist, dass zu Beginn einer Optimierung keinerlei Anfangswerte bekannt sind, so dass der Optimierer ISSOP zunächst Startwerte für den Simulator bereit stellt. Weiterhin steuert der Optimierer die Zeitdauer der Simulationsläufe, um eine aussagefähige Kompromisslösung zu erreichen.

15.5 Bewertung des Verfahrens der simulativen Optimierung

Der Einsatz der simulativen Optimierung ist vorteilhaft, wenn:

- die Komplexität der zu optimierenden Anlagen und/oder der dazu definierten Fragestellung ein iteratives Ausprobieren inhaltlich oder auch nur zeitlich uneffektiv werden lässt, bzw.
- Aufwand und Ergebnisunsicherheit unvertretbar werden und
- Standardaufgaben mit hohem Wiederholgrad zu lösen sind.

Der Einsatz der automatisierten Optimierung mit mehrfacher Zielsetzung erfordert unabhängig vom Komfort der simulativen Optimierung

- hohes branchenbezogenes Fachwissen,
- ausreichende Simulationserfahrung und
- nur prinzipielles Grundwissen der mathematischen Optimierungsverfahren.

Unabhängig von der Leistungsfähigkeit ist vor Einsatz der automatisierten Optimierung:

- die Frage nach den geeigneten Systemgrenzen zu stellen,
- die beschreibenden Funktionen, notwendigen Freiheitgrade und Randbedingungen durch eine Problemanalyse so weit wie möglich zu systematisieren und
- zu vereinfachen.

Die Qualität und der Nutzen der integrierten Systemlösung PacSi +ISSOP sind wie folgt einzuschätzen:

- Durch Einsatz erprobter Optimierungsalgorithmen ist eine hohe Qualität der Optimierungsergebnisse erreicht worden. Der Simulator PacSi stellt das vom allgemeinen Maschinenbau abweichende Branchenwissen zur Verfügung.
- Der Nutzen der Softwarelösung liegt auch in der Einsparung von Entwicklungszeit für einen PacSi-Optimierer bei etwa 20 Mannmonate
- Ein weiterer Nutzen entstand durch fundierte Optimierungslösungen für die Produktivität und Minimierung der Kosten in Verbindung mit einer variablen Taktzahl, die eine Erhöhung von ca. 10–20 % der Anlagenauslastung erwarten ließ.

15.6 Fazit und Ausblick

Bevor diese simulative Optimierung von Verpackungssystemen in Angriff genommen wurde, hatte die Verpackungsindustrie vor, in Zusammenarbeit mit Universitäten und Hochschulen das komplexe Optimierungsproblem für Verpackungsautomaten analytisch zu lösen.

Leider war die analytische Modellierung des Verpackungsprozesses oft nur linear und lückenhaft beschreibbar. Die damit im Zusammenhang stehende lineare Optimierung mit Simplexalgorithmen verschärfte die praktische Nutzbarkeit der Ergebnisse noch.

Außerdem war eine Optimierung des analytischen Optimierungsmodells nach mehreren Zielen gleichzeitig nicht mit praktisch vertretbarem Aufwand realisierbar.

Mit dem hier vorgestellten Lösungsverfahren unter Nutzung von Werkzeugen der Simulation (PacSi) und Optimierung (ISSOP) konnte ein praktisch orientierter Lösungsweg für die Verpackungsindustrie speziell für die Waschmittel- und Kosmetikproduktion und zugehörige Logistik aufgezeigt werden. Durch eine gute Zusammenarbeit mit den Planungs- und Produktionsingenieuren der Industriepartner war es möglich, das gekoppelte Softwaresystem PacSi und ISSOP grafisch so zu entwickeln, dass es eine hohe Nutzerfreundlichkeit und damit hohe Akzeptanz bei den Anlagenbetreibern ermöglichte.

Um dieses Softwaresystem der simulativen Optimierung für die Verpackungsindustrie außerhalb der Waschmittel- und Kosmetikindustrie ebenfalls leistungsfähig zu gestalten, machen sich weitere Tests erforderlich, die vor allem in der Verifikation und Validierung der für abweichende Anlagenstrukturen und -parameter notwendigen Simulationsmodelle für PacSi zu suchen sind (Wenzel et al. 2007; Rabe et al. 2009).

Da der Optimierer ISSOP ständig weiter entwickelt wird und die heuristischen Suchalgorithmen immer effektiver gestaltet werden, so erfolgt mit zunehmender Nutzungsdauer eine ständige Verkürzung der Rechenzeiten für eine Optimierungslösung mit mehrfacher Zielsetzung. Anfangs wurden für eine simulative Optimierungslösung in der Wasch- und Kosmetikindustrie etwa ein bis zwei Stunden auf einem PC benötigt. Diese Zeiten haben sich durch den Lernprozess in ISSOP und die hocheffektiven Simulationsberechnungen von PacSi bereits auf wenige Minuten reduziert.

Literatur

Hennig J, Weiß M (2004) 11. Simulative Optimierung von Verpackungsanlagen- Ein Realisierungsbeispiel der Kopplung des Simulators PacSi mit dem Opmierungssystem ISSOP. In: Tagungsband der ASIM-Fachtagung „Produktion und Logistik" 2004

Krug W (2002) Modelling, simulation and optimization for manufacturing, organisational and logistical processes. SCS European Publishing House, Erlangen

Rabe M, Spieckermann S, Wenzel S (2009) Verifikation und Validierung für die Simulation in Produktion und Logistik. Springer, Berlin

Weiß M, Hennig J (2000a) Anlagenoptimierung – Simulation erschließt Reserven. W&M 8:10

Weiß M, Hennig J (2000b) Materialflussoptimierung mit Simulation – Realitätsnahe Abbildung eines logistischen Systems. VR 11:14–18

Wenzel S, Weiß M, Collisi-Böhmer S, Pitsch H, Rose O (2007) Qualitätskriterien für die Simulation in Produktion und Logistik. Springer, Berlin

Kapitel 16
Entwurfsunterstützung von Produktions- und Logistikprozessen durch zeiteffiziente simulationsbasierte Optimierung

Wilfried Krug

16.1 Einführung

16.1.1 Unternehmen

Bei einem Dieselmotorenwerk musste eine auftragsbezogene PKW-Dieselmotorenproduktion aufgebaut werden, die optimale Leistungsparameter in Produktion und Logistik erfüllen sollte. So waren vorrangig die auftragsbezogenen Motorenstückzahlen (auch als Ausbringung bezeichnet) pro Jahr maximal zu erhöhen und gleichzeitig die Produktions- und Logistikkosten (Gesamtkosten) so niedrig wie möglich zu halten, um Rückschlüsse auf eine optimale Fertigungsgestaltung und Logistik in den dafür vorgesehenen Fabrikhallen während des Entwurfs der Fabrikprozesse ziehen zu können.

16.1.2 Wissenschaftlicher Partner

Nachdem die Simulation und Optimierung der neuen Motorenfertigung mit eM-Plant und einem in diesem Simulator integrierten genetischen Optimierungsalgorithmus nicht zum Ziel führte, wurde die DUALIS GmbH IT Solution mit der Lösung beauftragt. Das bereits entwickelte und validierte eMPlant-Simulationsmodell sollte trotz sehr hoher Rechenzeiten dennoch weiter verwendet werden. An Stelle des genetischen Algorithmus im Simulator wurde deshalb der Optimierer ISSOP eingesetzt. Für diese Kopplung war zu früheren Zeiten mit der Fa. Technomatix eine DDL entwickelt und erfolgreich getestet worden.

W. Krug (✉)
DUALIS GmbH IT Solution Dresden, Tiergartenstraße 32, 01219 Dresden,
Deutschland, www.dualis-it.de
E-mail: wkrug@dualis-it.de

16.1.3 Ausgangssituation und Zielstellung

Der Produktionsprozess und der dazugehörige Materialfluss und die Logistik gestalteten sich bei der auftragsbezogenen Typenvielfalt von Dieselmotoren als sehr komplex und waren gleichzeitig nach unterschiedlichen Zielen wie Ausbringung und Gesamtkosten auszuwerten. Beide Ziele sind aber gegenläufig; d. h. die Erhöhung der Ausbringung führt gleichzeitig zur Erhöhung der Produktions- und Logistikkosten, die aber zu minimieren sind. Kompromisslösungen (Pareto-Optimalitäten) sind daher beim Entwurfsprozess unausbleiblich. Das Dieselmotorenwerk hat sich daher entschieden, parallel zum Engineering-Entwurf der Fertigungsprozesse sowie einschließlich aller logistischen Systeme in den Fabrikhallen, die Simulation und rechnergestützte Optimierung unterstützend einzusetzen.

Die Ablaufprozesse in den Fabrikhallen waren mit eMPlant abgebildet worden und für die Validierung der Simulationsmodelle standen historische Fertigungsdaten aus früheren produzierten Motortypen zur Verfügung.

16.2 Optimierungsaufgabe

16.2.1 Optimierungsziel

Da die mögliche Produktionsleistung (maximale Stückzahlen und minimale Gesamtkosten) während des Engineeringentwurfs der Produktionshallen ständig durch Simulation und Optimierung zu beleuchten waren, musste eine grafische Lösung der Ausbringung von Motoren pro Schicht in Abhängigkeit der Gesamtkosten dargestellt werden. Dies erforderte aber eine Vielzahl von Simulationsläufen, die vom Optimierer ISSOP so gesteuert werden, dass im Ergebnis eine Kompromisslösung zeitnah erreicht wird und dies bei mehrfach geänderten Prozessmodellen im Simulator (Krug 2001).

16.2.2 Zusammenhänge

In Abb. 16.1 sind die prinzipiellen Abhängigkeiten zwischen Eingangsgrößen, Ergebnisgrößen und Stellgrößen dargestellt, die folgende Wirkzusammenhänge zur Folge haben, um den Engineeringprozess unterstützen zu können.

Von den Entwurfsingenieuren wurde gefordert, dass die Szenariountersuchungen für ein Produktionsaufkommen pro Jahr zu untersuchen sind. Dabei sind die Eingangsgrößen, als Auftrags-, Stamm- und Bewegungsdaten in den Simulator aus SAP-R3 einzuspeisen. Bei ersten Simulationsexperimenten über einen Produktionszeitraum von einem Jahr zeigte sich, dass die Simulationsauswertung mehrere Tage oder Wochen in Anspruch nimmt und dies damit in Verbindung mit Optimie-

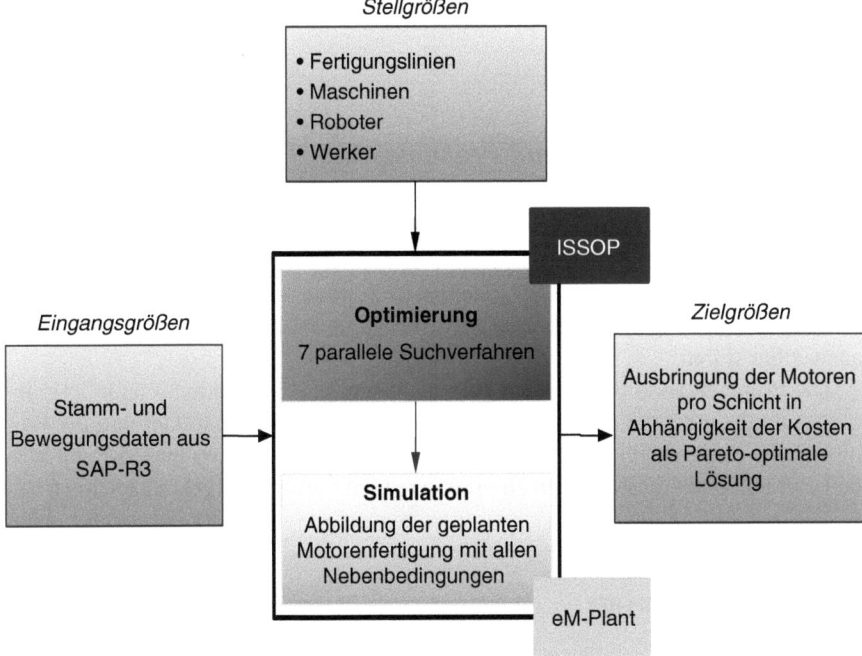

Abb. 16.1 Wirkzusammenhänge für den Engineeringprozess

rungslösungen, als Kompromissabhängigkeiten unakzeptabel für den Entwurfsprozess ist.

Daher hat DUALIS für eine brauchbare Lösung eine Konformitätsanalyse entwickelt, die auf der Basis einer strategischen Auswertung des Einschwingverhaltens der Produktions- und Logistikprozesse beruht und so in Verbindung mit optimierten Kompromisslösungen zur wesentlichen Reduzierung des Zeitaufwandes während des Engineeringentwurfs führt. In Abb. 16.1 sind also die Ergebnisgrößen als Gesamtkosten in Abhängigkeit der Motorstückzahlen (auch als Ausbringung bezeichnet) für jedes Szenario zu bewerten.

Im Weiteren wird diese Vorgehensweise als Konformitätsanalyse näher beschrieben und diente als Unterstützung des Engineeringprozesses im Dieselmotorenwerk.

16.2.3 Stellgrößen

Im Rahmen des Engineeringprozesses wurde bereits die geplante Motorenfertigung mit dem Simulator eM-Plant abgebildet und als Optimierungsparameter bzw. Stellgrößen für die Maximierung der Ausbringung von Motoren und Minimierung der Gesamtkosten der Fertigung definiert. Dies waren z. B. die Anzahl der Fertigungslinien, Anzahl der Maschinen und Roboter sowie die Anzahl der notwendigen Werker an den Maschinen und Linien.

16.2.4 Problemklasse und Problemgröße

Für die Konformitätsanalyse konnte das abgebildete Modell in eM-Plant gekoppelt mit dem Optimierer ISSOP zum Einsatz kommen, wobei ISSOP den Simulator eM-Plant so steuern musste, dass in brauchbaren Zeitintervallen für die Planungsauswertung die benötigten Ergebnisse – Ausbringung und Gesamtkosten – grafisch auswertbar waren.

Die Problemklasse ist demnach eine nicht typische Simulations- und Optimierungsaufgabe mit zeitnahem und brauchbarem Auswertungscharakter und die Problemgröße ist durch eine Vielzahl von variablen Fertigungslinien im eM-Plant Modell und innerhalb dieser Linien zu optimierenden Stellgrößen gekennzeichnet.

16.3 Lösungsansatz

Um in angemessener Zeit von Stunden die Kompromisslösung ermitteln zu können, müssen die beiden eigenständigen Software-Tools (Simulator und Optimierer) miteinander gekoppelt werden, wie Abb. 16.2 erkennen lässt. Die für eine Optimierung gebräuchlichste Anordnung sieht dabei vor, dass der Optimierer den Simulator steuert. Eine eigens entwickelte Konformitätsanalyse bietet den Vorteil, dass die auszuwertenden Kompromisslösungen im Optimierer mit minimalem Zeitaufwand generiert werden und der Simulator die benötigten Simulationsergebnisse kurzfristig dafür liefert. Begünstigt wird die Realisierung einer solchen Struktur, da einerseits der Optimierer (ISSOP) bereits dafür ausgelegt ist, externe Simulatoren zu steuern, und andererseits der Simulator (eM-Plant) schon eine Steuerschnittstelle nach außen anbietet (Krug et al. 2004, S 213–223).

Die aus den Vorüberlegungen realisierte Kopplung ist eine COM – Schnittstelle, die in ISSOP integriert wurde und somit eM-Plant steuert und einen Datenaustausch ermöglicht. Diese Technik ermöglicht eine stabile und schnelle lokale Kopplung der beiden Tools.

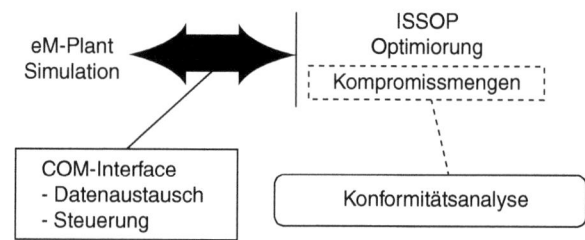

Abb. 16.2 Kopplung von ISSOP und eM-Plant

16.4 System – und Modellarchitektur

Die in Abb. 16.2 dargestellte, Konformitätsanalyse (konform: [lat.] übereinstimmend, gleichartig) ist eine Methodik zur Bewertung verschiedener Simulationsergebnisse und -laufzeiten eines Modells. Dabei erfolgt sukzessiv eine Aussage über die Qualität der erzielten Ergebnisse. Das Ziel besteht darin, eine größtmögliche Reduzierung der Laufzeiten in der Simulation bei unveränderter – konformer – Aussagekraft der Ergebnisse zu erreichen.

Der Grundgedanke der Konformitätsanalyse beruht auf systemtheoretischen Modell- und Analogiebetrachtungen von industriellen Prozessen und Systemen. Unter Einbeziehung des für den Prozess entwickelten eM-Plant-Modells mit Definition der Freiheitsgrade und mehrkriterieller Zielsetzungen des Prozesses, erfolgt in Kopplung mit ISSOP eine strategische Suche mit mehreren quasiparallel arbeitenden Optimierungsalgorithmen und einem Lernprozess. Das Ergebnis daraus ist eine Kompromissmenge, die zwei gegenläufige Zielkriterien gegenüberstellt, wie Abb. 16.3 zeigt. Durch Einsetzen verschiedener Laufzeiten für das Modell entstehen so verschiedene Kompromisslösungen, die vergleichend betrachtet werden können. Dabei werden aus den strategischen Suchpunkten die Konformitätsparameter bzw. -abstände α und ε berechnet und bewertet. Ein kleiner Abstand führt zu einer guten Konformität und ein großer Wert verschlechtert demzufolge die Konformitätslösung zunehmend.

Die Berechnung der Konformitätsparameter ergibt sich zu

$$\varepsilon_{(t_i,t_j)} = \frac{1}{N} \sum_{k=1}^{N} \left| y_{1,(t_i,k)} - y_{1,(t_j,k)} \right|^2 \tag{16.1}$$

$$\alpha_{(t_i,t_j)} = \left| y_{2,(t_i,MAX)} - y_{2,(t_j,MAX)} \right|^2 \tag{16.2}$$

mit: $y = \frac{Y}{Y_{MAX}}$ und N ist Anzahl der verglichenen Suchpunkte.

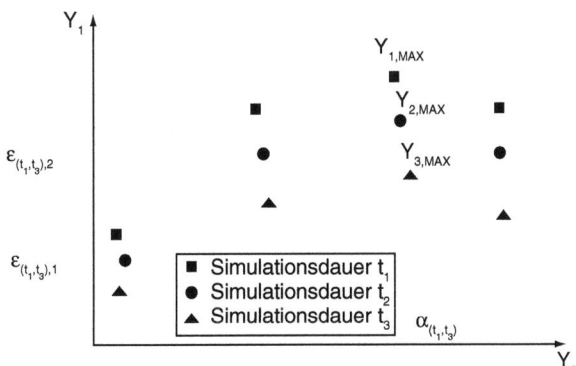

Abb. 16.3 Auswertung verschiedener Kompromisslösungen mit Y_1 und Y_2 als Zielgrößen

Die Berechnung der Konformitätsparameter wird für jedes Paar von Simulationszeiten $(t_i; t_j)$ mit $i \neq j$ durchgeführt. Anhand dieser Parameter kann nun eine Aussage zur Konformität der Ergebnisse der verschiedenen Simulationszeiten getroffen werden:

- $\alpha, \varepsilon \leq 0{,}2$: sehr gute Konformität,
- $0{,}2 < \alpha, \varepsilon \leq 0{,}5$: gute Konformität, evtl. weitere Zeiten testen,
- $\alpha, \varepsilon > 0{,}5$: keine Konformität gegeben.

Da jedes System im nicht initialisierten Zustand zunächst eine Einschwingphase (engl.: warm up period) durchläuft, in der verfälschte Ergebnisse ausgegeben werden, ist die untere Grenze für die Simulationsdauer genau die Einschwingzeit t_{WUP}. Jedoch ist das Problem dabei, dass man kaum eine Aussage über diese Zeit machen kann. Die Bewertung der Laufzeiten mittels der Konformitätsparameter verhindert jedoch, dass eine Zeit $t < t_{WUP}$ bei der Analyse ausgewählt wird.

Sollte die warm up period bekannt ein, so ist die Simulationszeit etwa als das Dreifache zu wählen, also $t \gg t_{WUP}$.

Mit Hilfe der eingeführten Konformitätsparameter und den Vorüberlegungen kann nun eine formale Beschreibung des Vorgehens bei der Konformitätsanalyse erfolgen.

Ziel: finde eine optimale Simulationszeit t_{Opt} mit

- $t_{Opt} \to MIN!$
- $f(t_{Opt})$ ist konform $f(t_*) \forall t_* \in (t_{WUP}, \infty)$

Es ist klar, dass der zweite Punkt der Zielsetzung nie 100 %-ig überprüft werden kann, da man so alle denkbaren Prozesszeiten testen müsste. Deshalb konzentriert sich die Konformitätsanalyse auf einen Satz von – möglichst kleinen – Simulationsdauern in Verbindung mit einer stichprobenartigen Überprüfung einzelner Werte an größeren Prozesszeiten (Krug et al. 2004).

Die Einbindung der Konformitätsanalyse in den Planungs- und Engineeringprozess im Dieselmotorenwerk erfolgte in Form eines Softwarebausteins, gemäß Abb. 16.2, so dass während der Neuprofilierung der Motorenfertigung über einen Zeitraum von sechs Monaten ständig Kompromisslösungen erzeugt werden konnten, wie Abb. 16.4 erkennen lässt.

Der prinzipielle Ablauf zur Erzeugung einer Kompromisslösung ist wie folgt:

1. Wähle einen Satz von n Prozesszeiten mit $t_1 < t_2 < \ldots < t_n$ mit möglichst kleinem t_n
2. Lasse ISSOP n Kompromisslösungen für $t_1, \ldots, t_n$ erstellen
3. Berechne Konformparameter α, ε und werte sie aus: konform?
   JA: STOP mit t_1 ist t_{Opt}
   NEIN: weiter bei 4.
4. Ersetze t_1 durch neue Zeit t_{n+1} mit $t_n < t_{n+1}$ und indiziere die Zeiten neu von $1 \ldots n$
5. Lasse ISSOP Kompromisslösung für t_n berechnen
6. Gehe so lange zu 3. bis Konformität erreicht ist und danach zu 7.
7. Ende

16 Entwurfsunterstützung von Produktions- und Logistikprozessen durch zeiteffiziente

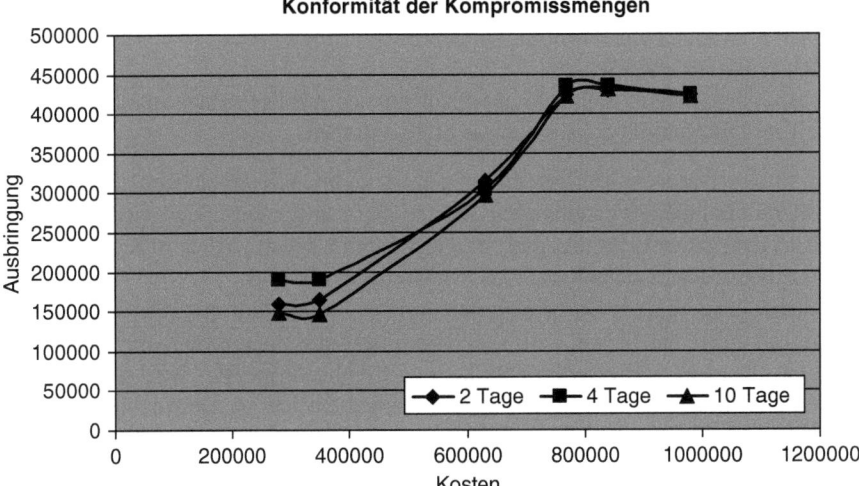

Abb. 16.4 Kompromisslösungen (Pareto-Lösungen) für drei Prozesszeiten

Zur Absicherung der Konformität können einzelne Punkte der Kompromisslösung von t_{Opt} mit größeren Zeiten in einzelnen Simulationsläufen im eM-Plant überprüft werden. Die Wahl geeigneter Intervallschritte für *Punkt* 4. und der Anfangsmenge in *Punkt* 1. ist eine Frage der Einschätzung des Modellierers, der dazu zu Rate gezogen werden sollte. Für die Anzahl gleichzeitig betrachteter Zeiten N hat sich in der Praxis $N = 3$ bewährt. Die gute Auswahl von N und die betrachtete Prozesszeit t wirken sich positiv auf die für die Konformitätsanalyse benötigte Zeit aus.

Erneute Auswertung der Kompromisslösungen entsprechend Abb. 16.4 ergab: $\alpha, \varepsilon < 0{,}2$, d. h. sehr gute Konformität. Die Optimierung und sämtliche weiteren Experimente können mit $t = 2$ *Tage* durchgeführt werden.

Mit zwei Tagen Simulationszeit lief das eM-Plant Modell auf einem PC noch ca. 20 min pro Experiment. Eine komplette Optimierung unter Nutzung der Kopplung von ISSOP mit eM-Plant konnte in rund 10 h durchgeführt werden. Im Vergleich zur Ausgangssituation ergibt dies eine Zeitersparnis pro Experiment von mehr als 3½ h oder rund 85 %!

16.5 Bewertung des Verfahrens

Die durchgeführte Konformitätsanalyse an einem Modell erlaubt es, alle weiteren Betrachtungen mit der reduzierten Simulationszeit t_{Opt} zu untersuchen. Daraus ergeben sich unter anderem folgende Vorteile:

- Die Optimierungszeit wird durch mehrfaches Simulieren mit reduzierter Zeit erheblich beschleunigt.

- Modelle, bei denen aus Kosten- und Zeitgründen bisher eine Optimierung als nicht sinnvoll erachtet wurde, können nach erfolgter Analyse in angemessener Zeit optimiert werden.
- Einzelne Simulationsläufe in eM-Plant können mit der reduzierten Zeit t_{Opt} erfolgen. Die Qualität der Ergebnisse bleibt erhalten.

Beim Entwurfsprozess im Dieselmotorenwerk konnten durch die Konformitätsanalyse Reduzierungen des Zeitaufwandes von 50 % und mehr erzielt werden. Dabei hält sich der Aufwand für die Analyse selbst durch weitestgehende Automatisierung des Softwarebausteins nach Abb. 16.2 in Grenzen.

Nachdem die Entwurfsingenieure einen Fertigungsablauf mit allen logistischen Prozessen entworfen haben, wird eine Kompromisslösung ermittelt und in die Auswertung für einen verbesserten Fabrikentwurf einbezogen. Dies wird solange wiederholt, bis eine optimale praxisrelevante Lösung erreicht ist. Beispielhaft soll dies wie folgt dargestellt werden.

Beispielmodell: Abbildung der Fertigungslinie für eine maschinenorientierte Gruppenfertigung.

Zielkriterien Y: Ausbringung und Kosten pro Jahr
Eingabeparameter X: 4 je im Intervall 1 ... 14

Restriktion: $\sum_{i=1}^{4} x_i \leq 14$

Größe des Suchraumes (ohne Beachtung der Restriktion): $14^4 = 38.416$

Vom Modellierer eingestellte Simulationszeit: *40 Tage*, d. h. Laufzeit auf einem durchschnittlichen PC ca. *4 h*.

Problem: In Anbetracht der Laufzeit eines einzelnen Experimentes von fast *4 h* sind angemessene Tests oder eine komplette Optimierung des Modells nicht in vertretbarer Zeit durchführbar. Es stellt sich die Frage, ob man unbedingt *40 Tage* simulieren muss, um aussagekräftige Ergebnisse zu erzielen. Diese Frage ist jedoch durch die Modellkomplexität auch vom Modellierer selbst fast nie zu beantworten.

Lösung: Durchführen einer Konformitätsanalyse. Startmenge an Prozesszeiten: $t_1 = 1\ Tag$, $t_2 = 2\ Tage$, $t_3 = 4\ Tage$ ($N = 3$)

Auswertung der Kompromisslösungen ergab: schlechte Konformität von t_1, d. h., $t_1 = 1\ Tag$ ist zu klein und wird durch neue Prozesszeit von 10 *Tagen* ersetzt.

16.6 Fazit und Ausblick

Mit der Konformitätsanalyse wird eine Methode beschrieben, die es ermöglicht, völlig ohne Änderungen an einem Modell oder den Einsatz schnellerer Technik den Zeitaufwand bei Optimierungen mit Simulation von Modellen teils drastisch zu reduzieren. Dies basiert auf logische und systemtheoretische Betrachtungen. In Verbindung mit einem eigens dafür entwickelten Softwarebaustein kann eine solche

Analyse in kurzer Zeit durchgeführt werden und bietet dem Nutzer eine große Zeit- und Kostenersparnis.

Die Konformitätsanalyse kann immer dann zur Anwendung kommen, wenn eine ausweglose Situation bei einer zeitnahen Auswertung von Simulations- und Optimierungsergebnissen entstanden ist. Dies ist oft dann der Fall, wenn komplexe Simulationsmodelle vorliegen, die sich nicht reduzieren lassen und wenn in den Modellen eine Vielzahl von Stellgrößen vorhanden sind, die alle sensitiv auf die Zielgrößen sind.

Nicht zuletzt ist besonders bei multikriteriellen Problemstellungen die Konformitätsanalyse bei Engineeringaufgaben in der Fabrikplanung als Unterstützungswerkzeug sehr effektiv und sinnvoll.

Künftig wird angestrebt, in ISSOP einen weiteren Softwarebaustein zu integrieren, der den Nutzer bei der Durchführung der Konformitätsanalyse so unterstützt, dass eine voll automatisierte Berechnung der Konformitätsparameter und Intervallschrittsuche in Verbindung mit einem angekoppelten Simulator erfolgt. Damit kann die Entscheidungsfindung für den Anwender noch weiter vereinfacht werden.

Eine weitere Reduzierung des Zeitaufwandes bei Optimierungen mit Simulation ist durch sensitivitätsanalytische Untersuchungen des Parameterraumes möglich. Damit können unempfindliche Optimierungsparameter eliminiert werden. Erste Untersuchungen erfolgten bereits bei der Minimierung der Lagerhaltungskosten, wo über 1500 Parametern mit ISSOP strategisch zu untersuchen waren (März u. Thurnher 2006). Die prototypischen Untersuchungen erfolgten mit einem SENSIT-Baustein der DUALIS(ISSOP) und im Ergebnis konnten etwa 30 % an Rechenzeit eingespart werden.

Literatur

Krug W (2001) Modellierung, Simulation und Optierung für Prozesse der Fertigung, Organisation und Logistik. SCS European Publishing House, Erlagen, S 127–156

Krug W, Stricker S, Pullwitt S (2004) Reduzierung des Optimierungsaufwandes durch mathematische Konformitätsanalyse industrieller Prozesse mit eM-Plant und ISSOP. Rabe M (Hrsg) Advances in simulation for production and logistics. Fraunhofer IRB Verlag, Stuttgart, S 213–223

März L, Thurnher Ph (2006) Minimale Lagerhaltungskosten bei vorgegebenen Lieferfristen mit Simulation und Optimierung. In: Tagungsband der 12. ASIM-Fachtagung „Simulation in Produktion und Logistik", S 48–56

Kapitel 17
Performancevergleich zwischen simulationsbasierter Online- und Offline-Optimierung anhand von Scheduling-Problemen

Christian Heib und Stefan Nickel

17.1 Einleitung

17.1.1 Unternehmen

Die Bosch-Gruppe ist ein international führendes Technologie- und Dienstleistungsunternehmen. Mit Kraftfahrzeug- und Industrietechnik sowie Gebrauchsgütern und Gebäudetechnik erwirtschafteten rund 275.000 Mitarbeiter im Geschäftsjahr 2009 einen Umsatz von 38,2 Mrd. €. Das Homburger Bosch-Werk gehört zum Geschäftsbereich Diesel Systems der Robert Bosch GmbH und produziert modernste Dieselkomponenten mittels komplexer Produktionsabläufe.

17.1.2 Wissenschaftlicher Partner

Der Bereich für Diskrete Optimierung und Logistik unter Leitung von Professor Dr. Stefan Nickel gehört dem Institut für Operations Research (IOR) des Karlsruher Instituts für Technologie an.

Der wissenschaftliche Schwerpunkt liegt auf der systematischen Konzeption, Entwicklung und Anwendung mathematischer Modelle zur Optimierung in der Praxis auftretender Prozesse. Diese können in verschiedenen Gebieten, wie z. B. der Logistik oder dem Health Care Sektor, angesiedelt sein. Die praxisnahe Modellierung der einzelnen Prozesse führt hierbei zu einer hohen Komplexität. Aus diesem Grund müssen zur Lösung der Probleme Methoden aus unterschiedlichen Bereichen der Optimierung, wie beispielsweise der kombinatorischen oder dynamischen Optimierung, eingesetzt werden.

C. Heib (✉)
Robert Bosch GmbH, Diesel Systems, Werk Homburg, Bexbacher Str. 72, 66424 Homburg, Deutschland, www.bosch.de

Daneben liefern die in Kooperation mit Unternehmen durchgeführten Projekte Aufschluss über die praktische Einsatzmöglichkeit der entwickelten Verfahren. Viele der getesteten Verfahren führen dabei zu einer Verbesserung der in den Unternehmen ablaufenden Prozesse.

17.1.3 Ausgangssituation und Zielsetzung

Scheduling ist für den Großteil der Unternehmen, unabhängig von der Branche, ein wichtiger Bestandteil innerhalb des operativen Planungsprozesses (vgl. auch Fallbeispiele Kap. 10 und 11). Der Begriff „Scheduling" bedeutet aus dem Englischen übersetzt „Ablaufplanung". Neben der Produktionsplanung von Maschinen können beispielsweise auch Start- und Landebahnen von Flughäfen sowie Computer-Server Planungsobjekte sein. Scheduling zielt auf eine möglichst optimale Allokation von Ressourcen und anstehenden Aufgaben ab. Hierbei existieren viele Einflussfaktoren, welche die Erstellung eines optimalen Produktionsplans erschweren (Pinedo 2008).

Die Kopplung zwischen Simulation und Optimierung geschah in der Vergangenheit oft manuell. Der Raum möglicher Lösungen ist jedoch meist so groß, dass eine händige Vorgehensweise praktisch unmöglich ist, wodurch sich der Einsatz einer simulationsbasierten Optimierung anbietet. Komplexe Produktionsabläufe bringen jedoch die Problematik mit sich, dass mithilfe traditioneller simulationsbasierter Optimierungsverfahren, so genannter Offline-Optimierungen, teilweise extrem lange Laufzeiten erreicht werden und dabei immer von einem vollständigen Wissen des Optimierers über die gesamte Optimierungsperiode ausgegangen wird. Der Begriff „Offline-Optimierung" verdeutlicht, dass der Optimierer ohne Interaktion zu dem zu optimierenden System agiert. Dieses System ist während der Optimierung „offline", wodurch alle möglichen Ereignisse vorher bekannt sein müssen.

In der Praxis ist jedoch eine solche Optimierung nur bedingt anzuwenden, da in vielen Fällen zukünftige Ereignisse unbekannt sind. Folglich wird von dem Optimierer gefordert, bei Eintritt eines Ereignisses „online" eine Entscheidung für das weitere Vorgehen zu treffen ohne bzw. nur mit begrenzter Kenntnis der zukünftigen Geschehnisse. Diese praxisorientiertere Optimierungsform wird „Online-Optimierung" genannt (Lavrov u. Nickel 2005).

Ziel ist es, anhand zweier Scheduling-Beispiele die Performance der beiden Optimierungsansätze zu vergleichen und zu bewerten. Hierzu soll zunächst ein sehr einfaches Ein-Maschinen-Modell mit nachfolgenden Rahmenbedingungen analysiert werden:

- Zwei zu produzierende Produkte
- Deterministische Produktions- und Rüstzeiten
- Keine Maschinenstörungen

Um einen möglichst unverfälschten Vergleich der beiden Optimierungsarten zu ermöglichen, ist das Modell stark vereinfacht.

Auf Basis identischer Rahmenbedingungen wird die Komplexität des Modells gesteigert, indem die Produktionsreihenfolge anstatt von einer, von vier parallel arbeitenden, identischen Maschinen optimiert werden soll.

17.2 Optimierungsaufgabe

17.2.1 Optimierungsziel

Das Ziel, unabhängig von der Optimierungsvariante, besteht darin, einen möglichst optimalen Produktionsplan je Maschine zu erhalten, welcher die minimale Gesamtdurchlaufzeit (engl. *Makespan*) und somit auch die minimale Rüstanzahl zur Produktion des vorgegebenen Fertigungsprogramms besitzt. Hierbei existieren wie bereits in Abb. 17.1 und Abb. 17.2 gezeigt keine nachgelagerten Prozesse, damit keine Beeinflussung des Optimierungseffekts durch Restriktionen dieser Prozesse erfolgt.

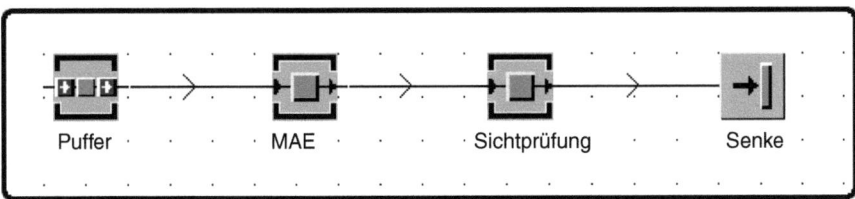

Abb. 17.1 Beispiel eines Ein-Maschinen(MAE)-Simulationsmodells

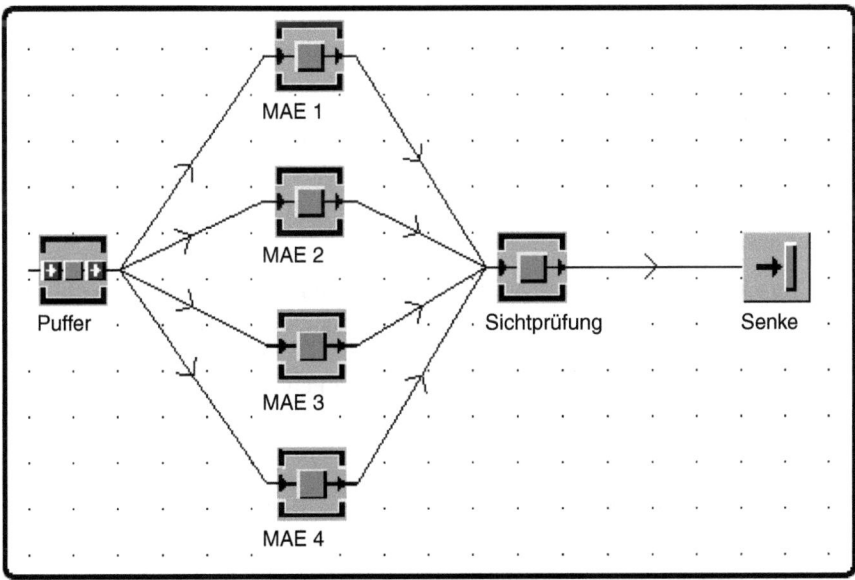

Abb. 17.2 Beispiel eines Simulationsmodells mit vier parallel arbeitenden Maschinen

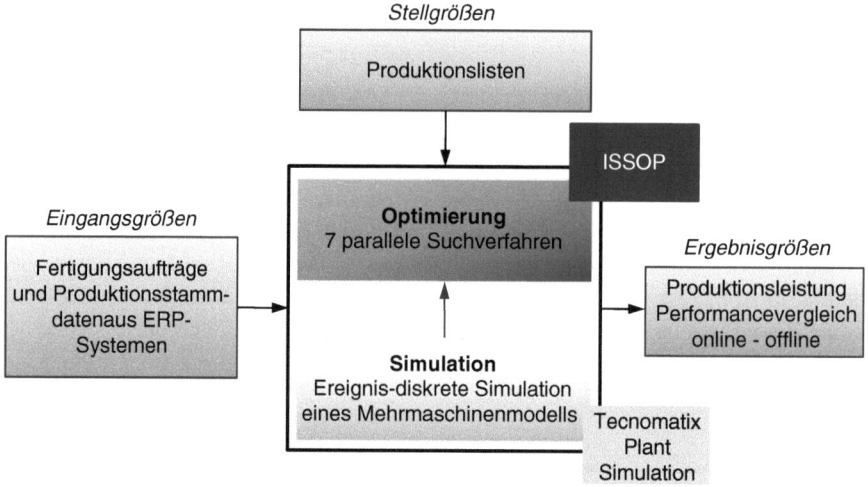

Abb. 17.3 Wirkzusammenhänge

17.2.2 Zusammenhänge

In Abb. 17.3 sind die Wirkzusammenhänge der Ergebnisgrößen in Abhängigkeit der durch den Optimierer ISSOP in Verbindung mit dem Simulator Plant Simulation variierten Stellgrößen auf der Basis der Eingangsgrößen dargestellt.

Ein-Maschinen-Modell: Der vor der Bearbeitungsstation existierende Puffer besitzt zu jeder Zeit ausreichende Rohstoffe beider zu fertigenden Produkte. In Abhängigkeit der Produktionsliste wird die Maschine mit dem entsprechenden Rohstoff beladen und stellt so das gewünschte Produkt her, welches vor der Fertigstellung noch eine Sichtprüfung durchlaufen muss. Aufgrund der, im Vergleich zur Maschine sehr geringen Bearbeitungszeit der Sichtprüfung beeinflusst diese unter keinen Umständen die Produktionsmaschine bzw. das Optimierungsergebnis. Jeder Auftrag in der Produktionsliste enthält die eindeutige Zuordnung zu einem Produkt mit der jeweils gewünschten Stückzahl.

Vier-Maschinen-Modell: Aufbauend auf dem voran beschriebenen Modell wird die Produktion zusätzlich um drei parallel arbeitende, identische Maschinen erweitert. Es stellt sich folglich zunächst die Frage welches Produkt auf welcher Maschine gefertigt wird, bevor schließlich pro Maschine die Fertigungsreihenfolge der Produkte zu bestimmen ist.

17.2.3 Stellgrößen

Der Fokus der simulationsbasierten Optimierung liegt auf dem Performance-Vergleich der Offline- und Online-Optimierung der Produktionsliste. Aus diesem Grund sind keine weiteren Restriktionen, wie beispielsweise maximale Puffergröße, Wiederbeschaffungszeiten für Rohstoffe etc. berücksichtigt. Für den praktischen Einsatz der beiden Optimierungsvarianten können zur Abbildung realer Gegebenheiten auch Restriktionen nachgelagerter Prozesse innerhalb der Optimierung beachtet werden.

Zur eindeutigen Definition der gewünschten Vorgehensweise der Online-Optimierung müssen jedoch noch nachfolgende Restriktionen festgelegt werden:

- *Preemptions*: Preemptions bedeutet übersetzt „Vorwegnahme" und besagt, dass es nicht erforderlich ist, einen bereits gestarteten Job auf einer Maschine fertig zu stellen, bevor ein anderer Job auf dieser Maschine bearbeitet werden kann. Es ist somit zulässig, einen Job, der gerade bearbeitet wird, zu stoppen und diesen später auf dieser oder einer anderen Maschine fortzusetzen. Dies ist in den Scheduling-Beispielen erlaubt.
- *Lookahead*: In der Praxis sind in der Regel eine bestimmte Anzahl zukünftiger Produktionsaufträge bekannt. Innerhalb des Optimierungsmodells bezeichnet man eine solche Existenz zukünftiger Informationen als „Lookahead". Um die Auswirkung unterschiedlicher Lookaheads auf das Optimierungsergebnis zu analysieren, werden bei den beschriebenen Scheduling-Modellen jeweils unterschiedliche Mengen an zukünftigen Aufträgen als bekannt angenommen.

17.2.4 Problemklasse

Beide Beispiele stellen ein Scheduling-, d. h. ein Reihenfolgeproblem dar.

17.2.5 Problemgröße

- Planungshorizont: 1 Monat
- Ein-Maschinen-Modell:
  - ca. 70 Aufträge pro Monat
  - insgesamt ca. 75.000 Stück
  - zwei Produkte
  - eine Maschine
- Vier-Maschinen-Modell:
  - ca. 260 Aufträge pro Monat
  - insgesamt ca. 300.000 Stück
  - zwei Produkte
  - vier Maschinen

17.3 Optimierungsansatz und Problemcodierung

17.3.1 Algorithmen/Systeme

Zur simulationsbasierten Optimierung wird das Tool „ISSOP" (Intelligentes System zur Simulation und Optimierung) der Firma Dualis IT Solutions verwendet. Die Hauptmerkmale von ISSOP sind (Krug 2001):

- 7 quasiparallele Suchstrategien
- Adaptiver Lernalgorithmus
- Hybrid-Ansatz zur Kooperation der einzelnen Strategien
- Gleichzeitige Optimierung mehrerer Zielkriterien (multikriterielle Optimierung)
- Schnittstelle zu verschiedenen Simulationssystemen
- Parameter- oder Reihenfolgeoptimierung

Zur vereinfachten Interaktion zwischen Simulation und Optimierung wird ein spezieller ISSOP-Baustein für Siemens Plant Simulation verwendet.

17.3.2 Verfahrensablauf

Die hierarchische Anordnung von Simulation und Optimierung (Offline-Optimierung), bei der die Simulation lediglich als Bewertungsinstrument der unterschiedlichen Freiheitsgrade der Optimierung dient, wird mithilfe der beiden Softwaretools ISSOP und Plant Simulation praktisch umgesetzt. Ziel ist es, dass ISSOP nach der Wahl neuer Parameter bzw. Reihenfolgen diese an die Simulationssoftware weitergibt. Plant Simulation führt im Anschluss daran einen kompletten Simulationslauf auf Basis der gewählten Daten durch und gibt das Ergebnis wieder an ISSOP zurück. Dieser Vorgang wird so oft wiederholt bis das optimale Ergebnis oder die festgelegte Laufzeit erreicht wurde (Abb. 17.4).

Folgende Schritte müssen ausgeführt werden, um eine simulationsbasierte Offline-Optimierung mit ISSOP einzurichten:

- Auswahl der Freiheitsgrade im Simulationsmodell
- Beispiel: Produktionsliste einer Maschine
- Wahl eines oder mehrerer Zielkriterien und Angabe, ob es sich um ein Maximierungs- oder Minimierungsproblem handelt
- Beispiel: Minimierung der Gesamtproduktionsdauer
- Durch Bestätigung des „Optimierung starten"-Buttons wird ISSOP den Optimierungsvorgang starten und die Simulation komplett automatisiert steuern.

Die praxisrelevante Online-Optimierung wurde bisher noch nicht mithilfe einer standardisierten Verknüpfung zwischen Optimierer und Simulationssoftware durchgeführt. Eine Online-Optimierung kam in Simulationsmodellen vor allem in Methoden zur Steuerung des Materialflusses vor.

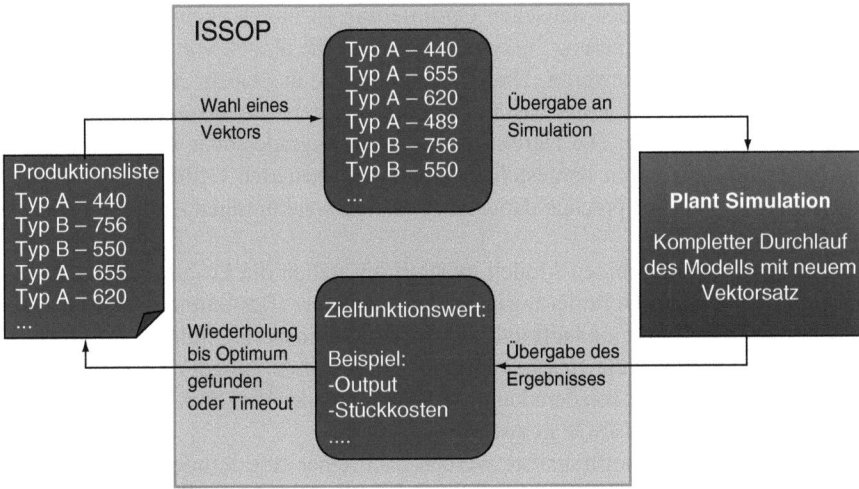

Abb. 17.4 Vorgehensweise der simulationsbasierten Offline-Optimierung

Ziel ist es, eine standardisierte Online-Optimierung mithilfe von ISSOP und Plant Simulation zu realisieren, wobei die Simulation bei Eintritt bestimmter Ereignisse oder zu bestimmten Zeiten den Optimierer aufruft. Dieser führt eine statische Optimierung auf Basis der zu diesem Zeitpunkt vorliegenden Informationen durch und spielt das ermittelte Optimum des aktuellen Problems in die Simulation zurück. Die Simulation läuft im Anschluss regulär weiter, bis der nächste Aufrufpunkt der Optimierung erreicht wird. Dieser Mechanismus wiederholt sich so oft bis der Simulationslauf beendet ist. Abbildung 17.5 visualisiert diese Vorgehensweise am Beispiel einer Produktionsreihenfolgeoptimierung.

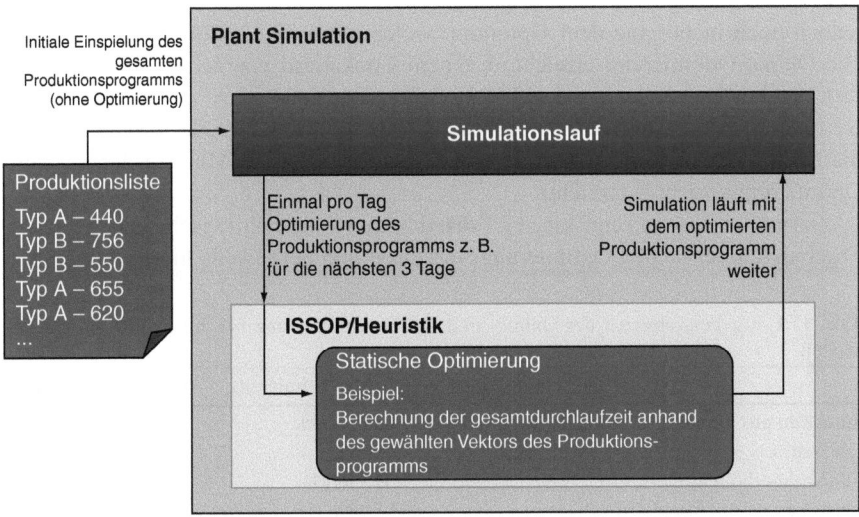

Abb. 17.5 Simulationsbasierte Online-Optimierung

Zur Durchführung der statischen Optimierung ist eine so genannte „benutzerdefinierte Parametersteuerung" notwendig, welche die aktuell von dem Optimierer gewählten Parameter bewertet. Diese Steuerung, die aus einem frei definierbaren Programmcode besteht, muss das Verhalten des Untersuchungsobjektes der Optimierung widerspiegeln. Die Definition der Freiheitsgrade sowie der Zielfunktion erfolgt analog zur voran dargestellten simulationsbasierten Offline-Optimierung. Die Freiheitsgrade entsprechen dabei den bekannten zukünftigen Aufträgen (Lookaheads).

Bei dem Vier-Maschinen-Modell existiert zusätzlich die Problematik, dass ISSOP ein zweistufiges Optimierungsproblem lösen muss (Bestimmung welcher Auftrag auf welcher Maschine läuft und wie die Produktionsreihenfolge pro Maschine ist). Eine solche parallele Bearbeitung zweier Aufgaben ist jedoch innerhalb von ISSOP nicht möglich. Trotzdem kann mithilfe folgender Vorgehensweise das Optimierungsproblem von ISSOP gelöst werden:

Aus der gesamten Auftragsliste werden nach einer fest definierten Vorgehensweise, die Auftragslisten jeder Maschine abgeleitet. Verändert ISSOP die Gesamtliste werden automatisch die Einzellisten mit verändert, wodurch die optimale Produktionsliste je Maschine ermittelt werden kann.

17.4 Bewertung des Verfahrens

17.4.1 Ergebnisse (Laufzeit, Qualität)

Ein-Maschinen-Modell: Die Offline-Optimierung erreicht mit steigender Laufzeit ein immer besseres Optimierungsergebnis. Bei einer Optimierungsdauer von zwei Stunden steigert sie den Output um 10,5 % auf 79.325 Stück. Dies entspricht jedoch noch nicht ganz dem Optimum, welches bei 79.820 Stück liegen würde. Die Online-Optimierung erreicht ab einem Lookahead von sechs Losgrößen ein fast ebenbürtiges Ergebnis von 79.253 Stück. Im Kontrast zu einem fast gleichwertigen Ergebnis steht jedoch die Laufzeit beider Methoden. Es zeigt sich, dass die Online-Optimierung bereits ab einer Laufzeit von zwei Minuten das gezeigte Optimierungsergebnis erreicht.

Zusammenfassend zeigt Tab. 17.1 den direkten Vergleich zwischen den erzielten Ergebnissen der beiden Optimierungsverfahren und der jeweils hierfür benötigten

Tab. 17.1 Ergebnisvergleich der Online- und Offline-Optimierung bei einem Ein-Maschinen-Modell

	Ohne Optimierung	Offline-Optimierung	Online-Optimierung
Stückzahl pro Monat	71.810 Stück	79.325 Stück	79.253 Stück
Laufzeit	3 s	120 min	2 min
Stückzahl-erhöhung	–	7.515 Stück	7.443 Stück
Verbesserung pro Minute Laufzeit	–	63 Stück	3.722 Stück

Tab. 17.2 Ergebnisvergleich der Online- und Offline-Optimierung bei einem Vier-Maschinen-Modell

	Ohne Optimierung	Offline-Optimierung	Online-Optimierung
Stückzahl pro Monat	286.432 Stück	295.197 Stück	312.180 Stück
Laufzeit	10 s	120 min	92 min
Stückzahl-erhöhung	–	8.765 Stück	25.748 Stück
Verbesserung pro Minute Laufzeit	–	73 Stück	280 Stück

Zeit. Zur Verdeutlichung der klaren zeitlichen Überlegenheit der Online-Optimierung wird die Kennzahl „Verbesserung pro Minute Laufzeit" eingeführt.

Die enorme Zeitersparnis der Online-Optimierung wird mit steigender Komplexität des Simulationsmodells und der folglich höheren Laufzeit eines reinen Simulationslaufs noch stärker anwachsen.

Vier-Maschinen-Modell: Vergleicht man in Folge auch bei dem Vier-Maschinen-Modell die Optimierungsleistung der Offline- und Online-Optimierung, stellt sich heraus, dass aufgrund der stark gestiegenen Problemgröße im Fall der Offline-Optimierung, diese innerhalb von zwei Stunden nur eine relativ geringe Verbesserung erbringt. Die Aufteilung des großen Optimierungsproblems in viele kleine Teilprobleme innerhalb der Online-Optimierung zeigt, dass sogar in einer kürzeren Optimierungsdauer ein besseres Ergebnis im Vergleich zur vermeintlich „allwissenden" Optimierungsvariante erzielt wird. Die Analyse unterschiedlicher Lookaheads erbringt, dass wie bei dem Ein-Maschinen-Modell auch hier sechs Aufträge die beste Wahl darstellen. Ab der Kenntnis von 7 Aufträgen im Voraus wächst die Problemgröße so stark an, dass selbst innerhalb einer sehr langen Laufzeit kein gutes Optimierungsergebnis erreicht wird.

Analog zu dem Ein-Maschinen-Modell zeigt sich auch in diesem komplexeren Fall innerhalb eines akzeptablen Zeitrahmens die klare Überlegenheit der Online-Optimierung (Tab. 17.2).

17.4.2 Einschränkungen

Die Offline-Optimierung besitzt, wie in Kap. 17.4.1 deutlich wurde, den Nachteil langer Laufzeiten, welche bei komplexeren Modellen dazu führt, dass eine derartige Optimierung nicht mehr angewendet werden kann. Des Weiteren ist die Annahme der Kenntnis aller Informationen über den gesamten Optimierungszeitraum für praktische Fragestellungen nicht erfüllbar. Die Online-Optimierung soll diese Schwachstelle beheben, indem Sie in nur einem Simulationslauf die Optimierungsaufgabe durchführt und pro Optimierungsvorgang nur wenige Informationen benötigt. Diese Optimierungsvariante besitzt jedoch ebenfalls einen Nachteil. Die zur Bewertung der jeweiligen Parameterwahl benötigte benutzerdefinierte Steuerung kann bei Berücksichtigung komplexer Restriktionen nachgelagerter Prozesse sehr komplex und dadurch sehr zeitaufwändig werden. Die Bewertung muss immer abstrahiert erfolgen und kann nicht die gesamte Bandbreite der in der Simulation abgebildeten Details beinhalten.

17.4.3 Alternativverfahren

Die simulationsbasierte Online-Optimierung wird mithilfe der Metaheuristiken innerhalb von ISSOP durchgeführt. Alternativ könnten problembezogene Heuristiken verwendet und damit eventuell ein weiterer Performancegewinn erzielt werden.

17.5 Projektaufwand, -erkenntnisse, Kosten/Nutzen

Die Realisierung der beiden Optimierungsvarianten ist mithilfe von ISSOP und Plant Simulation komfortabel möglich. Die Online-Optimierung verursacht jedoch zu Beginn einen gewissen Mehraufwand, um den gewünschten Ablauf sowie die korrekte Bewertung der gewählten Parameter bzw. Produktionsreihenfolge zu implementieren.

Dieser Mehraufwand ist im Angesicht der sehr guten Optimierungsleistung vertretbar. Gerade innerhalb komplexerer Simulationsmodelle mit hohen Laufzeiten (beispielsweise eine Stunde und mehr pro Simulationslauf) ermöglicht diese Optimierungsform erstmals eine konsequente mathematische Optimierung innerhalb einer vertretbaren Zeit.

Aufbauend auf den gezeigten Erkenntnissen wäre es wie in Kap. 17.4.3 beschrieben interessant, den Performanceeffekt der Optimierung unter Verwendung problembezogener Heuristiken zu analysieren und neben den beschriebenen Scheduling-Problemen die Online-Optimierung auch innerhalb der Parameteroptimierung zu erproben.

Literatur

Krug W (2001) Modellierung, Simulation und Optimierung für Prozesse der Fertigung, Organisation und Logistik. Verlag SCS European Publishing-House, Erlangen
Lavrov A, Nickel S (2005) Simulation und Optimierung zur Planung von Kommissionierungssystemen. VDI-Seminar 2005
Pinedo ML (2008) Scheduling: theory, algorithms and systems. 3. Aufl. Springer Verlag, Berlin

Herausgeber

Prof. Dr.-Ing. habil. *Wilfried Krug*, geb.1937, 1956–1959 Flugzeugbaustudium an der Ingenieurschule für Flugzeugbau Dresden, 1961–1967 Diplom – Ingenieurstudium Elektrotechnik/Technische Kybernetik an der Technischen Universität Dresden, 1975 Promotion (Modellierung und Simulation von Hermetikkompressoren), 1977 Habilitation (Rechnergestützte Optimierung technischer Systeme). 1978–1986 Professur für Mathematische Kybernetik und Rechentechnik an der Ingenieur Hochschule Köthen, 1986–1992 Professur für Modellierung und Simulation an der Fakultät Maschinenwesen der Technischen Universität Dresden. 1990 Gründung der DUALIS GmbH IT Solution und Direktor IT-Management bis heute. Mitglied der Arbeitsgemeinschaft ASIM seit 1992 und im Vorstand bis 2000. Mitglied in mehreren nationalen und internationalen Programmkomitees und General Conference Chairman Society for Computer Simulation 1992 und 2002 in Dresden. Beiratsmitglied im VDI – Produktionstechnik von 1998–2008 und seit 2009 Leiter des VDI – Arbeitskreises Produktion und Logistik Dresden und Mitglied der Gesellschaft für Produktion und Logistik des VDI Deutschland.

Dr.-Ing. Ing. ECL *Lothar März*, geb. 1965, 1987–1993 Studium Allgemeiner Maschinenbau an der Technischen Hochschule Darmstadt sowie Ingenieurwissenschaften mit Schwerpunkt Mathematik und Informatik an der Ecole Centrale de Lyon. 1995–2001 Fraunhofer Institut für Produktionstechnik und –automatisierung (IPA), Stuttgart, 2002 Promotion (Ein Planungsverfahren zur Konfiguration der Produktionslogistik).

Ab 2001 in leitenden Funktionen in der Unternehmensberatung sowie bei Forschungsinstitutionen tätig. Zentraler Schwerpunkt seiner Arbeiten sind Entscheidungsunterstützungssysteme für Produktion und Logistik auf der Basis von Simulation und mathematischer Optimierung. 2010 Gründung der LOM Innovation GmbH & Co. KG in Lindau (Bodensee) als geschäftsführender Gesellschafter.

Mitglied der Arbeitsgemeinschaft Simulation (ASIM), der GI sowie der Gesellschaft für Produktion und Logistik des VDI Deutschland. 2007 Gründungsmitglied und Sprecher der Arbeitsgruppe „Simulationsbasierte Optimierung von Produktions- und Logistikprozessen" in der ASIM-Fachgruppe „Simulation in Produktion und Logistik".

Prof. Dr. rer. nat. *Oliver Rose*, geb. 1966, Mathematikstudium an der Universität Würzburg, Promotion und Habilitation („Operational Modelling and Simulation in Semiconductor Manufacturing") im Fach Informatik an der Universität Würzburg. Seit Oktober 2004 Professur für Modellierung und Simulation am Institut für Angewandte Informatik der Fakultät Informatik der TU Dresden. 2001–2003 Leitung der deutschen Beteiligung am Factory Operations Research Center Project „Scheduling of Semiconductor Wafer Fabrication Facilities" von SRC (Semiconductor Research Corporation) und International Sematech. Aktuelle Arbeitsgebiete: Modellierung und Simulation komplexer Produktionssysteme, operative Materialflusskontrolle komplexer Produktionssysteme, Informationstechnologische Unterstützung von Simulationsprojekten. Mitglied der Arbeitsgemeinschaft Simulation (ASIM), der GI, der IEEE, des INFORMS College on Simulation, der Gesellschaft für Systems Engineering, Mitglied in mehreren nationalen und internationalen Programmkomitees.

Privatdozent Dr.-Ing. *Gerald Weigert*, studierte Informationselektronik an der Technischen Universität Dresden und promovierte 1983 an der Fakultät Elektrotechnik. Bis 1988 war er sowohl wissenschaftlich als auch in der Industrie auf dem Gebiet der automatischen Spracherkennung tätig, wo er sich vorrangig mit Optimierungsalgorithmen und Softwareentwicklung beschäftigte.

Seit 1988 arbeitet er am Institut für Aufbau- und Verbindungstechnik der Elektronik (IAVT, vormals Institut für Elektronik-Technologie) der Technischen Universität Dresden, zunächst als wissenschaftlicher Mitarbeiter und seit 2006 als Privatdozent. Seit dieser Zeit beschäftigt er sich in Forschung und Lehre mit der Modellierung, Simulation und Optimierung von Fertigungsprozessen. Er war maßgeblich beteiligt an der Entwicklung ereignisdiskreter Simulationssysteme und deren Einsatz zur prozessbegleitenden Steuerung von Fertigungsabläufen.

Dr. Weigert leitet die Arbeitsgruppe „Prozesstechnologie" am IAVT und unterhält zahlreiche Kontakte zur Industrie. Er ist Mitglied der Arbeitsgemeinschaft Simulation (ASIM) und Mitglied verschiedener Programmkomitees.

Sachwortverzeichnis

A
Abarbeitungszeitgrad, 173
Abbruchkriterien, 163
Auftragseinsteuerung, 123
Auftragslast, 9
Auftragsreihenfolgeplanung, 151–169
Auslastung, 9
Automatisierung, 133
Automobil-Endmontage, 117–132
Automobilindustrie,
        Auftragsreihenfolgeplanung, 151–169

B
Backend-Bereich, 49, 58
Bergsteiger-Strategie, 22, 160
Bewegungsdaten, 109
Bibliotheksroutine, 15
Branch-and-Check-Verfahren, 140

C
Car Sequencing Problem, 135, 157–162
Constraint-System, 141, 142

D
Datenqualität, 6
Dilemma der Ablaufplanung, 34
Discrete Event Simulation, 14
Distributionsplanung, 152–156
Durchlaufzeitgrad, 173

E
Eingangsgrößen, 156, 174, 187, 197
Ein-Maschinen-Simulationsmodell, 207, 212
Einsteuerungsreihenfolge, 117–132
eM-Plant, 198
Endmontagenoptimierung, 171–183
Engineeringprozess, 197
Engpassanlage, 52
Engpassmaschine, 38, 42
Ereignisliste, 15
Ereignisroutine, 15
Ergebnisgrößen, 156, 187, 197
Ergebnisroutine, 15
Ersatzzielgröße, 34
ESPE, 172, 175
Eventarchitektur, 73, 74

F
Fabrikplanung, 7
Feinwerktechnik, 171–183
Fertigungssystem, Struktur, 118, 125
FIFO, 14
Fitnessfunktion, 161
Flugzeugbau, Personalplanung, 93–104

G
Gantt-Diagramm, 59, 114
Gesamtzielerreichungsgrad, 180
Greedy, 86

H
Halbleiterindustrie
    Herstellungsprozess, 49
    simulationsgestützte Optimierung, 49–63
Hill-Climbing-Strategie, 22, 160

I
Initialisierungsroutine, 15
ISSOP, 109, 113, 187, 198, 210

K
Kapazitätsauslastung, 25
Kompromisslösung, 199, 200
Konformitätsanalyse, 199, 200
Kostenminimierung, 141
Kostenreduktion, 30, 31
K-Swap-Operator, 161
Kundenzufriedenheit, 34, 35

L
Lernmodell, 25–27
    nach Bush-Mosteller, 27
Lernziel, 27
Level-Scheduling, 135
Liefertermintreue, 31, 32
Liniensteuerung, 60
Logistik, Zielgrößen, 8–10
Logistikplanung, 7
Logistiksystem, Bewertung, 4
Losdisposition, 59
Losgrößen, 9

M
MARTA 2, 93
Mixed-Model-Sequencing, 135
Modellbildung, 16, 17
Montagealternativen, 83
Montagegraph, 82
Montagelinien, komplexe, 93
Montageplan, optimaler, 89
Montageprozesse, Optimierung, 79–92
Mutation, 123, 163

N
Netzwerk-Simulator, ereignisdiskreter, 156

O
Offline-Optimierung, 205–214
Old Bachelor, 86
Online-Optimierung, 205–214
Optimierung, simulationsbasierte, 3–11
    Auftragsreihenfolgeplanung, 151–169
    Definition, 21
    Einsatzfelder, 4
    Einsteuerungsreihenfolge, 117–132
    Endmontage, 171–183
    heuristische, 65–75
    Leistungsbewertung, 128
    offline, 205–214
    online, 205–214

Prinzip, 54, 55
    rollierende, 127, 128
    Teilreihenfolgen, 127, 128
    Verpackungsanlagen, 185–193
    zeiteffiziente, 195–203
Optimierungsalgorithmen, 6, 36, 37
    Auftragsreihenfolgeplanung, 160–163
    Einsteuerungsreihenfolge, 123
    evolutionäre, 71
    Fertigungsprozesse, 54, 55
    genetische, 86, 122, 123
    Montageprozesse, 86
    Personalplanung, 97, 141, 142, 175, 176
    Produktionsplanung, 70, 71, 108, 199
    Scheduling-Probleme, 210
Optimierungspotential, 52
Optimierungsproblem
    NP-schweres, 153
    Komplexität, 37, 38
Optimierungssoftware, 93
Optimierungsverfahren, 22–26
    adaptive, 26, 27
    deterministisches, 24
    evolutionäres, 23
    genetisches, 24, 122
    Parametervariation, 45
    Problemklassen, 44, 45, 53, 69, 85, 94, 139, 157, 175, 189, 198
    stochastisches, 22–24
Optimierungsziel
    Einsteuerungsreihenfolge, 119
    Fertigungsprozesse, 51, 52
    Montageprozesse, 81
    Personalplanung, 94, 137, 172
    Produktionsplanung, 67, 106, 196
    Scheduling-Probleme, 207
OTD-NET, 156, 164

P
PacSi, 189, 190
Parametersteuerung, benutzerdefinierte, 212
Parametervariation, 45
Pareto-Front, 35
Pareto-Lösung, 201
Pareto-Menge, 35, 36
Partikelschwarm, 71
Permutationsverfahren, 25, 26
Personalauslastung, 9, 34, 35, 167, 174
Personaleinsatzplanung, 133–150
Personalstruktur, Neuplanung, 177, 178
Petri-Netz, 86
Plant Simulation, 124
Planungsablauf, Produktionslinien, 136

Sachwortverzeichnis

Planungsaufgabe, 7
Planungsfelder, 7, 8
Planungsprozess, 57, 58, 73, 87, 102, 179
   Ablauf, 59
   optimierter, 111, 112
PPSIMOPT, 110, 112
PrioFifo, 53
Problemcodierung, 86, 97, 160
Produktionslinien, sequenzierte, 135–150
Produktionsplanung, 7, 105–116
Produktionsregelung, 65–75
Produktionssteuerung, 105–116
Programmplanung, integrierte, 133
Projektmanagement, 5

Q
QUICKGANNTT, 109, 114

R
Regelpriorisierung, 166
Reihenfolgeoptimierung, 105–116
Reihenfolgeproblem, 38, 45, 209
Rekombination, 123
Ressourcenauslastung, 26, 167
Restriktionsverletzung, 166
Restzeitverteilung, 98, 99

S
Scheduling-System, 54, 205–214
Schwellwertverfahren, 25
Selektion, 123
Sequenzierung, 142, 144
Shift-Operator, 162
Simulated Annealing, 25
Simulation, 13–18
   Definition, 13
   ereignisdiskrete, 41, 156
   ereignisorientierte, 15, 16
   Konfiguration, 44
   Kopplung mit Optimierung, 41, 42
   nach Optimierung, 42
   personalorientierte, 171–183
   Prognosefunktion, 43
   Systemarchitektur, 57, 72, 87, 100, 109, 111, 124, 144, 163, 179, 190, 199
   Verfahrensablauf, 56, 57, 86, 97, 189, 210
Simulationsdauer, 199
Simulationsmodell
   deterministisches, 13
   diskretes, 14
   dynamisches, 13
   Ein-Maschinen, 207, 212
   kontinuierliches, 14
   lineares, 21
   nichtlineares, 21
   Problemklassen, 53, 69, 85, 94, 139, 157, 175, 189, 198
   statisches, 13
   stochastisches, 13
   Systemarchitektur, 57, 72, 87, 100, 109, 111, 124, 144, 163, 179, 190, 199
   Vier-Maschinen, 208, 213
Simulationssoftware, 14, 17, 109
Simulationsstudie, 11
Simulationsuhr, 14
Simulationszeit, 200
Sintflutalgorithmus, 175
SiRO, 70
SPEEDSIM, 109, 112
Stammdaten, 109
Startinitialisierung, 161
Stellgrößen, 11, 29, 30
   Einsteuerungsreihenfolge, 121
   Fertigungsprozesse, 53, 54
   Montageprozesse, 85
   Personalplanung, 94, 108, 138, 174
   Produktionsplanung, 69, 195
   Scheduling-Probleme, 208
   Verpackungsindustrie, 188
Steuerungstechnik, 65
Suche, blinde, 86
Swap-Operator, 161
Systemarchitektur
   Fertigungsprozesse, 57
   Produktionsplanung, 72, 109, 111
   Montageprozesse, 87, 124, 179
   Personalplanung, 100
   Auftragsreihenfolgeplanung, 163
Szenarienanalyse, 6

T
Topfbildung, 141, 144

U
Überlaufsystem, 52
Unternehmensplanung, langfristige, 7

V
Variable Nachbarschaftssuche, 71, 160
Verpackungsanlagen, Optimierung, 185–193
Versuchsplanung, 18
Vier-Maschinen-Simulationsmodell, 208, 213

W
Wafer-Test, 49
Werksstrukturplanung, 7

Z
Zeitführungsroutine, 15
Zielerreichungsgrad, 173

Zielgrößen, 30–32
　betriebswirtschaftliche, 31
　logistische, 8–10, 31
　mehrfache, 32, 33
　normierte, 34
Zielkriterien, 173
Zuordnungsproblem, 45

If you have any concerns about our products,
you can contact us on
ProductSafety@springernature.com

In case Publisher is established outside the EU,
the EU authorized representative is:
**Springer Nature Customer Service Center GmbH
Europaplatz 3, 69115 Heidelberg, Germany**

Printed by Libri Plureos GmbH
in Hamburg, Germany